자수로 만드는 귀걸이, 브로치, 머리핀, 파우치!

자수소품 액세서리
CLASS BOOK

POUCH BAG
TAPESTRY
BROACH PIERCE
HAIR ACCESSORY
NECKLACE ETC.

172
ITEMS

마피아싱글하우스

CONTENTS

ENBROIDERY GOODS AND ACCESSORIES CLASS BOOK

Enjoy! Handmade

Part 01 — 심플 모티브 자수
SIMPLE MOTIF

No.	Page
01	P.089
02	P.090
03	P.091
04	P.093
05	P.090
06	P.090
07	P.089
08	P.092
09	P.092
10	P.093
11	P.094
12	P.094
13	P.095
14	P.095
15	P.095
16	P.096
17	P.096
18	P.097
19	P.097
20	P.098

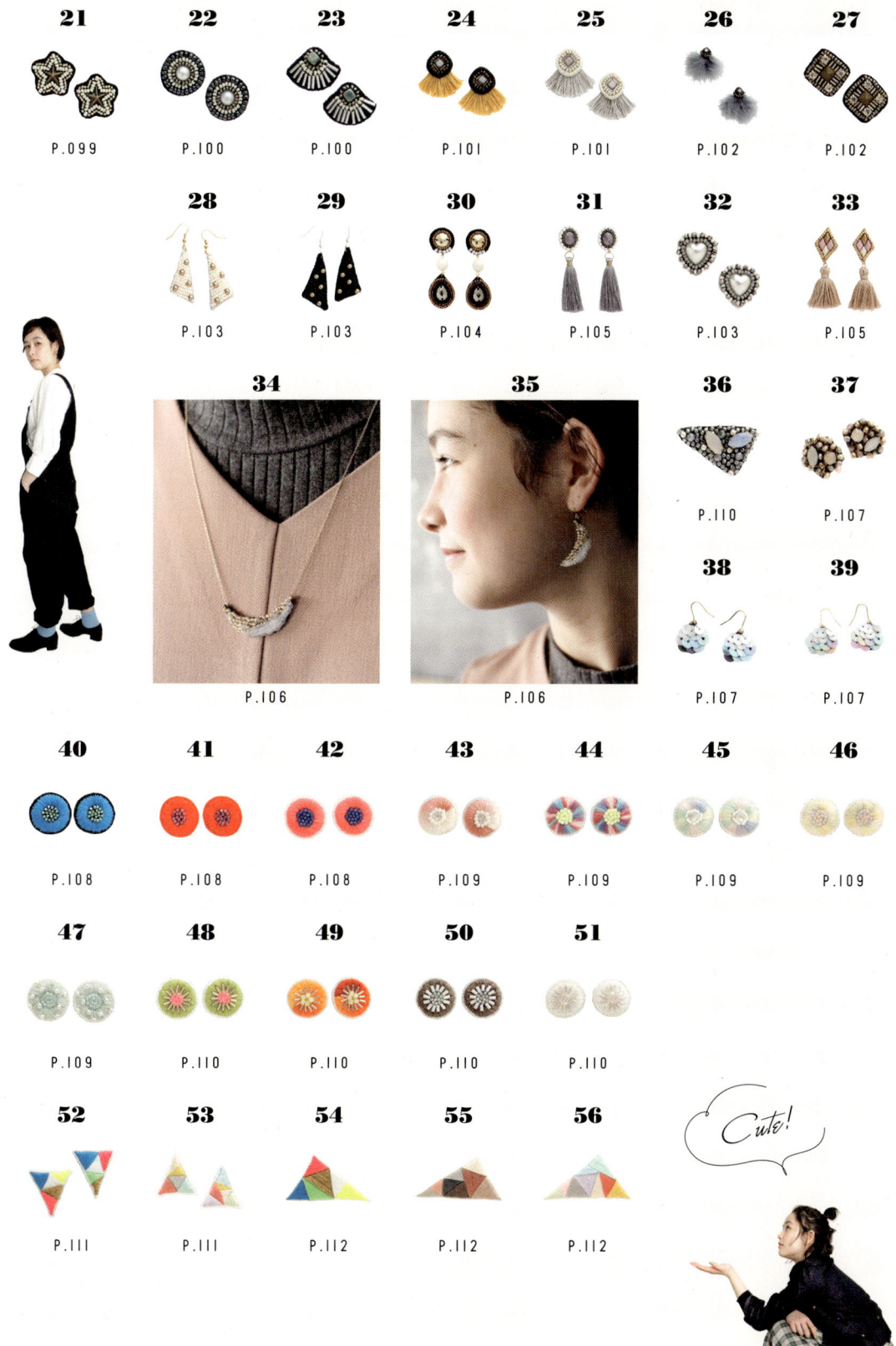

Part 02 꽃과 식물 모티브 자수
BOTANICAL MOTIF

01 P.113	02 P.113	03 P.114	04 P.114	05 P.114	06 P.117	07 P.117
08 P.115	09 P.115	10 P.116	11 P.119	12 P.119	13 P.117	14 P.117
15 P.121	16 P.122	17 P.122	18 P.122	19 P.122	20 P.123	21 P.123
22 P.124	23 P.124	24 P.125	25 P.125	26 P.125	27 P.125	28 P.125
29 P.124	30 P.127	31 P.127	32 P.126	33 P.128	34 P.128	35 P.129
36 P.128	37 P.131	38 P.130	42 P.135		43 P.135	
39 P.130	40 P.134	41 P.133				

Part 03 / 동물 모티브 자수
ANIMAL MOTIF

01 P.136

02 P.136

03 P.137

04 P.137

05 P.137

06 P.138

07 P.138

08 P.139

09 P.139

10 P.140

11 P.140

12 P.141

13 P.141

14 P.142

15 P.142

16 P.143

17 P.143

18 P.144

19 P.144

Part 04 일상 모티브 자수
DAILY MOTIF

01 P.145	02 P.145	03 P.145	04 P.146	05 P.147
06 P.147	07 P.147	08 P.148	09 P.148	10 P.149
11 P.149	12 P.150	13 P.150	14 P.149	15 P.150	16 P.151	17 P.151
18 P.152	19 P.153	20 P.153	21 P.153	22 P.154	23 P.154	24 P.155
25 P.155	26 P.156	27 P.156	28 P.156	30 P.158	31 P.159
29 P.157				32 P.159
				33 P.159	34 P.159	35 P.159

36	37	38	39	40	41
P.162	P.160	P.160	P.160	P.163	P.163

42	43	44	45	46
P.163	P.164	P.164	P.165	P.161

47	48	49	50	51
P.166	P.166	P.166	P.165	P.165

52	53	54
P.167	P.168	P.169

Part 05 | 기본 테크닉

기본 바느질과 매듭법 ———— 062	기본 스티치 ———— 073
자수의 순서 ———— 062	비즈 자수 ———— 077
자수에 필요한 재료 ———— 063	기본 도구·재료·테크닉 ———— 080
자수에 필요한 도구 ———— 067	주된 작품의 바느질 방법 ———— 084
자수의 기본 ———— 069	

Column		
세계 자수 스토리 01 ———— 022	DESIGNER'S PROFILE ———— 170
세계 자수 스토리 02 ———— 040	

Part 06 | 만드는 방법

○ 이 책에 게재된 사진, 작품, 도안 등을 복제하여 판매(핸드메이드 마켓이나 SNS 등 개인 판매 및 실제 점포, 프리마켓, 바자회) 등 영리 목적으로의 사용은 저작권법으로 금지합니다. 개인적으로 작업을 즐기는 용도로만 이용해주십시오.

Part 01

from 01 to 56

심플 모티브 자수

SIMPLE MOTIF

원, 삼각, 사각의 기하학적 무늬를 만들기 쉬우며 어느 옷에나 잘 어울리는 것이 매력. 초보자는 심플한 것부터 도전해보세요.

01
P.009

스티치를 눈에 띄게 하려면 옷은 심플하게 코디하는 것이 정답. 시선이 귀에 모이도록.

French Style × Red Pierce

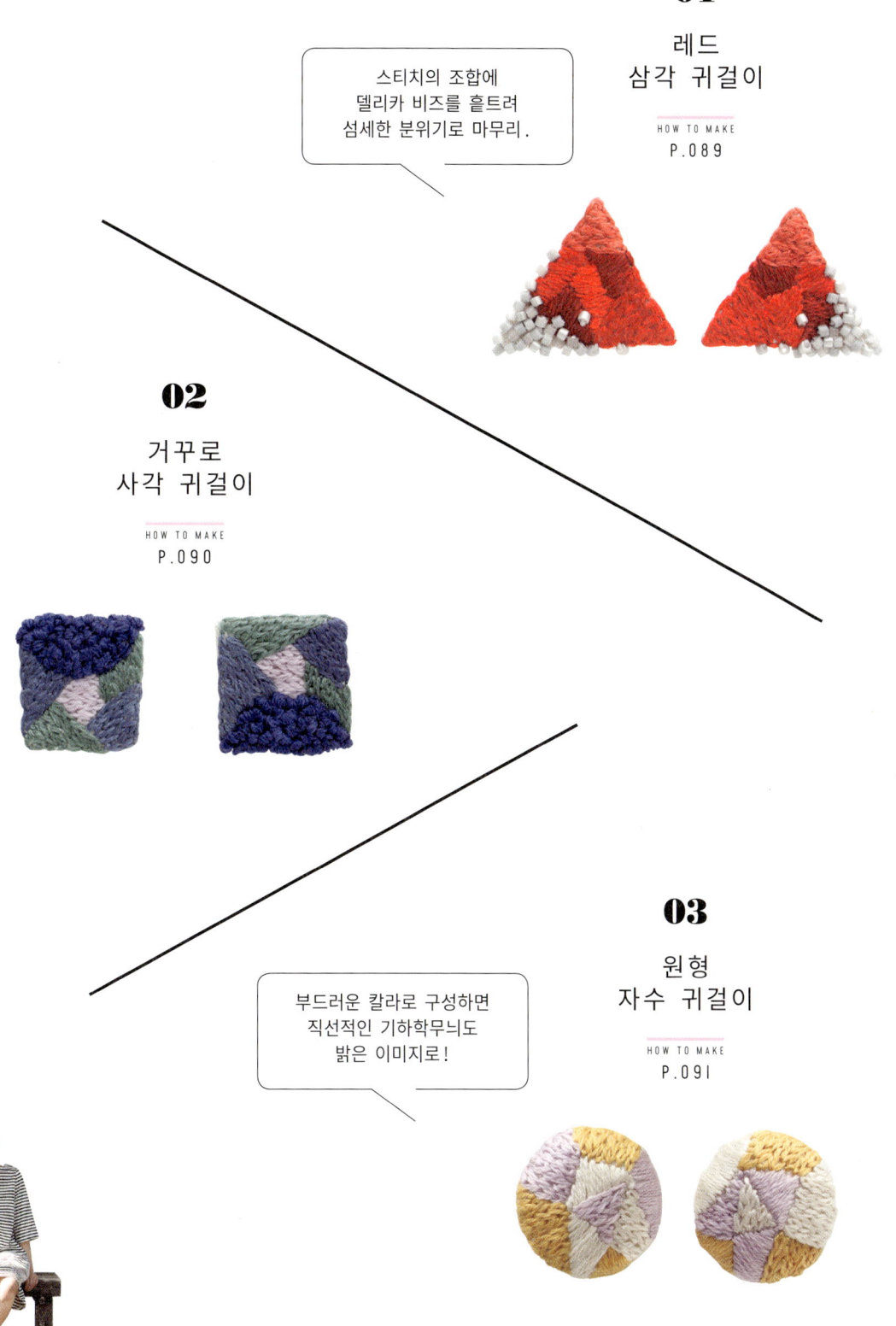

01
레드 삼각 귀걸이

HOW TO MAKE
P.089

스티치의 조합에 델리카 비즈를 흩트려 섬세한 분위기로 마무리.

02
거꾸로 사각 귀걸이

HOW TO MAKE
P.090

03
원형 자수 귀걸이

HOW TO MAKE
P.091

부드러운 칼라로 구성하면 직선적인 기하학무늬도 밝은 이미지로!

05
그레이
마름모 귀걸이

HOW TO MAKE
P.090

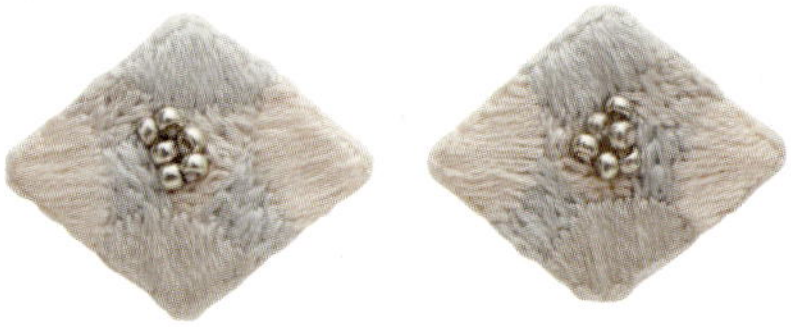

연한 배색 한 가운데
비즈 자수로
반짝이는 포인트 주기!

04
삼각
심플 귀걸이

HOW TO MAKE
P.093

06
블루
마름모 귀걸이

HOW TO MAKE
P.090

직선 디자인과
차분한 칼라가 주는
성숙한 이미지

07
블루
삼각 귀걸이

HOW TO MAKE
P.089

08
스트라이프
리본 브로치

HOW TO MAKE
P.092

셔츠와 서스펜더 코디에 맞춰 매니시한 스타일 연출

09
랜덤 스티치 리본 브로치

HOW TO MAKE
P.092

Mannishi × Ribbon

보이시한 스타일에 딱.
조끼 포인트에 자수의 귀여움을 on!

10
산 브로치

HOW TO MAKE
P.093

러프하게 수놓은 러닝 스티치는 마치 손 그림 같은 느낌!

흔들리는 화려한 태슬 귀걸이. 심플한 코디 주인공인 고급스러운 빅 귀걸이.

11
태슬 2WAY 귀걸이

HOW TO MAKE
P.094

탈부착 가능한 태슬. 시크하게 때론 화려하게 두 가지 연출이 가능한 귀걸이!

12
태슬 2WAY 귀걸이

HOW TO MAKE
P.094

14
forest × triangle 귀걸이

HOW TO MAKE
P.095

13
flower × stick 귀걸이

HOW TO MAKE
P.095

15
strawberry × circle 귀걸이

HOW TO MAKE
P.095

귓가에 사랑스러운 곡선 실루엣과 부드럽게 반짝이는 골드 파츠!

SIMPLE MOTIF

20
기하학 패턴 태피스트리

HOW TO MAKE
P.098

벽걸이용으로 잘 어울리는 디자인입니다. 주로 스트레이트 스티치를 조합하기에 자수 연습에 좋습니다.

정취가 느껴지는 천연석 주변을
작은 비즈로 감싸서
더욱 돋보이게

21 별 귀걸이
HOW TO MAKE P.099

22 원 귀걸이
HOW TO MAKE P.100

23 터키석 귀걸이
HOW TO MAKE P.100

24 블랙 스퀘어 귀걸이
HOW TO MAKE P.101

25 화이트 스퀘어 귀걸이
HOW TO MAKE P.101

26 마라보 깃털 귀찌
HOW TO MAKE P.102

바탕으로 사용하는 펠트를 비즈, 파츠와 어울리는 칼라로 선택하면 안정된 마무리를 할 수 있어요

27 원 포인트 보석 귀걸이
HOW TO MAKE P.102

28 화이트 삼각 귀걸이
HOW TO MAKE P.103

29 블랙 삼각 귀걸이
HOW TO MAKE P.103

30 찰랑 찰랑 진주 비즈자수 귀걸이
HOW TO MAKE P.104

31 원석 비즈자수 귀걸이
HOW TO MAKE P.105

32 하트 진주 귀걸이
HOW TO MAKE P.103

33 마름모 체코비즈 귀걸이
HOW TO MAKE P.105

> 영롱하게 반짝이는 스팽글과 비즈.
> 프로페셔널한 느낌을 주는 액세서리 세트!

34
초승달 목걸이

HOW TO MAKE
P.106

35
초승달 귀걸이

HOW TO MAKE
P.106

> 고급스러운 반짝임이 성숙한 스타일에 잘 어울려요. 스모키 컬러의 옷에 맞춰보세요!

진주 비즈, 커팅 비즈 등으로
빽빽하게 모인 보석같은
반짝임을!

36
삼각형 보석 브로치
HOW TO MAKE
P.110

37
펜타곤 보석 귀걸이
HOW TO MAKE
P.107

39
핑크 스팽글 귀걸이
HOW TO MAKE
P.107

38
블루 스팽글 귀걸이
HOW TO MAKE
P.107

스팽글의 섬세한 그라데이션은
캐주얼한 패션에
은근히 엘레강스함을
더해주는 아이템.

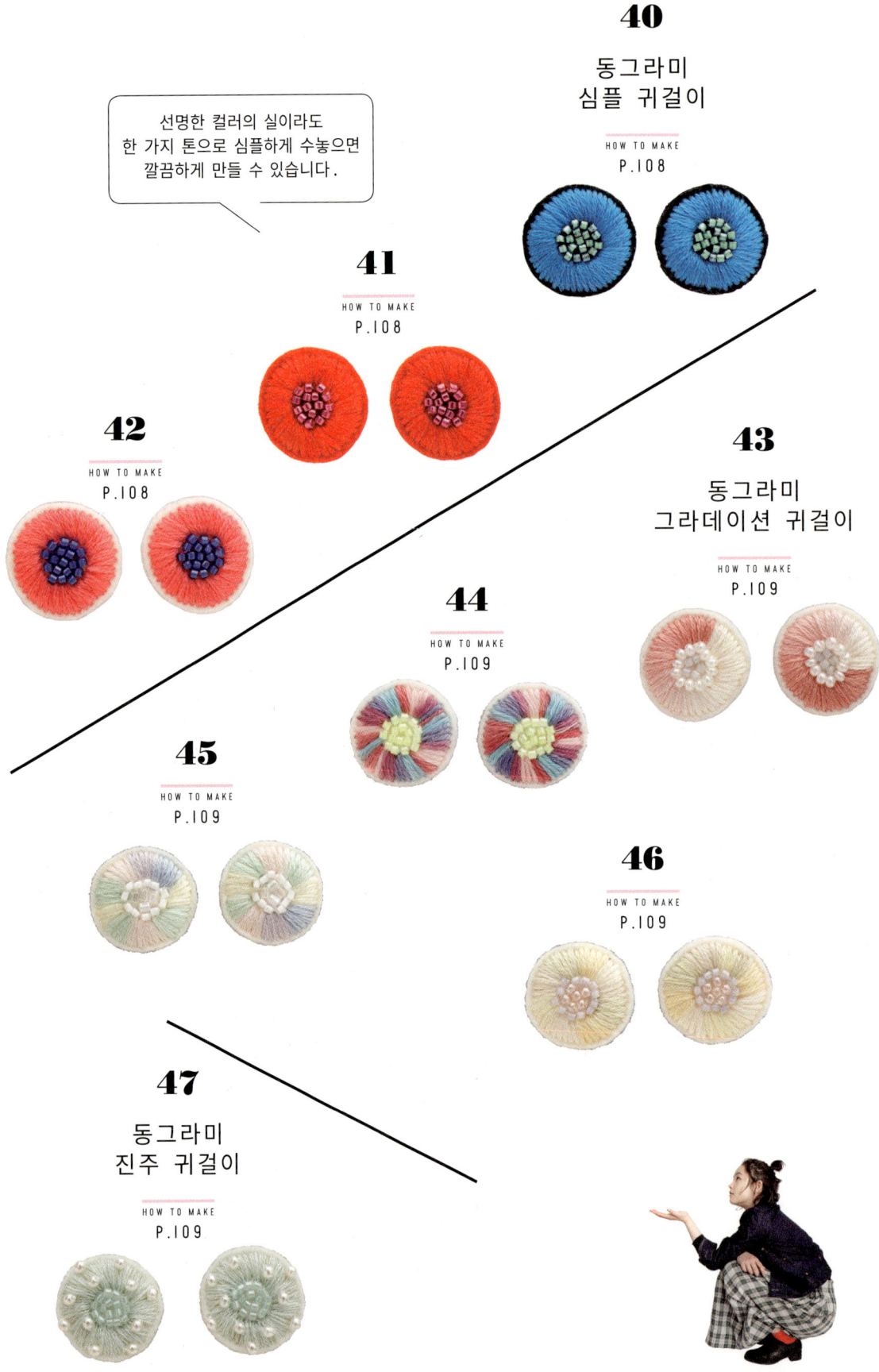

40
동그라미
심플 귀걸이
HOW TO MAKE
P.108

선명한 컬러의 실이라도
한 가지 톤으로 심플하게 수놓으면
깔끔하게 만들 수 있습니다.

41
HOW TO MAKE
P.108

42
HOW TO MAKE
P.108

43
동그라미
그라데이션 귀걸이
HOW TO MAKE
P.109

44
HOW TO MAKE
P.109

45
HOW TO MAKE
P.109

46
HOW TO MAKE
P.109

47
동그라미
진주 귀걸이
HOW TO MAKE
P.109

49
HOW TO MAKE
P.110

48
동그라미 막대비즈 귀걸이
HOW TO MAKE
P.110

50
HOW TO MAKE
P.110

51
HOW TO MAKE
P.110

52
삼각형 자수 귀걸이
HOW TO MAKE
P.111

53
HOW TO MAKE
P.111

54
삼각형 자수 브로치
HOW TO MAKE
P.112

55
HOW TO MAKE
P.112

56
HOW TO MAKE
P.112

> 새틴 스티치는 한 줄 한 줄 신중을 기하여 고르게 수놓으면 깔끔한 마무리를 할 수 있어요.

Column

세계 자수 스토리 01

새틴스티치 기법을 사용한 컬로처 자수

컬로처 자수

헝가리 다채로운 꽃무늬

헝가리 남부 작은 마을 컬로처에서 시작된 자수로 화려하고 사랑스러운 꽃무늬가 특징입니다. 나이 든 여성부터 어린아이까지 모두 즐길 수 있는 이 자수는 생활 속에서 계승되어 왔습니다.

예전에는 흰색 한 가지로 컷워크(Cutwork)를 한 자수가 대부분이었지만 염색기술이 발달하면서 선명한 색과 화려한 모양의 식물 모티브로 변화했습니다. 자수의 주변을 잘라내고 모티브 사이를 레이스처럼 마무리한 것은 '리셀류'로 불리는 헝가리의 대표적인 공예품입니다.

자수의 역사

옷깃이나 손수건, 액세서리에 스티치하는 것만으로 금세 화려해지는 자수. 지금은 누구나 부담 없이 할 수 있는 수예로 일상생활에 녹아 있습니다. 하지만 자수는 매우 오래전에 시작되었으며, 그 기원을 정확하게 알아내기란 어렵습니다. 오래된 것 중에는 고대 이집트 시대 무덤이나 피라미드에서 발견된 자수가 놓인 천이 있습니다. 비단 산지인 중국에서는 자수가 3,000년에 가까운 역사를 지닌 것으로 추정합니다.

자수는 주로 수도원이나 궁전 등 특별한 계층의 장식품으로 사용되며 발전했습니다. 그리고 침략이나 무역 경로를 따라 전 세계로 퍼지면서 여러 지역에 뿌리를 내렸습니다. 손쉽게 접할 수 있는 수작업으로 범위를 확장한 것은 산업혁명 이후 근대에 이르러서입니다. 그 후 종교나 문화생활과 밀착되어 지역마다 독특한 스타일을 띠게 되었습니다.

천의 대부분을 섬세한 레이스로 마무리한 리셀류

히데보 자수

덴마크 | 사랑스러운 화이트 워크

흰색 린넨에 흰색 실로 스티치한 히데보(Hedebo) 자수는 18~19세기 중반 덴마크 히데보 지역의 여성 농민의 손에서 태어났습니다. 구멍이 아름답게 뚫린 모양이 특징인 히데보 자수는 실을 뽑아 휘감은 부분에 도안을 수놓는 방법에 시대를 나타내는 7가지 기법을 조합해 만들어졌습니다.

당시 여성들은 가난 속에서 매일매일 힘든 농사일을 하는 중에도 바느질로 다양한 물품을 만들어 냈습니다. 현재 히데보 자수는 덴마크가 낳은 뛰어난 문화유산으로서 알려져 있습니다.

히데보 자수로 식물무늬를 아름답게 그려낸 도일리(Doily)

산터우 자수

중국 | 부드럽고 아름답게 구멍 뚫린 모양

투각한 조각처럼 아름다운 산터우 자수

빛이 비치면 나타나는 섬세한 무늬가 아름다운 산터우(Shantou, 汕頭) 자수는 18세기 중국 자수의 산지였던 광둥성 산터우 마을에 기독교 선교사가 유럽의 레이스와 자수 기술을 전파하면서 발전했습니다. 천의 실을 부분적으로 뽑아내어 남은 실을 감아 내는 드론워크(Drawn work) 기법이 많이 사용되었으며, 주로 식탁보나 손수건에 사용되었습니다. 유럽의 우아한 디자인과 중국의 섬세한 기술이 한데 어우러진 품위 있는 아름다움으로 유럽의 상류층 여성에게 애용되면서 세계에 알려지게 되었습니다. 지금도 특별한 날을 준비하는 장식에 여러 종류의 자수가 사용되고 있습니다. 특히 산터우 자수가 놓인 손수건이나 기모노, 기모노 오비 등은 여전히 인기가 많습니다.

페스 자수

모로코 | 실로 그리는 아라베스크

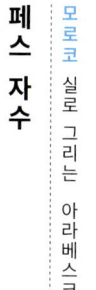

위 사진의 가운데 부분. 뒤쪽에도 같은 무늬가 있다.

아프리카 대륙에 있는 모로코의 오래된 도시 페스(Fes). 이곳에서 이슬람 미술 양식인 아라베스크 무늬를 모티브로 탄생한 것이 바로 페스(Fes) 자수입니다. 여느 자수와 다른 점은 앞과 뒤가 똑같은 무늬라는 점입니다.

페스 자수는 평직포의 수를 세어 가면서 바느질한 후, 한 지점에서 뒤집어서 다시 바느질한 순서를 따라 돌아오며 바느질하는 방식입니다. 이 자수의 배색은 예로부터 선호되어온 페스 평화의 색 '파랑'이나 이슬람의 색 '초록'을 중심으로 다양한 색을 사용할 수 있습니다.

이전에는 페스 자수가 여성의 보편적인 소양으로 인식되었습니다만 현재는 수를 놓는 사람이 줄어들면서 기술 계승이 중요한 과제로 되었습니다.

'세계 자수 스토리 2'(40페이지)에 계속됩니다.

Part 02

from 01 to 43

꽃과 식물
모티브 자수

BOTANICAL MOTIF

자수의 정석인 꽃과 식물 모티브는 친밀한 아이템으로 잘 어울립니다. 일반적으로 만들기 쉬운 꽃 디자인을 모았습니다.

그림의 한 장면 같은 자수 브로치는 클래식 원피스 스타일에 코디하는 것을 추천!

Classical × Flower Brooch

01
레드 팬지 브로치
HOW TO MAKE
P.113

세 가닥의 실로
도톰하게.
부드러운 분위기로
만드는 것이 포인트!

03
들꽃 브로치
HOW TO MAKE
P.114

02
블루 팬지 브로치
HOW TO MAKE
P.113

04
하얀 열매 브로치
HOW TO MAKE
P.114

05
나비 브로치
HOW TO MAKE
P.114

06
소나기
브로치

HOW TO MAKE
P.117

07
가랑비
브로치

HOW TO MAKE
P.117

08
들장미
고무 머리끈

HOW TO MAKE
P.115

09
야생화
고무 머리끈

HOW TO MAKE
P.115

클래식한 느낌의 브로치와 고무 머리끈의 시크한 배색은 지적인 이미지를 줍니다.

10
화초
지퍼 파우치

HOW TO MAKE
P.116

11
화초 안경 케이스
HOW TO MAKE
P.119

안경 케이스에 자수를 더하여 나의 안경을 귀엽게 수납. 퀼팅솜과 함께 바느질했기 때문에 폭신폭신하며 튼튼합니다.

12
HOW TO MAKE
P.119

13
화초 코스터
HOW TO MAKE
P.117

14
HOW TO MAKE
P.117

BOTANICAL MOTIF

여성스러운 꽃 모티브에
진주와 스톤을 곁들인
우아한 주인공 목걸이.

15

화이트
꽃 목걸이

HOW TO MAKE
P.121

따온 꽃을 그대로 목
걸이로 만든 것 같은
여성스러움이 매력.
캐주얼한 스타일에도
폼이 나요.

16
연그린 귀찌
HOW TO MAKE
P.122

18
딥블루 꽃 목걸이
HOW TO MAKE
P.122

17
연핑크 귀찌
HOW TO MAKE
P.122

> 작은 자수 꽃에 리본으로 묶어 부케 같은 느낌으로.

19
컬러풀 꽃 목걸이
HOW TO MAKE
P.122

> 비즈와 프렌치 노트 스티치가 포인트.
> 4가닥의 실을 사용하여
> 프렌치 노트 스티치로 복슬복슬함을 표현!

20

나무
브로치

HOW TO MAKE
P.123

21

비올라 꽃
브로치

HOW TO MAKE
P.123

> 색상을 살린 디자인으로 레이어드하여 묶어도 어색하지 않습니다. 대충 묶은 머리에 포인트로 스타일링해보세요.

22

꽃다발 자수
고무 머리끈

HOW TO MAKE
P.124

23

HOW TO MAKE
P.124

> 선명한 색상을 꽃잎에!
> 나머지는 시크한 색으로 마무리하면
> 세련된 북유럽 감성으로!

24

엘립스 꽃
브로치

HOW TO MAKE
P.125

25

HOW TO MAKE
P.125

26

HOW TO MAKE
P.125

27

HOW TO MAKE
P.125

> 심플한 밀짚모자에 원
> 칼라 브로치를 하나 붙
> 이는 것만으로 여성스
> 럽게 변신!

28

HOW TO MAKE
P.125

29

무스카리 꽃
고무 머리끈

HOW TO MAKE
P.124

BOTANICAL MOTIF

울 실로 수놓아 입체적이고
포근한 느낌으로.
파우치의 원포인트로
눈에 띄게!

30
아네모네
파우치

HOW TO MAKE
P.127

31
회색
꽃 파우치

HOW TO MAKE
P.127

울 원단과 울 실을 사용한 파우치
기분도 따뜻하게

32

화이트 꽃 벽 장식

HOW TO MAKE
P.126

심플한 꽃 모티브를 액자에 넣어 벽 장식으로. 초보자들도 만들기 쉬운 작은 사진 액자 사이즈입니다.

작은 소품에 원 포인트로 수놓거나 좋아하는 천 테두리에 수놓아 손수건, 파우치로 만드는 오리지널 에티켓 세트

33
라인 꽃자수 손수건

HOW TO MAKE
P.128

34
꽃과 리본 손수건

HOW TO MAKE
P.128

35
작은 꽃무늬 지퍼 파우치

HOW TO MAKE
P.129

36
은방울 라인
꽃자수 손수건

HOW TO MAKE
P.128

깨끗한 기분이 드는
은방울 꽃 모티브.
옷깃 부분에 수놓기
좋은 디자인입니다.

37
오트쿠튀르 비즈 파우치
HOW TO MAKE
P.131

38
골드 플라워 브로치
HOW TO MAKE
P.130

39
실버 플라워 브로치
HOW TO MAKE
P.130

비즈, 스팽글, 진주로 모티브를 그려 드레시한 분위기로. 오트쿠튀르 자수 디자인 입니다.

40

스팽글 꽃
빗핀

HOW TO MAKE
P.134

빗핀은 머릿결 방향으로 장식하여 고정하면 귀여워요!

41

작은 꽃무늬
동그라미 파우치

HOW TO MAKE
P.133

42
원형 들꽃 샘플러

HOW TO MAKE
P.135

원형 꽃 모티브는 수놓기 쉬운 리넨 천으로. 심플한 디자인이기 때문에 액자에 넣거나 테이블보로 사용하면 편리합니다.

Sampler

자수 '샘플러'에는 연습의 의미가 있습니다. 연습으로 수놓으면서 소품으로 만들거나 액자에 장식하며 즐겨봅시다.

43

나비와 들꽃 샘플러

HOW TO MAKE
P.135

Sampler

산 풍경을 그대로 잘라 낸 것 같은 샘플러. 셔츠나 스커트를 귀엽게 장식할 수 있습니다.

Column

세계 자수 스토리 02

쓰가루 코긴 자수

일본 소박한 기하학적 패턴

미시마 코긴 (이와키강 하류의 고쇼가와라시)   **니시 코긴** (이와키강을 경계로 한 히로사키시 서쪽)   **히가시 코긴** (이와키강을 경계로 한 히로사키시 동쪽)

지역마다 자수 모양에 특징이 있다. 왼쪽은 3개의 굵은 줄무늬가 인상적인 **'미시마 코긴'**. 가운데는 올이 섬세한 삼베에 사용되는 치밀한 무늬 **'니시 코긴'**. 오른쪽은 단순한 패턴 **'히가시 코긴'**.

소박하고 아름다운 기하학무늬가 반복되는 코긴(Kogin, こぎん) 자수는 아오모리현 쓰가루 지역에서 전해지는 자수 기법입니다. 겹친 천에 바느질을 시작하는 자리에서부터 무늬를 그리는 일반적인 자수와 달리, 평직포의 세로 홀수 자리를 세어 가면서 실을 천의 앞면과 뒷면에 보내는 방법으로 무늬를 만듭니다.

코긴 자수의 역사는 오래되었습니다. 에도시대 아자부 농민의 작업복밖에 만들지 못했던 쓰가루 농가에서 여성들의 지혜로 시작되었습니다. 당시 만들었던 삼베는 얇았고 북쪽 지역의 가혹한 생활에 적합하지 않은 소재였습니다. 그래서 실로 옷감을 채우는 단순한 방법으로 강도와 보온성을 높여 가족의 쾌적한 일상복을 완성했습니다.

연속무늬의 바탕이 되는 「모도코」의 예. 현재 40여 종의 전통 무늬가 있다. 이들 무늬를 정교하게 조합해 아름다운 연속패턴이 형성된다.

점차 실을 내는 방법을 다양하게 바꾸던 여성들은 '모도코(モドコ)'라는 기초 문양을 만들어 냅니다. 그리고 무늬를 조합해 가족을 위하는 마음과 자신을 표현하는 의미를 담아 아름다운 패턴으로 완성했습니다. 그 치밀한 연속무늬에는 힘겨운 삶에서 생겨난 여성의 지혜와 미의식이 담겨 있다고 할 수 있습니다. 시대가 바뀌어 목면 소재의 기모노를 손에 넣게 된 메이지시대 이후 코긴 자수는 급속히 쇠퇴했습니다. 하지만 쇼와시대 초기의 민예운동이나 전통공예의 부흥 활동으로 부활했습니다.

전통적인 「모도코」를 따르면서 천과 자수의 색 조합을 다채롭게 변형한 쓰가루 코긴자수. 현대적 아이템에 맞게 장식된다.

그리고 현재는 색에 다양한 변화를 주면서 생활의 한 장면을 채색하는 에센스처럼 코긴 자수를 만드는 사람이 많아지고 있습니다.

오트쿠튀르 자수

프랑스 분위기가 물씬 풍기는 전통 기법

자수실이나 비즈, 스팽글, 스톤 등 소재 고유의 특성을 살리면서 입체적인 모티브를 그린다.

다양한 장식에 따라 소재의 선택이나 배치 방법 등 여러 가지 표현이 가능하다.

뤼네빌 자수는 양손을 사용해 스티치하기 때문에 자수틀에 끼워서 작업한다 (위 사진). 전용 코바늘 '크로셰 드 루네빌'은 끝이 가늘고 뾰족해 두꺼운 소재에도 수를 놓을 수 있다. 장식 부품을 뒤에서 꿰매야 하므로 오건디(Organdy) 등 얇게 비치는 천을 사용하면 스티치하기 훨씬 쉽다. (아래 사진)

오트쿠튀르(고급 맞춤옷) 자수는 화려한 소재를 사용해 입체적으로 완성하는 기법입니다. 19세기 중반 이후 프랑스에서 고급 메종의 오트쿠튀르를 제작하는 아틀리에 장인들의 노력으로 발전하고 다듬어졌습니다.

이 자수의 기법은 크게 '뤼네빌 자수'와 '만토즈 자수'로 나눌 수 있습니다. 뤼네빌 자수에서는 '크로셰 드 뤼네빌'이라는 코바늘을 사용합니다. 코바늘을 천에 꿰고 바늘 끝에 실을 걸어 빼냅니다. 이것을 반복해서 수를 놓는 것이 기본입니다. 비즈나 스팽글을 미리 실에 끼우고 스티치하면서 뒤쪽에 바느질합니다. 재빠르게 규칙적으로 자수를 채우는 이 기법이 장인들에게 퍼졌습니다.

한편 만토즈 자수는 비즈 자수와 리본 자수 등 자수용 바늘을 사용하는 자수를 총칭하는 것으로 섬세한 부분이나 다양한 소재를 조합해 스티치하기에 적합합니다.

1960년 이후 프레타포르테(고급 기성복)의 진출로 오트쿠튀르 규모가 축소되면서 아틀리에나 장인의 수가 줄었습니다. 하지만 프랑스에서는 이 기법을 다음 세대에 계승하기 위해 보호와 육성에 힘을 쏟고 있습니다. 이 같은 프랑스 자수는 현지에서 유학한 크리에이터들의 활약으로 널리 알려지게 되었습니다.

특히 오트쿠튀르 자수를 손쉽게 즐길 수 있는 만토즈 자수는 인기가 높습니다. 이 책에서도 몇 가지 작품을 소개하고 있으니 참고하세요.

> 이 책에서 소개하는 작품 중에는 각 나라의 자수에서 영감을 받아 디자인한 작품도 있습니다. 여러분도 창작할 때 참고해보세요.

Part 03

from 01 to 19

동물 모티브 자수

ANIMAL MOTIF

강아지, 고양이, 새, 여러 동물들이 자수가 되었습니다. 다양한 스티치와 비즈를 사용하여 털을 표현하도록 수놓았습니다.

캐주얼 스타일에 동물 모티브 액세서리를 달아 귀여운 동물들과 함께 기분 좋게 외출하자!

05
P.043

10
P.045

Casual Style × Animal Motif

02
브라운 시바견 귀걸이
HOW TO MAKE
P.136

01
블랙 시바견 귀걸이
HOW TO MAKE
P.136

03
프렌치 불독 귀걸이
HOW TO MAKE
P.137

> 진짜 같은 강아지 얼굴! 한 땀 한 땀 정성스럽게 수놓아 만들어보세요. 좌우 미묘한 차이가 핸드메이드만의 귀여운 매력!

04
블랙 프렌치 불독 귀걸이
HOW TO MAKE
P.137

05
토이푸들 귀걸이
HOW TO MAKE
P.137

06

삼색 고양이
브로치

HOW TO MAKE
P.138

07

주황색 얼룩무늬
고양이 브로치

HOW TO MAKE
P.138

08

레드・엑조틱 쇼트헤어
싱글 귀걸이

HOW TO MAKE
P.139

진주와 방울로 만든
목걸이가 깜찍해요!
핀을 달아 브로치로 만들어도
좋아요.

09

블루・엑조틱 쇼트헤어
싱글 귀걸이

HOW TO MAKE
P.139

사실적인 터치에 익숙해지면
우리 아이의 브로치도
만들 수 있을 거예요!

10
카발리에
브로치

HOW TO MAKE
P.140

11
시베리안 허스키
귀걸이

HOW TO MAKE
P.140

12
가면 올빼미 브로치
HOW TO MAKE
P.141

13
작은 다람쥐 브로치
HOW TO MAKE
P.141

14
고슴도치 브로치
HOW TO MAKE
P.142

15
블루 그레이 고양이 브로치
HOW TO MAKE
P.142

16

얼룩소 무늬 머리핀

HOW TO MAKE
P.143

블랙과 화이트 2가지 작은 비즈로 얼룩소 무늬를 표현. 심플한 코디에 개성있게 표현해보세요.

17

얼룩소 무늬 반지

HOW TO MAKE
P.143

파란 리본 에코안다리아가 가볍고 시원한 느낌을

19

복슬복슬한 양 브로치

HOW TO MAKE
P.144

18

물고기 꼬리 모양 귀찌

HOW TO MAKE
P.144

몰(털철사)과 실로 프렌치 노트 스티치를 수놓아 털의 푹신푹신함을 표현했어요.

Part

04

from 01 to 54

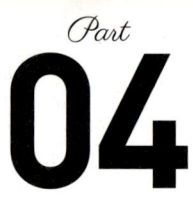

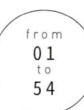

일상 모티브 자수

DAILY
MOTIF

과일, 디저트, 코스메틱, 일상 모티브를 모아 자수로 만들었습니다. 장난기 가득한 개성만점 모티브들입니다.

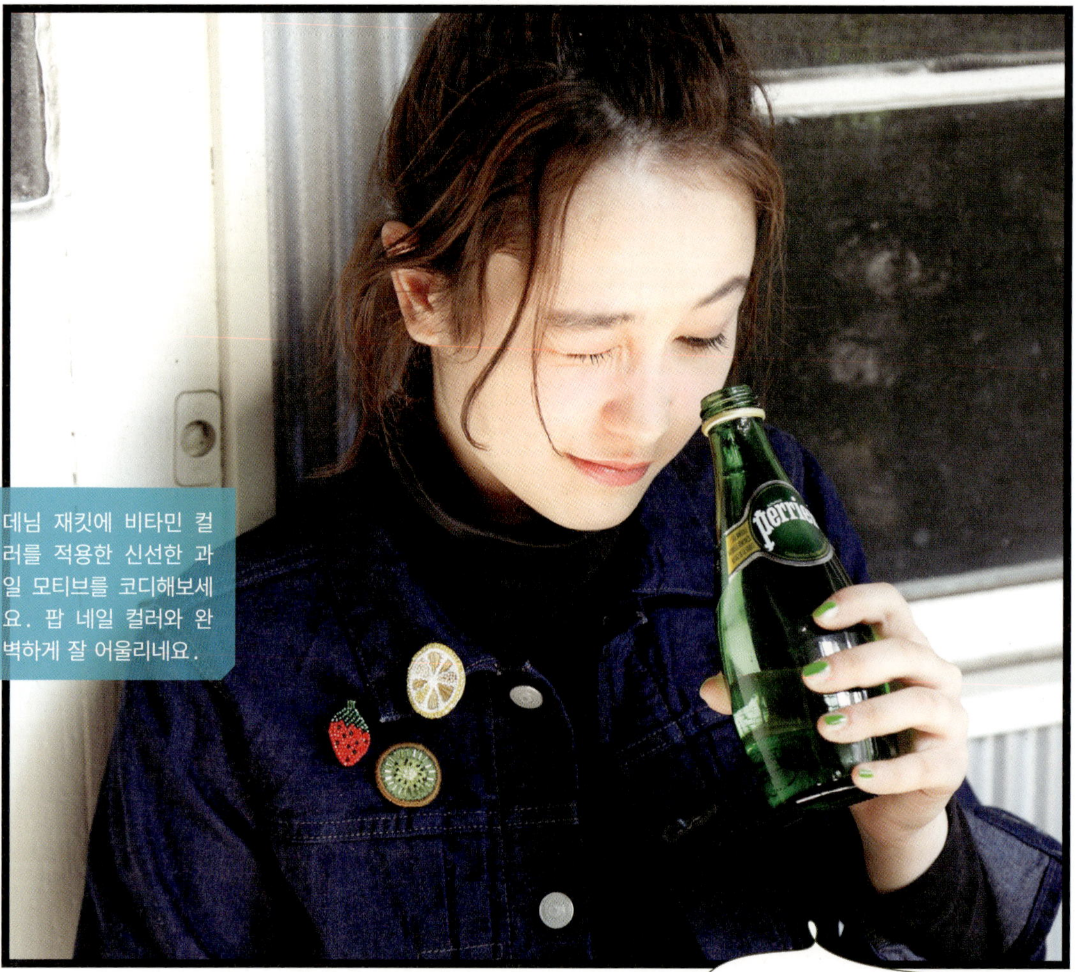

데님 재킷에 비타민 컬러를 적용한 신선한 과일 모티브를 코디해보세요. 팝 네일 컬러와 완벽하게 잘 어울리네요.

American Casual × Fruits Motif

01
딸기 브로치

HOW TO MAKE
P.145

02
레몬 브로치

HOW TO MAKE
P.145

03
키위 브로치

HOW TO MAKE
P.145

> 반짝반짝한 비즈로 촉촉함이 살아있는 과일로! 씨 한 알 한 알까지 신중히 수놓아보세요.

펠트에 솜을 채워
볼록하게 입체적인
아플리케로!

04 컵케이크 브로치
HOW TO MAKE P.146

05 오렌지 젤리 브로치
HOW TO MAKE P.147

06 쇼트케이크 브로치
HOW TO MAKE P.147

07 푸딩 브로치
HOW TO MAKE P.147

08 마카롱 브로치
HOW TO MAKE P.148

09 초콜릿 케이크 브로치
HOW TO MAKE P.148

드레스 주름을 스팽글로 표현. 연속적으로 수놓아 라인을 갖추면 OK!

16 핑크 드레스 브로치
HOW TO MAKE P.151

17 블루 드레스 브로치
HOW TO MAKE P.151

18 리본 보석 브로치
HOW TO MAKE P.152

19 핑크 보석 브로치
HOW TO MAKE P.153

20 골드 보석 브로치
HOW TO MAKE P.153

21 화이트 보석 브로치
HOW TO MAKE P.153

골드 컬러의 비즈와 실로 빽빽하게 수놓으면 럭셔리한 마무리!

22 샴페인 브로치
HOW TO MAKE P.154

23 샴페인 잔 브로치
HOW TO MAKE P.154

24 빨간 립스틱 브로치
HOW TO MAKE P.155

25 테디베어 브로치
HOW TO MAKE P.155

26 - 28 하이힐 브로치
HOW TO MAKE P.156

올과 올 사이가 막혀 있는 리넨 천이라도 크로스 스티치가 돋보이네요.

29
문방구 파우치
HOW TO MAKE
P.157

30
산 모티브 가방
HOW TO MAKE
P.158

크로스 스티치 전용 천을 사용하면 도안을 옮기지 않고도 할 수 있기 때문에 더욱 간단해요.

북유럽 패턴 코스터

HOW TO MAKE
P.159

33   **32**   **31**

35   **34**

36

커피타임 테이블 매트

HOW TO MAKE
P.162

비닐 아이다 천에 수를 놓으면 올이 잘 보이며, 잘 풀리지도 않고 물에도 강하다.

37 블루 엠블럼
HOW TO MAKE P.160

38 그린 엠블럼
HOW TO MAKE P.160

39 레드 엠블럼
HOW TO MAKE P.160

40 레드 하트 귀걸이
HOW TO MAKE P.163

41 블루 하트 귀걸이
HOW TO MAKE P.163

42 옐로우 하트 귀걸이
HOW TO MAKE P.163

43

트럼프 카드 & 시계
귀걸이

HOW TO MAKE
P.164

44

행복한 왕자님
귀걸이

HOW TO MAKE
P.164

45

신데렐라
귀걸이

HOW TO MAKE
P.165

46

토끼
브로치

HOW TO MAKE
P.161

보석
귀걸이

HOW TO MAKE
P.166

47

48

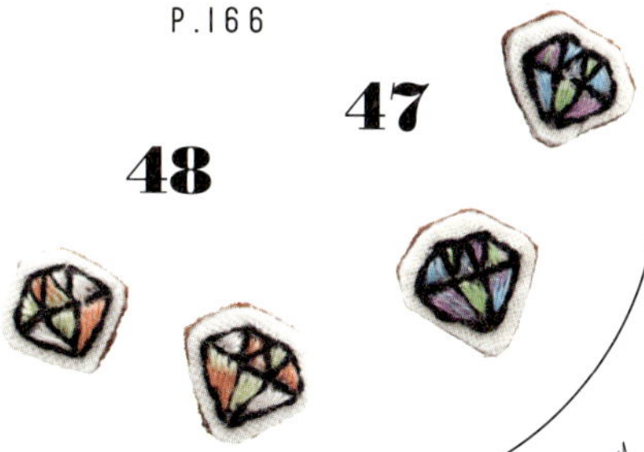

49

북쪽 바람과 태양
귀찌

HOW TO MAKE
P.166

나비
귀걸이

HOW TO MAKE
P.165

50

51

52
일상 소품 샘플러

HOW TO MAKE
P.167

Sampler

일상 소품을 모티브로 수놓은 샘플러. 큼지막한 리넨 천에 수놓아 바구니 덮개로 사용하는 등 인테리어에 활용할 수 있어요.

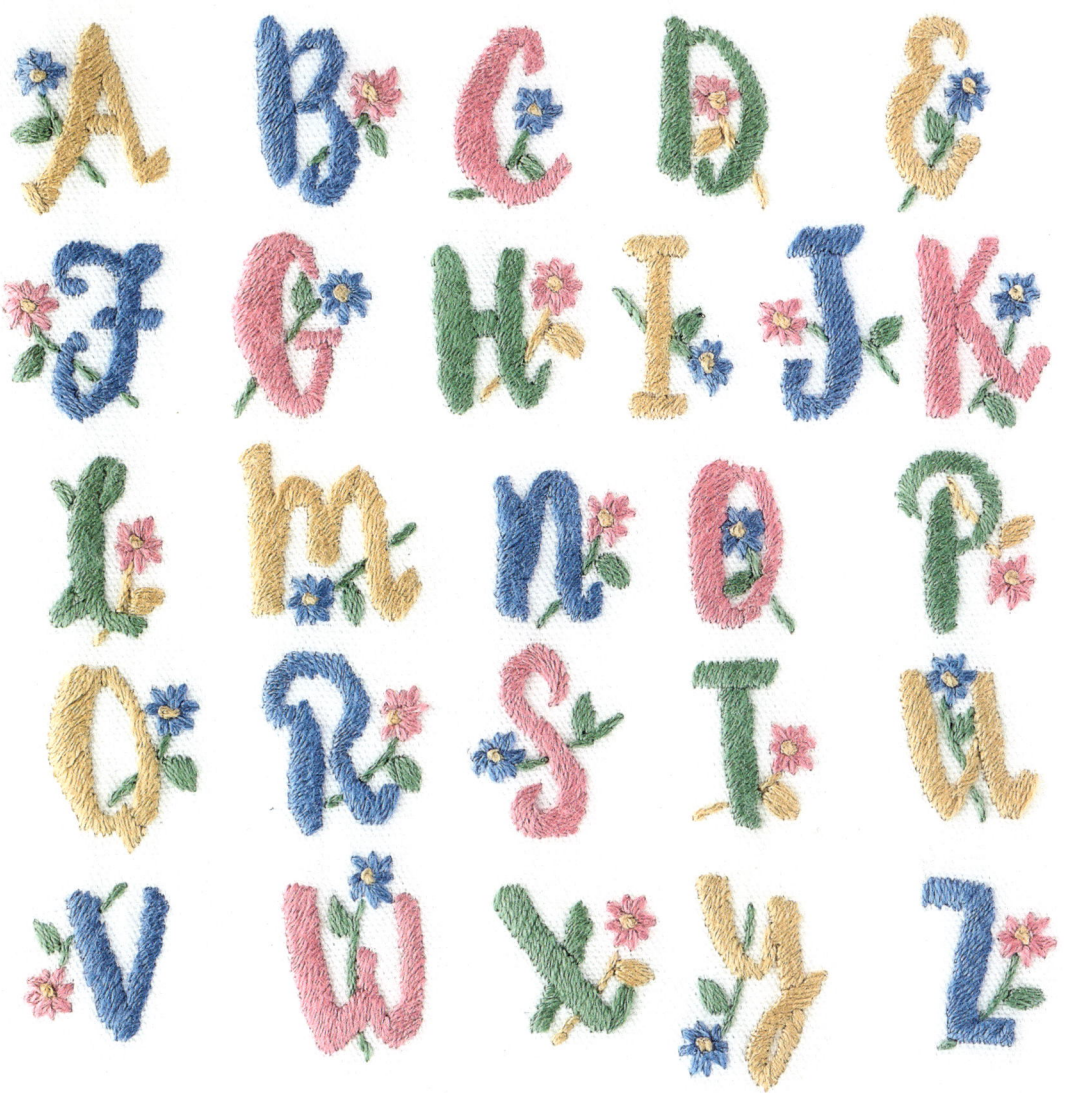

이니셜로 사용하기 쉬운 손글씨 알파벳. 곡선에 빈 틈이 생기지 않게 신중하게 수놓은 것이 포인트

53

꽃 알파벳 샘플러

HOW TO MAKE
P.168

Sampler

일정한 폭으로 그린 고딕체 알파벳. 손수건에 이니셜로 수놓거나 다양한 곳에 적용해보세요.

54

알록달록 알파벳 샘플러

HOW TO MAKE
P.169

Part
05

BASIC TECHNIQUE

기본 테크닉

작품을 만들기 위한 도구와 재료,
기본적인 스티치 방법과 만드는 법을 소개합니다.

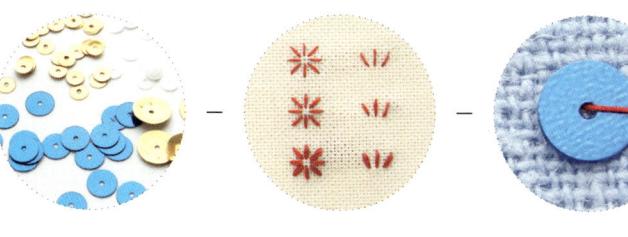

Tool > Stitch

Let's Start

기본 바느질과 매듭법

바느질법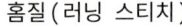

공그르기

창구멍을 깨끗하게 마무리하는 바느질법. 바늘을 평행으로 하여 천이 접힌 부분을 살리는 것이 요령

홈질(러닝 스티치)
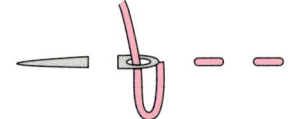
2장의 천을 꿰매는 바느질법. 자수의 러닝 스티치와 같은 바느질법.

감침질
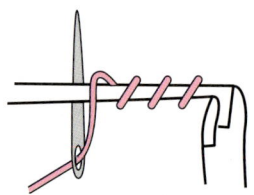
두께가 있는 것끼리 튼튼히 꿰맬 때 사용하는 방법으로 바늘땀은 대각선이 된다.

반박음질
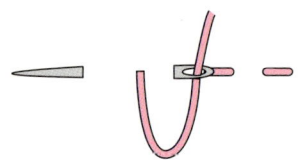
홈질보다 튼튼하기 때문에 미싱 재봉 대신에 사용된다.

블랭킷 스티치
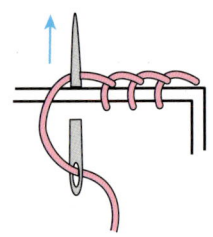
천과 천을 맞대어 테두리를 만들 때 사용하는 바느질 법 외에 자수 스티치로 사용한다.

수직 감침질
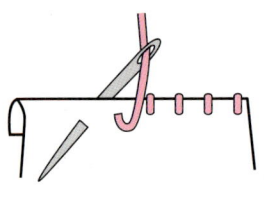
바늘땀을 세로로 작게 하여 바늘땀이 눈에 띄지 않는다. 아플리케도 이 방법으로 바느질한다.

매듭법

하나로 매듭지기

단단히 매듭지기

리본 매듭
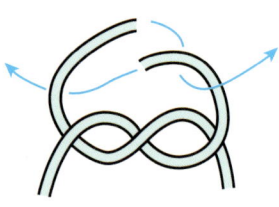

깔끔한 마무리를 위한

자수의 순서

1. **라인을 그리는 스티치**
   도안의 윤곽선을 먼저 수놓으면 면을 채우기 쉬워진다. 꽃줄기나 가지 라인도 먼저 수놓으면 전체의 이미지를 잡기 쉽다.
   대표적인 스티치 … 아웃라인S, 백S, 체인S 등

2. **면을 채우는 스티치**
   도안 중심부터 수를 놓으면 형태를 정돈하기 쉽다. 틈이 생기지 않도록 신중히 수놓는 것이 요령.
   대표적인 스티치 … 새틴S, 롱 앤 쇼트S, 프렌치 노트S 등
   (아웃라인S, 체인S로 채우는 경우도 있다)

3. **라인과 점을 겹치는 스티치**
   면을 채운 스티치 위에 라인이나 점을 수놓아 겹친다.
   대표적인 스티치 … 프렌치 노트S, 백S, 아웃라인S 등

4. **비즈 자수**
   비즈를 먼저 고정하면 다른 자수에 방해되거나 무거워지므로 기본적으로 비즈는 마지막에 고정한다.

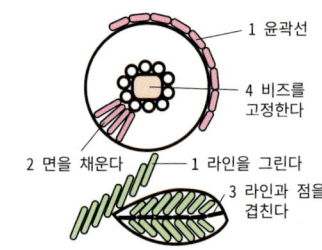

자수에 필요한 재료

이 책에 소개된 자수에 사용하는 기본 자수 실, 천, 비즈를 소개합니다.

자수실

25번 자수실 외에 굵기가 다른 5번 자수실, 메탈릭사, 그라데이션 타입의 실 등 디자인에 맞게 골라 사용합니다.

펄 메탈릭, 라이트 이펙트사
반짝반짝 메탈 느낌의 빛나는 실

태피스트리 울사
울 100%의 실로 볼륨을 내고 싶은 디자인에 적합하다.

25번 자수실
자수실 중에서 가장 색의 수가 많으며 이 책에서도 메인으로 사용된다.

코튼 펄
펄처럼 광택이 있는 코튼 100% 실. 단색과 그라데이션이 있으며 5번, 8번, 12번 세 종류의 굵기가 있다.

5번 자수실
25번 자수실보다 두꺼우며 주로 한 가닥씩 사용한다.

컬러 베리에이션
25번 자수 실의 그라데이션 타입. 멀티 컬러라고도 불린다.

---

memo

엉키기 쉬운 자수실 간단 수납

지퍼백에 소분해서 넣는 방법은 손쉬운 방법으로 추천.

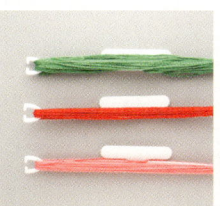
수공예샵에서 살 수 있는 자수실 전용 보빈. 구매한 실을 다시 감아 사용한다.

조금 남은 자수실은 빨래집게에 돌돌 감아 실 끝을 끼운다.

자수실 번호
자수실 번호 숫자가 커질수록 실의 두께가 가늘어집니다. 25번 실의 여섯 가닥은 5번 실 한 가닥과 같은 정도입니다.

천

자수는 대부분의 천에 수놓는 것이 가능합니다. 이 책에 소개된 천 외에 초보자가 수놓기 쉬운 천을 소개합니다.

자수용 원단

자수 전용으로 판매되는 천은 대부분 가로와 세로 짜임새가 균등하고, 너무 얇지도 너무 두껍지도 않으며, 초보자도 수놓기 쉬운 천입니다. 특히 십자수 전용 천은 고르게 짜인 천이기 때문에 올의 수를 세어 수를 놓을 수 있는 것이 특징입니다.

무명 (25카운트)
면 100%의 평직 천. 싸임새가 알맞기 때문에 초보자에게도 수놓기 쉽다.

리넨 (28카운트)
리넨 100% 자수 전용 천. 짜임새가 별로 거칠지 않기 때문에 섬세한 도안에도 사용 가능하다.

아이다 (11카운트)
블록마다 올의 수를 세며 수놓기 때문에 크로스 스티치와 같이 올의 수를 세며 놓는 타입의 자수에 적합하다.

아이다 (18카운트)
투박한 느낌의 짜임새로 이루어진 면 원단. 짜임새가 성글기 때문에 바늘 통과가 잘 되며, 자수실이 잘 안 풀리는 것이 특징.

접착 심지

자수하기 전 또는 후에 접착 심지를 붙이면 천이 팽팽해집니다. 얇은 것부터 두꺼운 것까지 다양한 종류가 있으므로 작품에 맞게 선택하세요.

그 외의 천

자수 전용의 천이 아니라도 수놓기 쉽다면 어떤 것이라도 사용할 수 있습니다. 여기서는 손쉽게 구할 수 있으며 수를 놓기 쉬운 대표적인 천을 소개합니다.

오건디 (organdy)
오트쿠튀르 자수는 오건디를 사용하는 것이 기본. 뒷면이 비쳐 수놓기 쉬운 것이 특징.

리넨 (linen)
천에 따라서 주름이 지기 쉽기 때문에 자수를 시작하기 전에 다림질을 하는 것이 중요하다.
※원단 정돈법 ➡P.70참조

시팅 (sheeting: 광목)
중후한 미색 또는 오프 화이트 컬러의 광목은 쉽게 구할 수 있으며 도안을 옮기기에 간편하다.

펠트 (felt)
펠트는 자수를 한 후에 잘라도 흐트러지지 않기 때문에 액세서리로 만들 때 사용하기 편한 소재입니다.
※펠트에 도안 옮기는 법 ➡P.69참조

---

memo

카운트란?

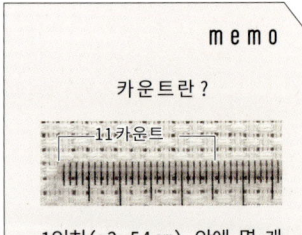

1인치(=2.54cm) 안에 몇 개의 칸이 있는가를 단위로 칸 수가 적을수록 틈새가 성글다. 사진은 크로스 스티치용 11카운트 천으로 1인치 안에 11개 칸(블록)이 있다.

비즈 종류

비즈 자수의 주된 재료는 비즈와 스팽클입니다. 소재와 모양에 따라 다양한 종류가 있는데 자주 사용하는 종류를 소개합니다.

극대 비즈 (환대 비즈)

극소 비즈와 같은 둥근 형태의 비즈로 환소 비즈 보다 한 사이즈 더 크다.

극소 비즈 (환소 비즈)

구하기 쉬운 둥근 모양의 소형 비즈. 컬러 수가 많기 때문에 자수의 면을 채울 때 사용하면 편리하다.

쓰리 컷 비즈

표면이 불규칙하게 커트되어 있기 때문에 보는 방향에 따라 반짝임이 다양하게 변하는 것이 특징.

특소 라운드 비즈 / 샬롯 비즈

특소는 극소 비즈보다 더 작은 사이즈의 비즈. 샬롯 비즈는 표면 한 곳만 커트한 특소 비즈.

트라이앵글 비즈

삼각 비즈라고도 불리며, 말 그대로 삼각형 비즈이다. 크기는 대·중·소로 다양하다.

막대 비즈

2분등 (약 6mm)
1분등 (약 3mm)

대나무처럼 길고 가는 비즈. 1분등, 2분등으로 숫자가 클수록 길다. 길이를 cm로 표기하는 경우도 있다.

파이어 폴리시

대표적인 체코 비즈이며 커트 한 유리 비즈를 열로 광을 낸 것이다. 사이즈, 색상, 모양이 다양하다.

체코 비즈

체코에서 생산하는 비즈를 총칭. 고도의 유리 가공 기술을 통해 수준 높은 컬러와 형태가 생산되고 있다.

스팽글

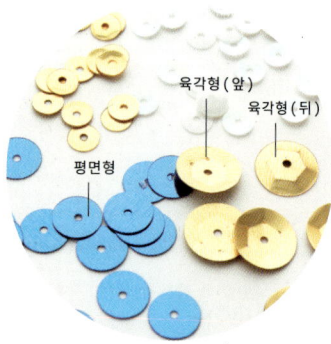

중심에 구멍이 뚫린 원형 모양의 복식 재료. 육각형 모양이나 평평한 형태 외에도 다양한 형태가 있다.

진주 비즈

아크릴과 같은 수지 진주가 대부분이며, 사진과 같은 라운드(원형) 뿐만 아니라 색·형태·사이즈가 다양하다.

스톤(비쥬)

원래는 보석을 뜻하지만, 수예용 비쥬란 아크릴과 유리로 된 파츠를 뜻한다. 난집이 끼워진 라인스톤도 비쥬에 속한다.

라인스톤

표면을 다이아몬드처럼 커팅한 유리로 난집에 끼워 사용한다. 난집이 붙어있는 타입도 있다.

비즈 모양의 명칭에 대하여

비즈에는 다양한 형태가 있으며 제조사나 상점에 따라 명칭이 다르기도 합니다.

라운드 (원형)
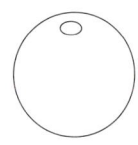

오벌 (타원형)
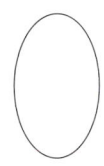

드롭 (물방울형)
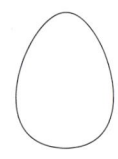

스퀘어 (사각형)

마름모꼴

마르키즈 (끝이 뾰족한 타원형)
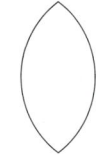

자수에 필요한 도구

어떤 작품에도 자주 사용되는 기본 도구와 함께 있으면 편리한 도구를 소개합니다.
우선, 작품을 예쁘게 만들기 위해서는 도구를 제대로 갖춰봅시다.

기본 도구

자수에 꼭 필요한 기본 도구입니다.

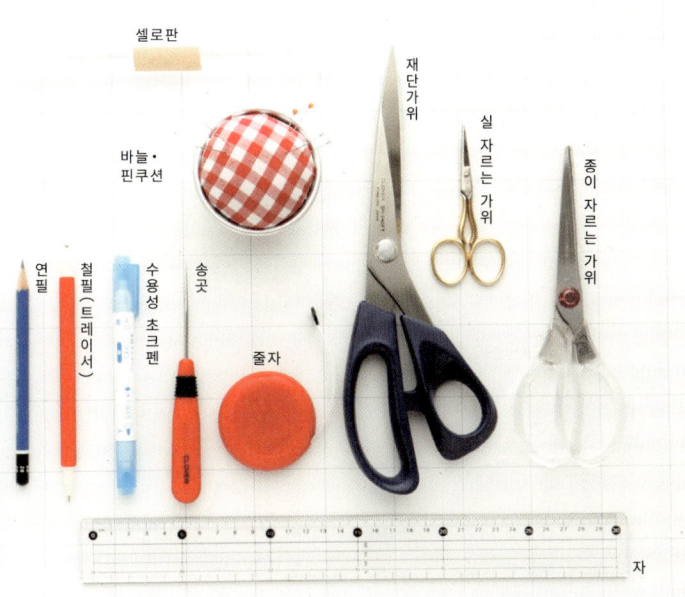

초크 페이퍼 (먹지)
물로 지워지는 타입 등 다양한 종류가 있다.

셀로판
도안을 옮길 때 (➡P.69참조) 사용. OPP 포장비닐 시트로도 충분하다.

바늘·핀쿠션
표시할 때 사용할 뿐만 아니라 재봉을 할 때도 사용한다.

연필
수용성 초크펜 대신 표시용으로 사용할 때는 2B 정도가 좋다.

철필 (트레이서)
도안 옮기는 용. 잉크를 다 쓴 볼펜으로도 대체 가능하다.

송곳
올을 풀거나 액세서리를 만들 때 사용한다.

재단가위
자수 천이나 펠트를 자르는 큰 가위

실 자르는 가위
끝이 뾰족하고 작은 가위가 편리하다.

수용성 초크펜
도안 옮기는 용이나 표시용. 물로 지워지는 타입이 편리하다.

줄자
곡선을 잴 때 사용한다.

자
직선을 잴 때 사용한다.

종이 자르는 가위
형지나 초크 페이퍼를 자르기 위해 재단가위와는 별도로 준비한다.

자수틀

자수틀에 천을 팽팽하게 끼우면 실이 느슨해지지 않아 수놓기 쉬워집니다.
지름 10㎝ 부터 있으며 작품에 따라 사용하기 쉬운 사이즈를 선택하세요.

수놓은 천을 다림질할 때 다리미판에 타월을 깔고 뒷면에서 다림질을 하면 자수 부분이 구겨지지 않고 예쁘게 마무리된다.

다리미·다리미 판

자수하기 전이나 후에 천을 다림질하면 마무리 상태가 깔끔해진다.

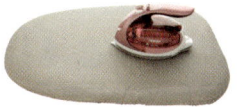

바늘

기법에 따라 프랑스 자수 바늘, 비즈 바늘, 크로스 스티치용 바늘 (태피스트리 바늘), 바느질 바늘 등으로 구분하여 사용합니다.

memo
실의 올 수에 따른 바늘의 호수는?

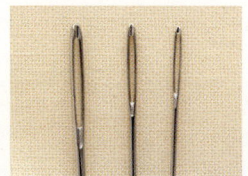

숫자가 작을 수록 바늘구멍이 크기 때문에 실이 통과하기 쉬운 크기의 바늘을 선택해야 한다.

※ 제조사에 따라 사이즈가 다른 경우가 있기 때문에 표는 평균 사이즈를 표시하였습니다.

25 번 자수실	프랑스 자수바늘
1~2가닥	No.8~10
3~4가닥	No.5~7
5~6가닥	No.1~4

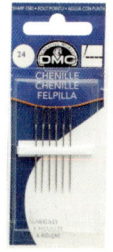

자수 바늘
프랑스 자수에 적합한 자수 바늘. 바늘구멍이 세로로 길고 두세 가닥을 꿸 때 통과시키기 쉽다.
호수에 따라 바늘의 굵기와 구멍의 크기가 다르다.

비즈 바늘
작은 비즈가 통과할 수 있도록 바늘구멍이 작고, 가늘고 긴 바늘.

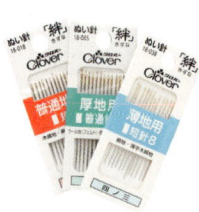

여러 종류 바느질 바늘
구멍이 큰 비즈를 고정할 때 일반 바느질용 바늘도 사용할 수 있다.
파우치 등 작은 소품의 바느질이나 자수의 뒷부분 마무리에도 쓰인다.

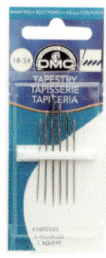

태피스트리 바늘
크로스 스티치 바늘이라고도 불리며 바늘 끝이 그다지 뾰족하지 않기 때문에 실의 올과 올 사이를 바늘로 찌르는 크로스 스티치에 적합하다.
※ 이 책에서는 P.56작품에 사용

있으면 편리한 도구

작품의 디자인과 실용성을 생각하여 준비합시다.

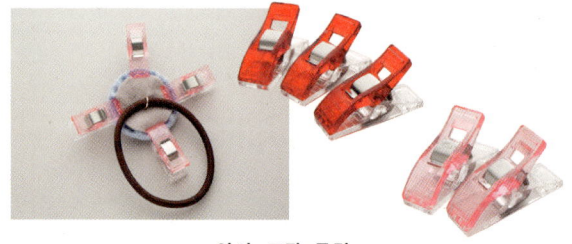

임시 고정 클립
바느질로 고정하기 힘든 천 또는 접착제로 고정할 때에 천을 눌러 놓으면 편리하다.

자동 실 끼우개
일반 바느질용 바늘에 원터치로 실이 끼워지는 도구
※ 자수바늘에는 사용할 수 없으므로 주의

비즈 트레이
비즈나 파츠를 꺼내 작업하기 위한 접시. 삼각 트레이는 비즈를 담거나 케이스나 봉투에 붓게 남을 때 편리하다.

비즈 매트
비즈를 바늘로 집을 때 깔아두면 비즈가 굴러가지 않고 집기 쉽다.

자수의 기본

자수를 할 때 필요한 도안 옮기는 방법과
수놓을 때 시작과 마무리 방법의 기초에 대해 설명합니다.

도안 옮기는 방법

도안 옮기는 방법은 천에 따라 다양합니다. 잘 비치는 연한 색의 얇은 천이라면 창문에 대고 비춰 그려도 상관없습니다. 일반적인 방법 외 옮기기 어려운 소재에 대해 설명합니다.

보통 천은 초크 페이퍼로

가장 일반적인 방법으로 다양한 소재나 컬러 천에 베낄 수 있다.

1 준비물은 천, 초크 페이퍼, 도안, 셀로판(OPP포장 비닐도 OK), 트레이서.

2 천 위에 초크 페이퍼의 초크 면이 원단에 닿게 뒷면으로 얹고 도안, 셀로판 순으로 겹쳐 올린 후, 트레이서를 사용하여 베껴 그린다. 트레이서가 없을 때에는 다 쓴 볼펜으로 대체 가능하다.

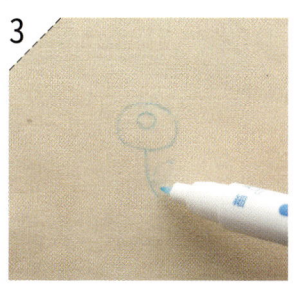

3 그리는 작업이 끝난 후, 도안이 흐리게 옮겨진 경우에는 수용성 초크펜으로 덧그린다. 물로 지워지는 초크 페이퍼나 수용성 초크펜을 사용하면 흔적이 남지 않게 깨끗한 마무리를 할 수 있다.

펠트 같이 베끼기 어려운 천은

기모가 있는 울이나 펠트 등 초크 페이퍼로 베끼기 어려운 천의 경우.

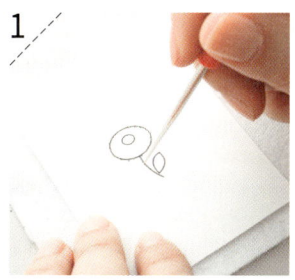

1 천 위에 도안을 얹어 도안의 선을 따라 군데군데 자수용 송곳으로 구멍을 뚫는다.

2 수용성 초크펜으로 구멍에 점을 찍어 덧그린다. 색이 짙은 천일 경우 하얀색 또는 노란색 초크를 사용한다.

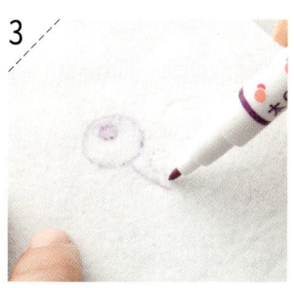

3 도안을 보면서 점과 점을 이어 도안을 완성시킨다.

피싱 페이퍼 (접착 심지) 사용 방법

신축성 있는 천이나 짙은 컬러의 천처럼 베끼기 어려운 원단에는 수용성 심지가 편리하다.

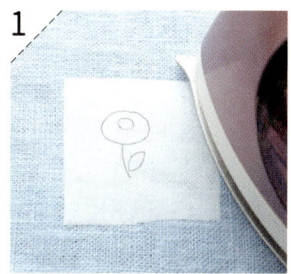

1 도안을 베껴 옮긴 후 다림질로 천에 접착한다.

2 피싱 페이퍼(접착 심지) 위로 수놓은 후 끝나면 뜯어낸다.

물에 녹는 수용성 심지 사용 방법

1 수용성 심지에 도안을 수용성 초크펜으로 베껴 그린 후 원단에 올려 수를 놓는다.

2 자수가 완성되면 물로 가볍게 씻어내어 심지를 녹인다.

자수를 시작하기 전에

자수를 시작하기 전에 실과 천을 준비합니다. 실이 엉키지 않게 취급하는 방법과 천을 깨끗하게 정돈하는 방법을 확인합시다.

자수실 취급 방법

1

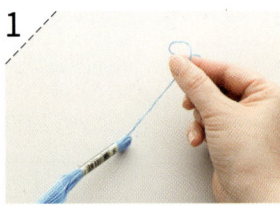

25번 자수실은 한 타래에 총 6가닥으로 이루어져 있다. 필요한 길이만큼 6가닥의 실에서 뽑아 사용한다.

2

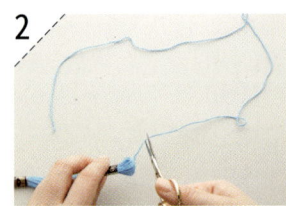

한 번에 쓰는 분량은 너무 길면 엉키기 쉽기 때문에 약 40㎝ 정도가 적당하다. 손끝에서 팔꿈치까지의 길이라고 기억해두면 자를 사용하지 않고 잴 수 있기 때문에 편하다.

3

6가닥으로 된 다발에서 한 가닥씩 뽑아 쓴다. 한 번에 두 가닥을 뽑으려고 하기 때문에 엉키는 것이기에 반드시 한 가닥씩 뽑는다.

4

두 가닥인 경우, 두 가닥을 함께 모아 준비한다. 세 가닥 이상도 똑같다. 여섯 가닥인 경우도 한 가닥씩 뽑아내어 준비하는 것이 마무리가 깔끔하다.

실 꿰는 방법

1

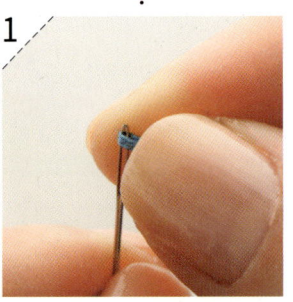

두 가닥 이상의 경우, 바늘에 실을 꿸 때 요령이 필요하다. 우선, 실 끝을 바늘대 평평한 부분에 걸어 접히게 만든다.

2

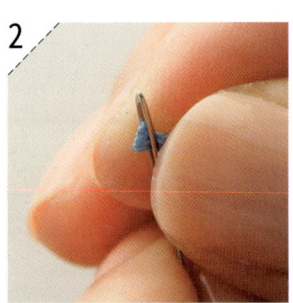

손가락으로 접힌 부분을 잡은 채, 바늘 구멍에 통과시켜 꿰어준다.

한 가닥인 경우

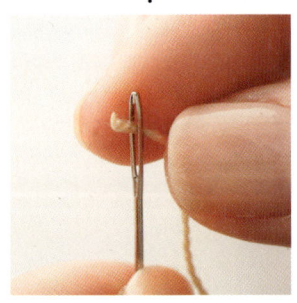

한 가닥의 실은 그대로 실 끝을 바늘구멍에 통과시킨다. 사진은 5번 자수실 한 가닥. 잘 드는 가위로 실 끝을 잘라주면 더욱더 끼우기 쉽다.

원단 정돈 방법

1

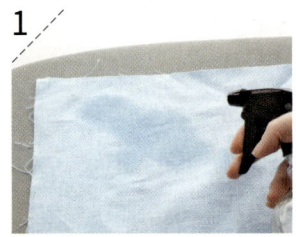

구입한 천은 물로 한번 세탁한 후 사용하는 것이 기본. 물 헹굼을 하면 나중에 세탁을 해도 줄이들지 않는다. 액세서리로 만들 경우에는 세탁까지는 필요 없고 분무기로 적시는 것만으로도 충분하다.

2

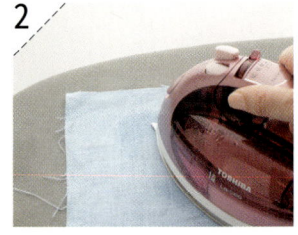

분무기로 적신 천은 다림질을 하여 말린다. 이때 세로와 가로의 짜임새가 곧게 되도록 천의 끝부분을 다듬어 펴주면서 다림질을 한다.

접착 심지 붙이기

잘 늘어나는 천이나 얇은 천에는 접착 심지를 붙인 후 수놓는다. 특히 가방이나 파우치로 만들 경우 팽팽해져서 보기에 좋다. 접착 심지를 붙이기 전에 천을 다려 놓는다. 접착 심지를 천보다 작게 재단하여 천의 뒷면에 접착면을 포개어 중간 온도로 중심에서 바깥쪽을 향해 다림질한다.

자수의 기본

수틀에 천 끼우는 방법

1

자수 틀의 나사를 풀어 안쪽 틀과 바깥쪽 틀을 분리한다.

2

3

안쪽 틀에 천을 씌우고 천을 팽팽하게 한 상태로 바깥쪽 틀을 위에 올려 양손으로 눌러 끼웁니다.

4

세로와 가로의 짜임새가 직각으로 되어 있는지를 확인하고 나사를 조인다.

자수의 시작과 마무리

1
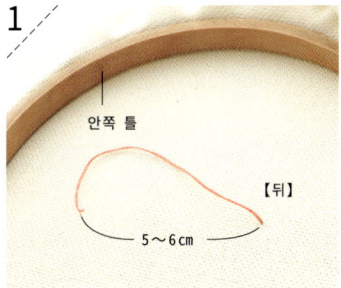
매듭(➡P.72참조)을 짓지 않고 실 끝을 5~6cm 남기고 자수를 시작한다.
※ 새틴 스티치 같이 면을 채우는 수를 놓을 때 ➡P.75참조

2
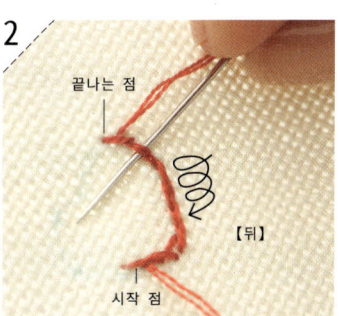
자수를 끝내거나 실이 부족하게 된 곳은 뒤쪽으로 바늘을 빼서 뒤쪽 스티치에 실을 통과시켜 휘감아 정리합니다.

3
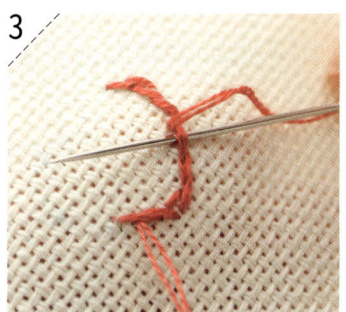
2~3번 실을 휘감는다.

4
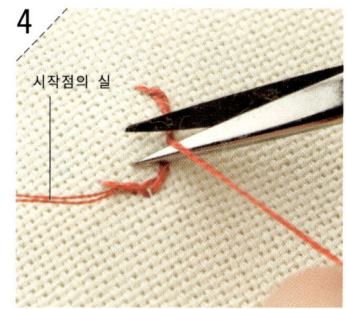
스티치 가깝게 실을 자른다.

5

자수를 시작할 때 남겨두었던 실도 다시 바늘에 실을 꿰어 끝낼 때와 마찬가지로 실에 통과시켜 휘감아 정리한 후 자른다.

마무리 매듭을 묶을까? 말까?

프랑스 자수는 매듭을 하지 않고 마무리하는 것이 기본이다. 단, 두꺼운 펠트나 합성 피혁을 붙여 마무리하는 경우 앞이나 뒤에서 볼 때 눈에 띄지 않는다면 매듭을 지어도 OK. 소품을 만들거나 큰 비즈를 튼튼하게 달고 싶을 때도 마찬가지이다.

매듭 만드는 법 ① (손끝으로 만드는 방법)	매듭 만드는 법 ② (바늘 끝으로 휘감는 방법)	마무리 매듭
1  실 끝을 잡아 집게 손가락에 휙 한 번 감고 엄지와 집게 손가락으로 실 끝을 꼰다.	**1**  바늘에 실을 꿴 상태에서 바늘 위에 실 끝을 올리고 2번 휘감는다.	**1** 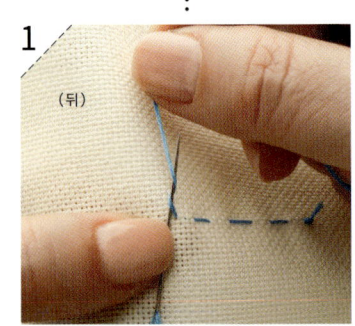 자수 마무리는 뒤쪽으로 실을 보내 마지막 땀에 바늘을 두고 바늘 끝에 실을 2번 휘감는다.
2 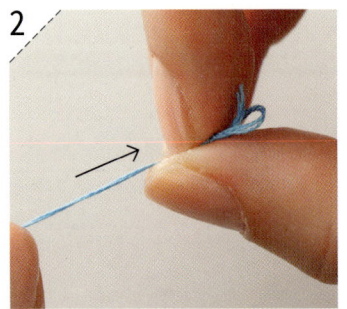 두 가닥의 실이 꼬아진 부분을 잡고 실을 잡아당긴다.	**2** 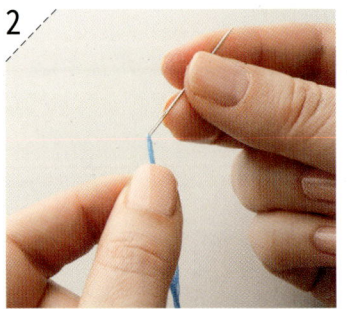 실이 휘감긴 부분을 손가락으로 누르고 바늘을 천천히 당겨서 뺀다.	**2**  휘감은 실을 엄지로 누른 채로 바늘을 천천히 빼낸다.
3  매듭 완성.	**3** 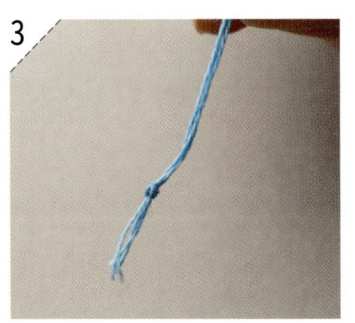 실을 끝까지 잡아당기면 매듭 완성.	**3** 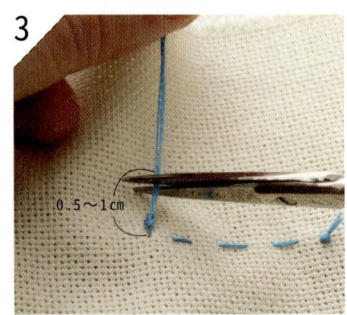 마무리 매듭에서 0.5~1㎝ 남기고 실을 자른다.

기본 스티치

이 책에 자주 쓰이는 기본 스티치를 마스터해봅시다.
완성 사진은 자수실을 각각 2가닥, 3가닥, 6가닥으로 수놓은 모습입니다.

스트레이트 스티치

직선으로 수놓은 기본적인 스티치. 다른 스티치와 조합하여 사용합니다.

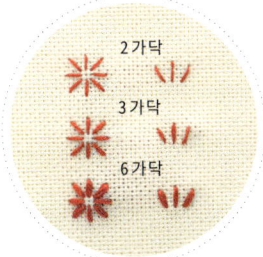

1
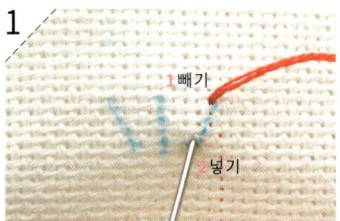

1에서 빼낸 바늘을 2로 넣는다.

2
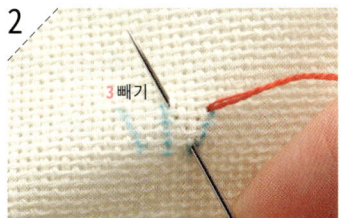

계속해서 수놓는 경우는 다음 표시 도안 부분에서 바늘을 뺀다.

3
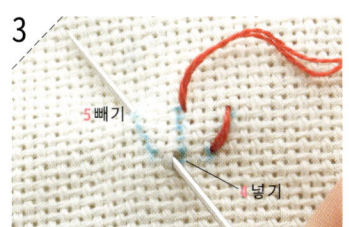

동일한 방법으로 반복한다.

아웃라인 스티치

윤곽선에 자주 사용되는 스티치입니다. 곡선은 땀을 작게 수놓는 것이 포인트.

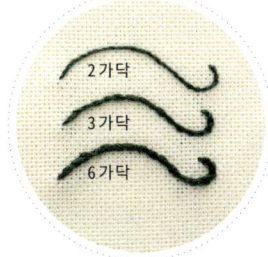

1
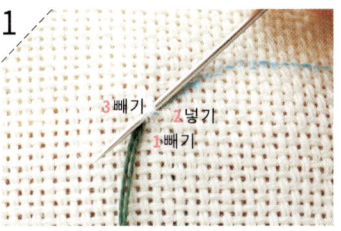

1로 빼서 2로 넣고, 3 (1과 같은 위치) 에서 빼낸다. 1에서 2까지 처음 땀만 반 길이로 수놓는다.

2
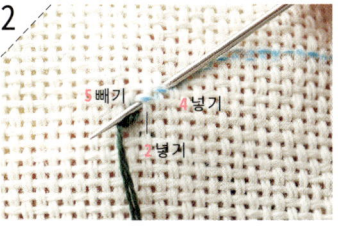

한 땀 돌아와서 5 (2와 같은 위치) 로 빼낸다.

3 4
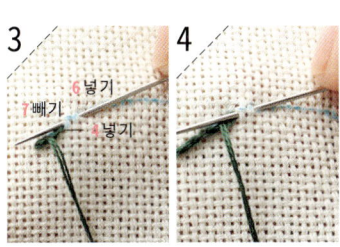

동일하게 한 땀 돌아와서 7 (4와 같은 위치) 로 빼낸다. 이것을 반복한다.

백 스티치

시작점에서 한 땀 앞 떨어진 곳에서 바늘을 빼낸 후 같은 간격으로 뜨는 스티치입니다.

1
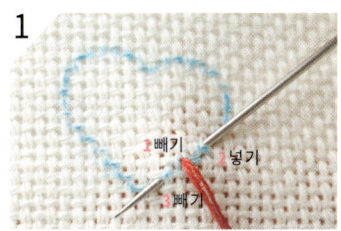

1에서 한 땀 돌아가서 2로 넣고 한 땀 앞인 3에서 빼낸다.

2
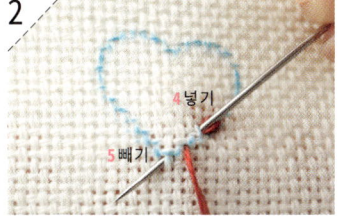

4 (1과 같은 위치) 로 넣고 한 땀 앞인 5로 빼낸다. 이것을 반복한다.

3
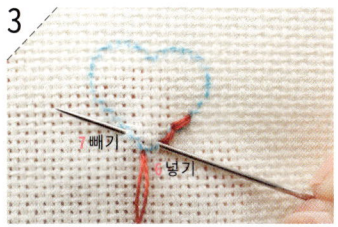

각도를 돌릴 때도 한 땀 앞에서 바늘을 빼낸다.

체인 스티치	프렌치 노트 스티치	플라이 스티치
사슬형 스티치. 고리의 크기를 맞춰 수놓으면 깨끗하게 마무리할 수 있습니다.	실을 당기는 힘과 실을 감은 횟수로 매듭의 크기가 달라집니다.	무늬를 그리는 듯한 스티치. V자로 수놓아 Y자로 만듭니다.

 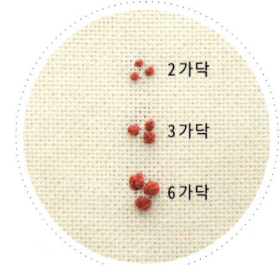 

1
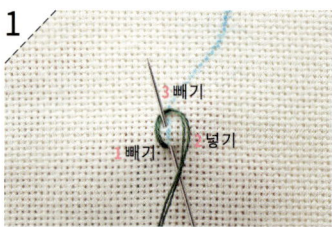  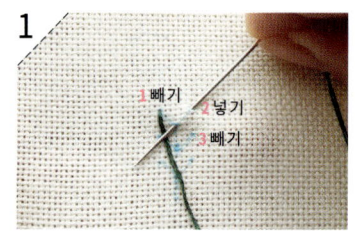

1에서 빼서 바로 옆에 있는 2로 넣는다. 실을 바늘에 걸어 한 땀 앞인 3으로 빼낸다.

1에서 빼낸 실을 바늘에 2번 휘감는다.

1로 나와 실을 아래쪽으로 내리고 바늘을 오른쪽 2로 넣고 대각선 아래의 3으로 빼낸다.

2
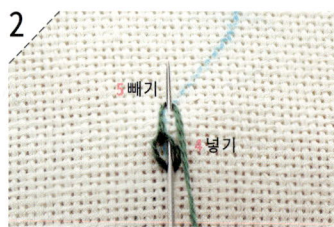 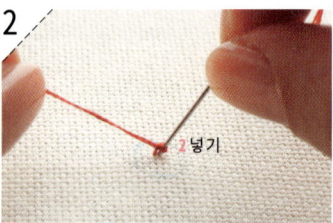 

동일하게 3의 옆에 있는 4로 넣어 실을 바늘에 걸고 한 땀 앞인 5로 빼낸다.

1과 동일한 위치에 바늘을 넣고 휘감은 실을 바늘 밑까지 내린다.

바로 아래의 4로 넣으면 플라이 스티치가 하나 완성된다.

3
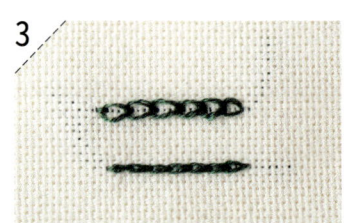  

실을 강하게 잡아당기면 고리가 가늘어져 자수의 윤곽선을 그릴 때 사용할 수 있다.

바늘을 천천히 빼낸다. 이때 실을 손가락으로 누르면서 잡아당기면 실이 엉키지 않는다.

계속해서 수놓는 경우, 동일하게 Y자를 그리면서 수놓는다.

기본 스티치

새틴 스티치

새틴천 같은 광택이 생기는 스티치이다. 천이 보이지 않도록 간격을 채워 수놓는다.

1
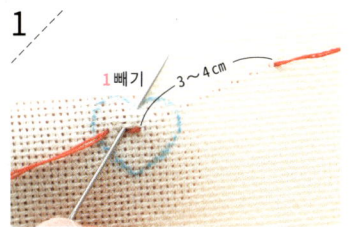

도안의 중심으로부터 3~4cm 떨어진 곳에서 바늘을 꽂아 중심에서 빼낸 후 두 땀 꿰고 한 땀 돌아와 박음질한다. 1에서 바늘을 빼낸다.

2
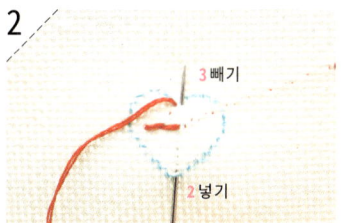

바로 밑 2로 바늘을 넣고 1의 바로 옆 3으로 빼낸다.

3
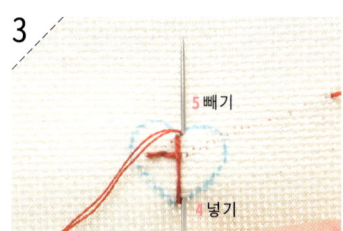

2의 바로 옆 4로 넣고 3의 옆 5로 빼낸다. 이것을 반복한다.

4

오른쪽 반을 수놓은 상태. 좌우대칭 모티브는 중심에서 반씩 수놓으면 형태를 갖추기 쉬우며 예쁘게 수놓을 수 있다.

5
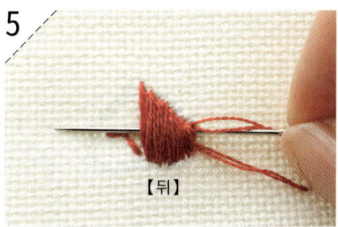

오른쪽 끝까지 수놓으면 뒤로 뒤집어서 천과 스티치 사이에 바늘을 끼워 넣어 중심까지 돌린다.

6

천을 앞으로 돌려 중심 위쪽으로 바늘을 빼내 왼쪽 반도 같은 방법으로 수놓는다.

7

천을 뒤집어 스티치에 실을 2번 정도 감은 후 잘라 수놓기를 마무리한다. 시작 부분의 실에 바늘을 꿰어 같은 방법으로 마무리한다.

크로스 스티치

이름 그대로 실을 십자형으로 교차시켜 수놓는 스티치. 면을 채울 때 자주 사용합니다.

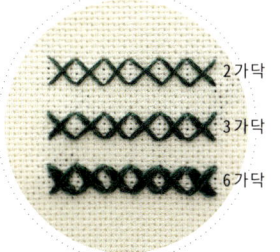

1
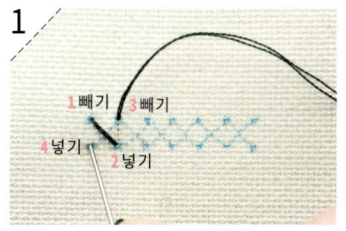

하나만 수놓는 경우

하나만 수놓을 때는 1~4 순서로 수놓는다.

2
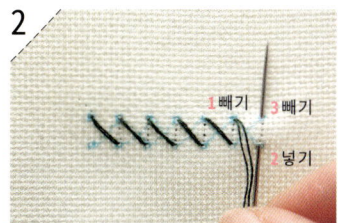

연속해서 수놓는 경우

연속해서 수놓을 때는 사선 가로 방향으로 일렬로 수를 놓는다.

3
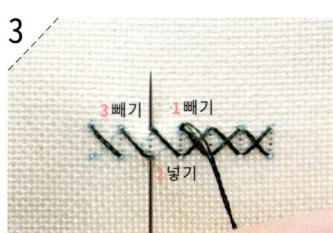

오른쪽까지 수놓기가 끝나면 반대쪽을 방향을 바꿔 일렬로 수놓는다.

롱 앤 쇼트 스티치

긴 땀과 짧은 땀을 번갈아가면서 간격을 두지 않고 수놓는 스티치. 면을 채울 때 사용합니다.

1

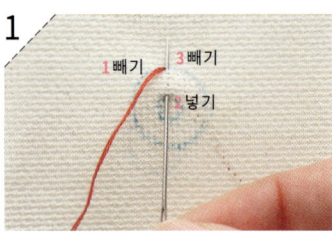

모티브 중심 정점 1에서 바늘을 빼고 바로 아래 2로 들어가 1의 옆인 3에서 빼낸다.

2

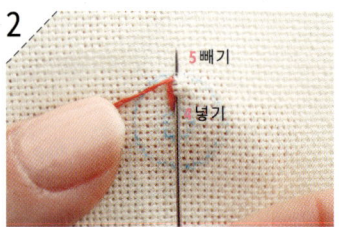

1과 2땀의 반 길이로 옆에 짧은 땀을 수놓는다.

3

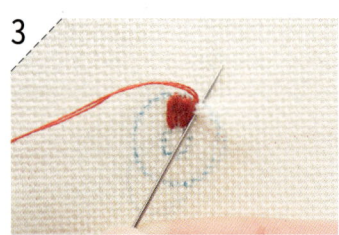

긴 땀과 짧은 땀을 번갈아 놓아 새틴 스티치와 같은 방법으로 면을 채워 나간다.

레이지 데이지 스티치

고리를 하나 만들어 하나의 땀으로 고정하는 스티치. 여러 개를 수놓아 조합하여 사용합니다.

1

1에서 바늘을 빼서 1과 같은 위치인 2로 넣어 3으로 뺀다. 바늘 끝에 실을 왼쪽에서 오른쪽으로 건다.

2

실을 살살 당긴다.

3

고리 윗부분을 고정하기 위해 3의 조금 뒤에 바늘을 넣는다. 실을 너무 세게 당기면 고리 모양이 망가지므로 주의한다.

천은 가능한 자르지 않고 수놓기

자수 틀에 천을 끼우기 쉽게 원단은 가능한 큰 상태인 채로 사용한다.

여러 작품을 만드는 경우

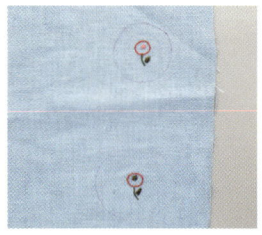

같은 천으로 많은 작품을 만들 때에는 천을 자르지 않고 자수를 한 뒤에 자른다.

자수틀 없이 수놓기

천이 작아서 자수 틀에 천을 끼울 수 없는 경우에는 손가락으로 천을 당겨 실을 주의하면서 수놓는다.

비즈 자수

오트쿠튀르 자수 (➡P.41참조) 는 루네빌 자수 도구를 사용하는 것이 일반적이지만
이 책에서는 초보자도 따라 할 수 있도록 비즈 바늘과 실로 수놓는 방법을 소개합니다.

비즈

| 한 알 수놓기 | 연속 수놓기 |

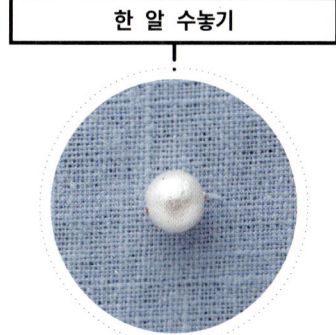

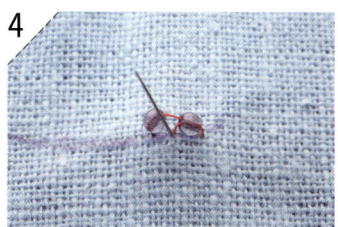

4

첫 번째와 두 번째 비즈 사이로 바늘을 빼낸다.

1

비즈를 달고 싶은 위치에서 약간 왼쪽으로 바늘을 빼낸다.

1
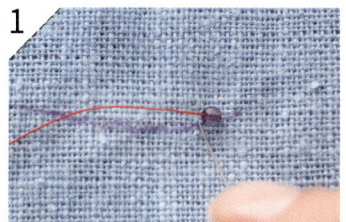

한 알 수놓기와 같은 방법으로 비즈 하나를 단다.

5
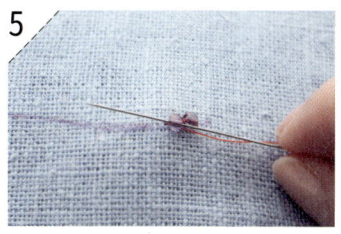

두 번째 비즈에 바늘을 통과시켜 세 번째 비즈를 끼워 넣는다. 이 과정을 반복한다.

2

비즈를 바늘에 통과시켜 1의 약간 오른쪽으로 넣는다.

2

바늘을 수놓기 시작한 위치로 돌아가서 빼낸다.

6
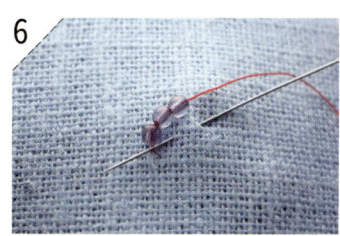

수놓는 길이가 긴 경우는 여러 개의 비즈를 한 번에 통과시켜 달아준다. 3개의 비즈를 통과시켜 세 번째 비즈 옆에 바늘을 넣고 2개 앞으로 돌아간 위치에서 빼낸다.

3

굵은 알의 비즈를 튼튼히 달고 싶은 경우는 같은 곳을 한 번 더 바늘로 2회 꿰맨다.

3

첫 번째 비즈에 바늘을 통과시키고 두 번째 비즈도 바늘로 꿰어 통과시킨다.

7

비즈 2개를 한 번에 바늘을 통과시키고 다시 한번 비즈 3개를 끼운다. 이 과정을 반복한다.

---

memo **평평하고 큰 비즈를 달 때** 접착제로 접착한 후 실로 고정하면 원하는 위치에 정확하게 붙일 수 있습니다.

원형 수놓기		스팽글
		반고정

1개 건너뛴 위치 안쪽으로 실을 빼낸다.

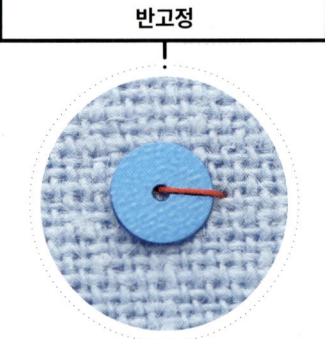

1

중심에 비즈를 한 알 수놓고 실을 뺀다. 주위를 둘러 쌀만큼의 비즈를 끼운다.

5

바깥쪽으로 같은 위치에 실을 넣는다.

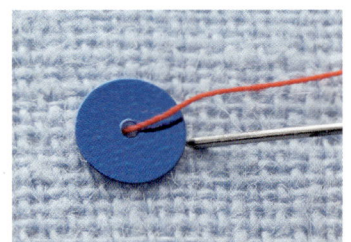

스팽글 중심에서 바늘을 빼내 가장자리에 넣는다.

2

첫 번째 비즈에 바늘을 끼운다.

6

마찬가지로 2개 건너뛴 위치에도 실을 넣어 고정한다.

양쪽 고정

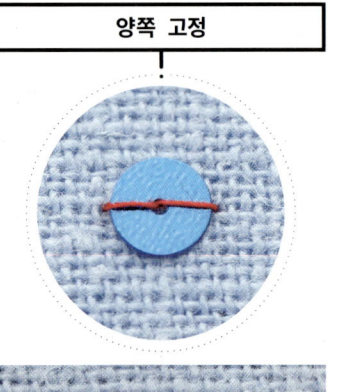

3

첫 번째 비즈 옆에 바늘을 넣는다.

7

이어서 2개를 건너뛴 위치에 실을 보내 고정한다. 실의 고정 위치는 비즈의 수가 많다면 3개 간격이라도 OK.

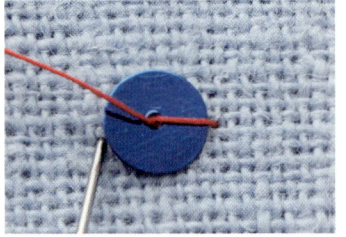

반고정을 하고 난 뒤 바늘을 중심으로 되돌아와 반대편도 같은 방법으로 꿰맨다.

비 즈 자 수

스팽글

연속 수놓기

1
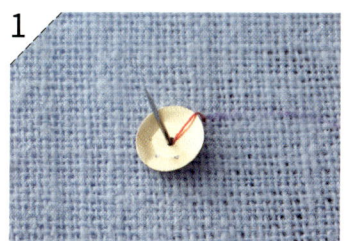
스팽글을 반고정 (➡ P.78 참조) 하고 중심으로 바늘을 뺀다.

2
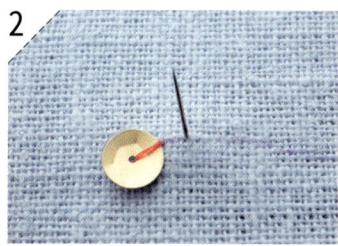
스팽글 반지름 길이만큼 나아간 곳에서 바늘을 뺀다.

3

두 번째 스팽글 구멍에 바늘을 끼운 채 그대로 들어 올려 첫 번째 반고정한 실의 위치로 가게 한다.

4
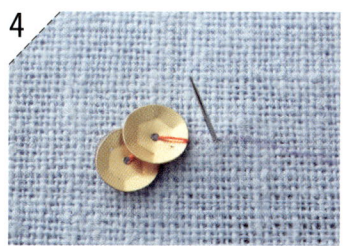
2와 동일하게 바늘을 당겨 스팽글의 반지름 길이만큼 나아간 곳에서 바늘을 뺀다.

↓

5

3과 4번 과정을 반복한다. 반지름 사이즈로 진행함으로써 스팽글 아래로 실이 숨겨진다.

비즈 고정하기

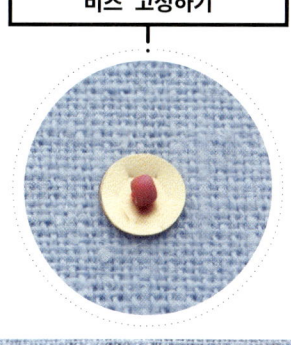

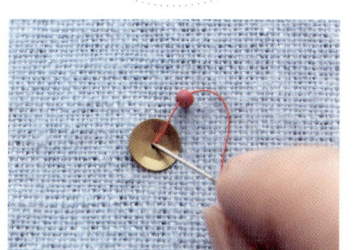
스팽글 중심으로 바늘을 빼내 비즈를 끼우고 같은 위치에 바늘을 넣는다.

원형 수놓기

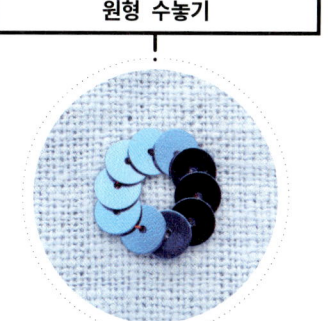

1
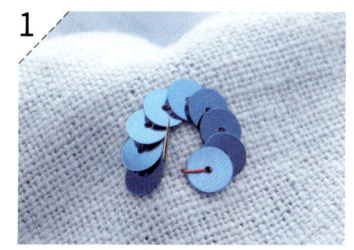
스팽글 연속 수놓기 방법으로 원을 그리듯이 수놓는다. 스팽글 중심 구멍이 지나가는 원 위치를 표시한 후 수놓는다.

2

마지막 스팽글을 수놓을 때 첫 번째 스팽글을 손가락으로 넘겨 마지막 스팽글을 덮는다.

진주 비즈의 BURR란?

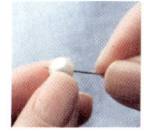
진주 비즈의 구멍 주변에 드릴로 구멍을 낼 때 생긴 도료 찌꺼기를 말한다. 송곳이나 두꺼운 바늘로 깨끗하게 제거한 후 사용한다.

기본 도구 · 재료 · 테크닉

자수를 완성 후 장식 또는 파츠를 달아 액세서리, 소품으로 만듭니다.
장식 및 파츠를 다는 기본 테크닉을 마스터합시다.

자주 쓰는 도구

액세서리 만들기에 필요한 도구와 접착제 등을 소개합니다.

9자말이 집게

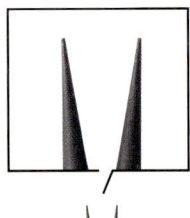

9핀이나 T핀을 둥글게 말 때, 오링이나 C링을 여닫을 때도 사용한다. 끝이 가늘고 둥글게 되어있어 세밀한 작업을 하기에 적합하다.

니퍼

와이어 또는 핀 종류, 체인 등 가위로 잘리지 않는 것을 자를 때 사용한다.

접착제

다용도 접착제

패브릭, 금속 장식, 합성 피혁 등 다양한 소재가 접착이 가능하다. 특히 금속 장식을 접착하기 위해서는 빠르게 건조되는 것을 추천한다.

본드

펠트와 천의 접착에 사용. 빠르게 건조되지는 않지만 저렴하고 구하기 쉽다.

평집게

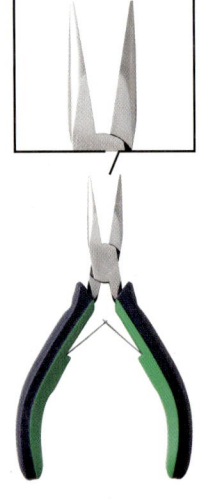

끝이 평평하게 되어 있어 금속 장식을 끼우는 데 적합하다. 오링이나 C링 등을 여닫을 때에도 사용한다.

수예용 송곳

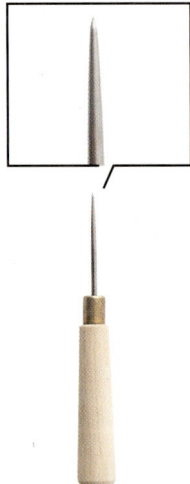

비즈 구멍의 이물질을 제거하거나, (➡P.79참조) 체인의 구멍을 넓힐 때 (➡P.82참조) 그 외 실의 땀을 뜯는 등 전반적으로 많이 사용한다.

이쑤시개

파츠나 부자재의 끝부분에 접착제를 발라 붙이거나 접착제를 펴 바를 때 사용합니다.

핀셋

비즈나 금속 파츠 등을 집는 섬세한 작업을 할 때 쓰면 편리하다.

바느질 실 (재봉틀 실)

자수 뒷면 마무리나 소품 만들기에 사용한다. 비즈나 금속 장식을 꿰맬 때 사용하기도 한다.

기본 도구·재료·테크닉

금속 장식·파츠

완성한 자수 모티브를 액세서리에 연결하기 위한 금속 부자재와 파츠 종류. 금속 부자재의 색상은 골드·실버·앤틱골드 등이 있으며 (P 83 참조) 작품의 이미지에 맞게 선택한다.

귀걸이 포스트 (피어싱)
모티브를 붙일 수 있는 둥근 판이 붙어 있는 것이나 고리가 달려있어 모티브를 달 수 있는 종류 등이 있다.

체인
주로 목걸이에 사용한다. 가는 체인부터 굵은 체인까지 다양하며 작품에 어울리는 것으로 선택한다.

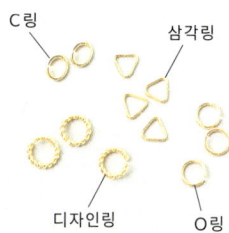

링
주로 액세서리 금속 장식과 모티브 파츠의 연결을 위한 부자재. 집게를 사용하여 여닫아 사용한다.

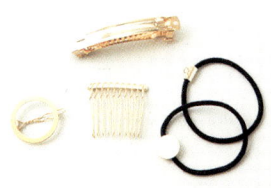

헤어 액세서리 부자재
머리끈, 머리핀, 머리빗 핀 등이 있으며 머리끈의 경우 둥근 판이 달린 것이 자수 모티브를 붙이는 데 적합하다.

브로치 핀대
자수 모티브 뒷면에 고정할 수 있는 역할을 하는 핀대. 실로 꿰매어 달거나 접착제로 붙인다.

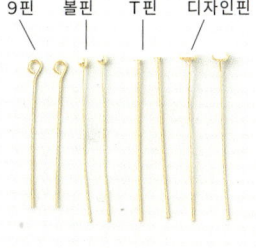

핀
비즈를 꿴 후 끝부분을 둥글게 말아 파츠를 만드는 금속 부자재. 길이와 굵기도 여러 가지 종류가 있다.

바네 프레임
금속의 탄력을 이용해 편리하게 여닫을 수 있는 입구의 안경집과 같은 소품을 만들 때 사용. 한쪽 끝의 나사를 풀어 끼운 후 나사를 끼워 마무리한다.

귀찌
논 피어싱 나사형, 클립형 등 종류가 다양하다. 실리콘 커버가 달린 것은 귀가 아프지 않아 안심하고 사용할 수 있다.

SR장식·랍스터 장식·연장체인
SR장식과 랍스터 장식은 목걸이와 팔찌 체인의 끝에 다는 연결고리 기능을 하는 마감 장식. 연장체인은 길이를 조절하고 싶을 때 사용한다.

기본 테크닉

액세서리 만드는데 자주 쓰이는 기본적인 테크닉을 소개합니다.

O링·C링 사용법

1

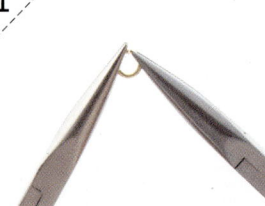

오링 또는 C링의 열린 틈 부분을 위로 향하게 하여 평집게 2개(1개는 9자말이 집게 사용가능)를 사용하여 잡는다.

2

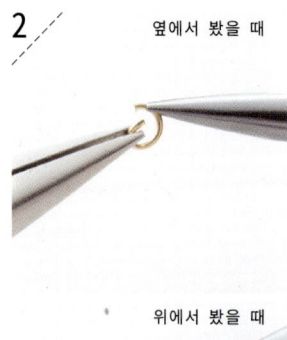

옆에서 봤을 때

위에서 봤을 때

오링을 앞뒤로 어긋나게 움직여 여닫아 줍니다.

NG

오링이나 C링을 앞뒤가 아닌 옆으로 열면 링의 형태가 비틀어져 원래의 모양으로 돌아가지 않기 때문에 주의하세요.

T핀·9핀 사용법

1

비즈에 핀을 통과 시켜 비즈와 90도가 되도록 집게를 사용하여 구부린다.

2

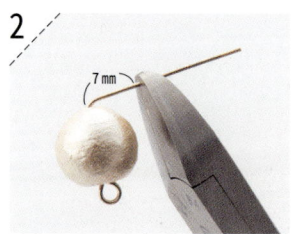

7mm

구부린 곳으로부터 7mm 남기고 니퍼를 이용해 자른다.

3

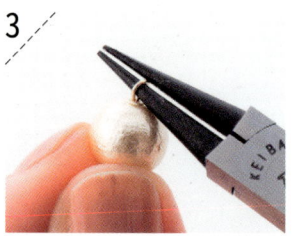

9자말이 집게로 핀 끝부분을 잡아 손목을 비틀면서 회전 시켜 동그랗게 말아준다.

4

9핀의 경우는 위아래 양쪽 끝 고리의 방향이 평행하게 되도록 평집게를 이용하여 정리한다.

체인 구멍 넓히는 방법

1

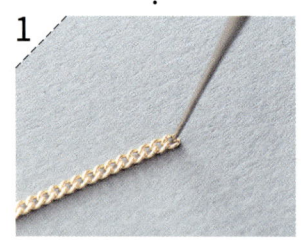

체인의 구멍이 작아서 오링이나 C링을 끼우기 힘든 경우, 넓히고 싶은 체인 구멍에 송곳을 꽂아 돌려 조금씩 넓힌다.

2

오른쪽 끝부분 구멍을 넓힌 모습. 무리하게 넓히면 체인이 끊어질 수 있어서 잘 살펴보면서 조금씩 넓힌다.

스톤캡 고정방법

스톤(➡ P.66 참조)처럼 구멍 없는 비즈는 스톤캡에 끼워 사용한다. 스톤을 스톤캡 위에 올려놓고 평집게로 발을 하나씩 눕혀 물린다.

기본 도구·재료·테크닉

알아두면 좋은 부자재 상식

도구 사용법과 부자재에 대해 알아두면 좋은 팁을 소개합니다.

금속 부자재 색상 종류

골드
실버와 마찬가지로 쉽게 구할 수 있는 금속 부자재. 실버로 선택할지 골드로 선택할지 망설여질 때는 작품의 색 조합이나 취향에 맞춰보자.

실버
종류가 다양하여 어디에나 매치하기 쉬운 컬러. 이 책에서는 도금한 것도 색상의 구분 차원에서 '실버'로 표기.

앤틱골드
세월이 지나 녹슨 듯한 풍미가 느껴지는 색. 금도금 위에 동도금한 뒤 유화 처리 한 것으로 앤틱 실버도 있다.

블랙
유광 검정으로 도금된 금속 부자재. 성인 액세서리 마감에 사용된다.

지퍼 사이즈 조정

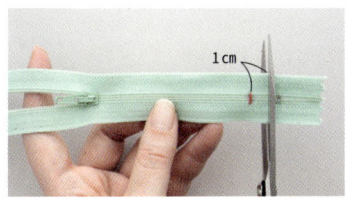

지정 길이의 지퍼가 없을 때는 스스로 조정해보자. 나일론 지퍼를 원하는 길이에서 반박음질 또는 재봉틀로 꿰매고 1cm 남긴 후 가위로 자른다.

송곳 & 바늘 사용법

파우치나 코스터 등을 천을 밖으로 뒤집을 때 송곳으로 각을 잡으면서 뒤집으면 마무리가 정돈된다.

귀걸이 포스트 같은 침 형태의 부자재를 통과시킬 구멍을 낼 때 두꺼운 바늘을 사용해도 좋다. 송곳으로 뚫으면 구멍이 너무 커져 버리는 경우가 있다.

이쑤시개 활용법

작은 금속 부자재를 접착할 때 이쑤시개에 접착제를 소량 발라 금속 부자재에 묻힌다.

천과 가죽 등 면과 면을 접착할 경우 이쑤시개에 접착제를 넉넉히 묻혀 전체로 펴 발라 접착한다.

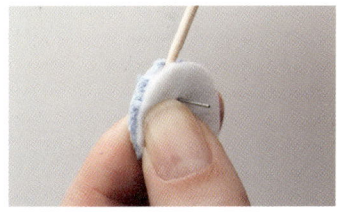

접히는 부분은, 이쑤시개로 접히는 부분을 안으로 끼워 넣으면서 접착한다.

편리한 싸개단추 키트

브로치나 머리끈 전용 싸개단추 키트를 사용하면 훨씬 쉽게 액세서리를 완성할 수 있어요.

주된 작품의 바느질 방법

자수를 한 후에 작품의 바느질 방법은 각각의 작품에 따라 다릅니다.
이 책에 자주 나오는 파우치나 브로치 등의 기본 바느질 법을 소개합니다.

지퍼 파우치

지퍼 달린 옆면이 없는 플랫 파우치. 바닥이 둥근 반원 파우치도 기본 방법은 같다.

※ 이해하기 쉽도록 빨간 실로 꿰맸습니다. 실전에서는 천과 가까운 색의 실을 사용하세요.

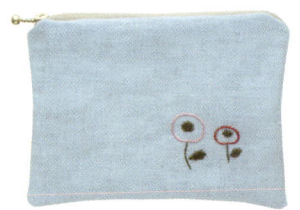

1

자수를 끝낸 앞면은 완성 사이즈에서 약 1cm 정도 시접 부분을 남기고 재단한다. 뒷면과 안감 2장도 동일하게 재단한다.

4

그 위에 안감 1장을 겉의 천 앞면과 맞춰 시침핀으로 고정한 후 반박음질을 한다. 재봉틀로 박아도 좋다.

8

네 개의 모서리를 2mm 남기고 삼각 모양으로 가위를 이용해 자른다. 시접이 걸리적거리지 않으며 확실한 모서리가 만들어진다.

2
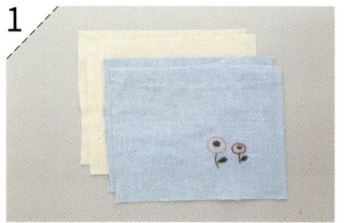
지퍼의 길이는 완성 폭보다 1cm 정도 짧은 것이 이상적이다. 끝은 삼각으로 접어서 꿰매 놓는다.

5

바느질을 끝낸 모습. 지퍼 끝부분이 삼각으로 접혀 있어서 밖으로 나오지 않아 방해가 되지 않는다.

9

예쁘게 뒤집기 위해 시접을 뒤로 다림질하여 누른다. 입구 부분의 시접은 안감 쪽으로 향하게 하여 다린다.

6
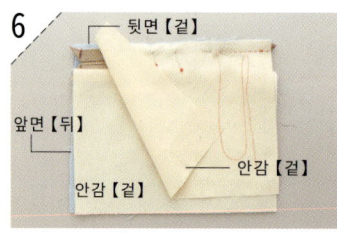
앞면과 동일하게 뒷면과 지퍼를 가름솔 위치를 맞춰놓고 그 위에 안감을 가름솔을 맞춘 후 꿰맨다.

10
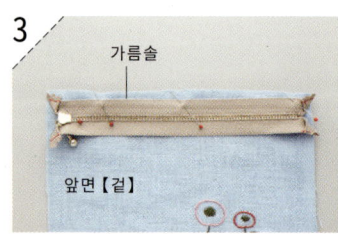
창구멍을 통해 밖으로 뒤집는다. 네 모서리는 송곳으로 빼내어 직각이 되게 정리한다.

3

지퍼는 천 앞면과 마주 보게 놓고 시침핀으로 고정시킨다. 지퍼 슬라이더는 왼쪽 방향에 놓는다.

7

안감과 겉감을 앞쪽과 뒤쪽을 짝맞춰 펼쳐놓는다. 창구멍을 남기고 가장자리를 꿰맨다. 핸드메이드 작품이라면 반박음질로.

11
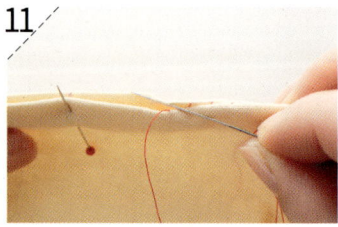
창구멍의 시접을 안으로 접어 넣는다. 공그르기 (➡ P.62 참조) 로 마무리한다.

머리끈

싸개 단추와 머리끈 부자재를 사용하여 고무 머리끈 만드는 방법. 머리끈 부자재가 없는 경우 고무줄로 묶는 것만으로도 OK.

1
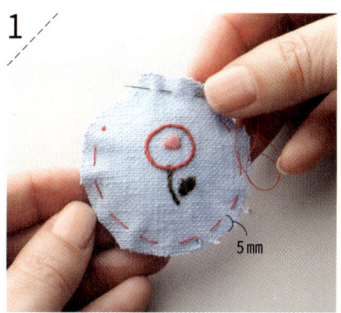
천에 자수를 놓고 테두리를 시접 부분 1cm 남기고 자른다. 테두리 안쪽으로 5mm에서 두 가닥을 뜬 실로 홈질을 한다.

4

뒤에 댈 펠트는 완성 사이즈 보다 2mm 작게 자른다.

8

3에서 만든 파츠 뒤쪽에 펠트를 맞추어 가장자리를 수직 감침질 (➡P.62 참조) 을 한다.

2

단추 부자재의 凹(오목한 부분)을 위로 향하게 한 후 1을 뒤로 향하게 하여 실을 당겨 단단히 쪼인다.

5

펠트를 반으로 접어 중심에 머리끈을 통과할 수 있도록 8mm 정도 가윗밥을 낸다.

3

느슨해지지 않도록 단단히 한 땀 꿰맨 후 매듭을 묶는다.

6

7

가윗밥을 낸 구멍에 머리끈을 통과시킨 후 펠트에 접착한다.

---

memo

머리끈 브로치를 안꿰매고 마무리하는 방법

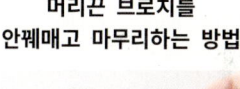

접착제를 펠트 뒷면 전체에 바르고 손가락으로 꾹꾹 누른다. 천으로 덮어 빨래집게로 고정하면 더욱 안정된다. 펠트 대신 가죽 또는 합성 피혁을 사용하는 것도 추천.

바느질 노하우

천에서 빠지지 않게 2번 매듭을 지어주고 큰 땀으로 한 바퀴 돌며 꿰맨다. 마지막에는 매듭지은 곳보다 한 땀 더 여분으로 꿰맨다.

브로치

싸개단추 키트 (➡P.83참조) 앞 파츠만 사용하며 뒷부분은 가죽으로 확실하게 마무리하는 방법

1
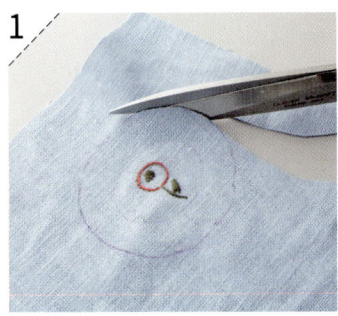
완성 사이즈에 시접 1.5cm 더해 남기고 천을 자른다. 싸개단추 파츠의 凸(볼록한 부분)을 감싸기 위해 시접은 넉넉하게.

4

확실하게 감싼 뒤, 느슨해지지 않도록 한 땀 꿰맨 후 매듭을 짓는다.

2

테두리에서 5mm 안쪽으로 실 두 가닥으로 홈질한다.

5
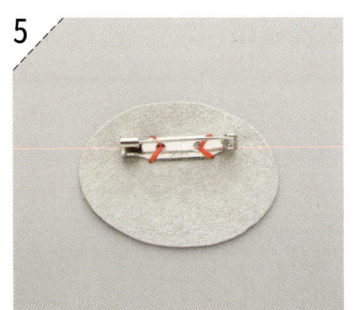
뒤에 댈 가죽을 완성 사이즈보다 2mm 정도 작게 자르고 브로치 핀대를 단다.

3

2의 천을 밑에 두고 싸개단추 파츠의 凹(오목한 면)을 위로 향하게 올린 후 실을 당겨 조여 준다.

6

가죽을 4의 뒷부분에 맞춰 수직 감침질(➡P.62 참조)한다. 접착제로만 마무리 할 수도 있다(➡P.85참조).

작은 귀걸이

귀걸이는 작은 작품이 많으므로 가능한 간단한 바느질로 만든다. 가볍게 마무리할 수 있는 노하우를 소개합니다.

1
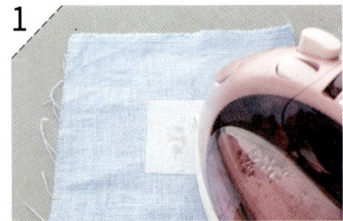
자수를 한 천의 뒷면에 접착심지를 다림질로 접착한다. 접착심지는 가능한 얇은 타입을 고른다.

3 · 2
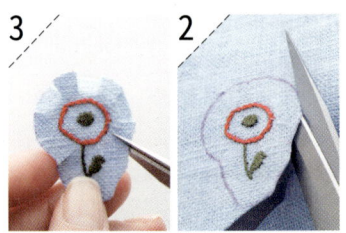
완성 사이즈에 5mm의 시접을 남기고 자른다. 완성 사이즈와 가깝게 가윗밥을 넣는다.

4
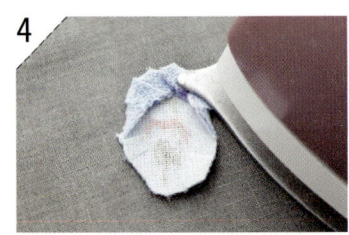
다리미로 시접을 접어 다린다. 1에서 접착심지를 붙인 것은 천이 주름지는 것을 방지하기 위한 이유이다.

6 · 5
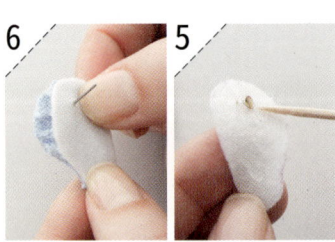
펠트를 완성 사이즈와 같은 사이즈로 자르고 귀걸이 포스트(귀침)를 붙인 후 4의 뒷면에 접착제로 붙인다.

| 입체 아플리케 | 태슬 | ※ 이해하기 쉽게 감는 실의 색상을 다른 색상으로 바꾸었습니다만, 실전에서는 태슬과 같은 색의 실을 사용합니다. |

P.50~51 입체 아플리케 작품의 아플리케와 자수 방법을 소개합니다.

태슬을 만드는 실 종류는 다양합니다. 이 책에서는 자수실로 만드는 기본 방법을 소개합니다.

1

바탕 펠트에 아플리케 할 펠트를 시침핀으로 고정시켜 수직 감침질 (➡P.62 참조) 로 아 바느질 한다.

1

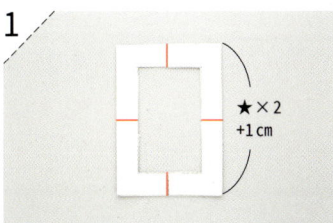

두꺼운 종이로 만들고 싶은 태슬 길이 (★) 의 2배에 1cm를 추가한 길이의 틀을 만든다. 두꺼운 종이 가로 세로 중심에 표시를 한다.

5

3의 묶은 부분에서 태슬을 반으로 접어 자수실로 감는다. 감기 시작한 부분을 고리 형태가 되게 밑으로 내어 놓는다.

2

1cm 정도 남긴 창구멍으로 솜을 조금씩 바늘로 넣은 후 나머지 부분도 수직 감침질로 아플리케한다.

2

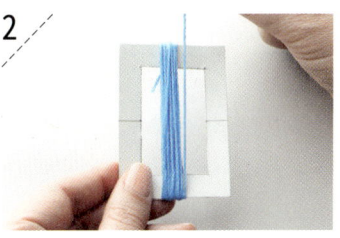

틀의 중심에 실을 필요한 횟수만큼 감아준다. 너무 힘주어 감으면 종이가 접힐 수 있기 때문에 힘을 조절한다.

6

다 감은 실의 끝을 5의 고리에 끼운다.

3

아플리케 펠트 위에 자수실로 수놓는다.

3

틀의 중심 부분에 다른 실로 감는다. 오링을 넣어 만드는 작품은 이때 오링을 함께 통과시켜 묶는다.

7

위아래로 실을 잡아당겨 감긴 부분 가까이에서 실을 잘라준다.

4

비즈를 꿰매어 고정한다.

4

위아래를 가위로 자른다. 작은 가위가 있으면 편리하다.

8

태슬을 원하는 길이로 잘라 완성한다.

Part
06

HOW TO MAKE

---------- **작품 만드는 방법** ----------

작품을 만드는 방법을 소개합니다.
아래의 규칙을 숙지하고 따라 만듭니다.

- 이 책에 사용한 자수실은 일부 제외하고 DMC회사의 자수실을 사용하였습니다.
  ( ) 앞에 표시된 숫자는 색상 번호입니다.
  예: DMC25번 자수실   321 (빨강)
                      색 번호 ←┘   └→ 색 이름

- 자수 도안에 표시한 「S」는 '스티치'의 줄인 말.
  예: 새틴S→새틴 스티치

- 비즈 자수는 실을 당기는 방법 또는 비즈의 방향에 따라 비즈의 수가 늘어나거나 줄 수 있기 때문에 재료를 넉넉하게 표시하는 경우도 있습니다.

- 자수천은 자수틀을 사용하는 것을 전제로 하고 있기 때문에 넉넉한 사이즈를 기재하였습니다.

- 비즈는 따로 지정한 것 외에는 비딩실로 고정하세요.

- 비딩실은 비즈바늘 호수를 확인 후 맞는 사이즈를 선택하세요.

Design > Method

Let's Start

Part 01

[레드·블루] 삼각 귀걸이

작품 페이지 ➞ P.09, P.10

【만드는 법】 만드는 방법은 **07** 작품으로 설명

1. 천에 도안을 옮긴 후 수를 놓고, 비즈는 연속 수놓기 (➡P.77참조) 로 고정한다.

2. 8mm 시접 분을 남기고 천을 자른 다음 모서리 삼각 부분을 자른다.

3. 뒤집어 시접 부분에 접착제를 바르고 시접 경계선부터 접으면서 접착한다.

4. 안에 댈 펠트는 완성 사이즈보다 1mm 작게 자르고 중심에 송곳으로 구멍을 뚫어 귀걸이 포스트를 넣어 낀 후 **3**의 뒷면에 접착제로 붙인다.

【재료】

01
DMC 25번 자수실
　321 (빨강), 349 (주홍),
　816 (진빨강), 3328 (연빨강) ― 각 적당량
델리카 비즈 (회색 3색) ――――― 약 70개

07
DMC 25번 자수실
　161 (블루), 225 (핑크), 842 (연갈색)
　　　　　　　　　　　　　― 각 적당량
극소비즈 (연회색) ――――――― 약 45개
극대비즈 (연회색) ――――――― 8개

공통
면 원단 (시팅·내츄럴) ――――― 15×15cm
펠트 (내츄럴) ―――――――― 10×5cm
귀걸이 포스트 (침형·골드) ――― 1세트
비딩실 (흰색) ―――――――― 적당량

01 P.09

07 P.10

SIZE 세로 2.2×가로 2.7cm

사용하는 도구

기본 도구(P.67) / 접착제

---

1 백S로 윤곽선을 수놓고 안쪽을 같은 색상으로 새틴S와 체인S로 채운다.
백S / 체인S / 새틴S / 천에 도안을 옮긴다.

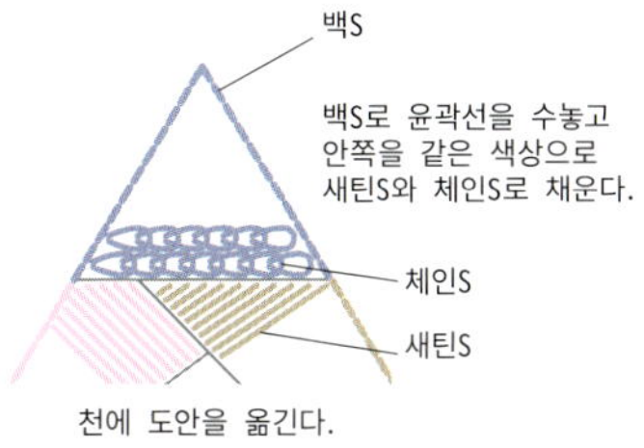

2 접는 선 / 8mm / 접는 자리 / 자른다

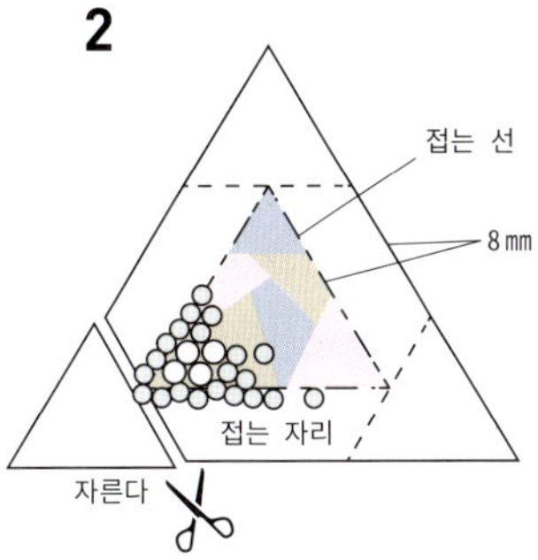

3 접는 선 / 접착제 / 접는 자리 / 【뒤】 / 접착한다 / 접착제 / 펠트 / 귀걸이 포스트

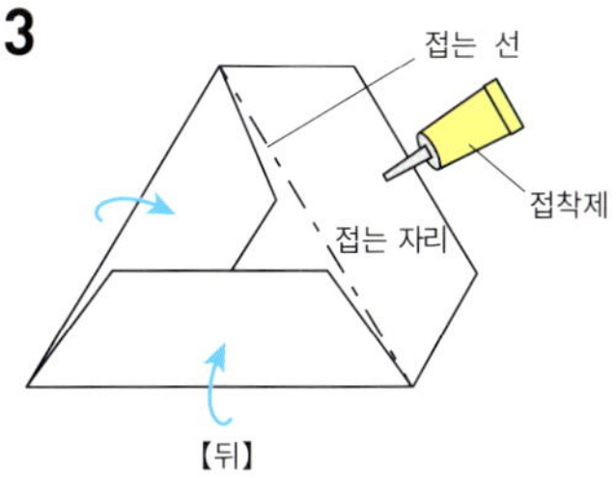

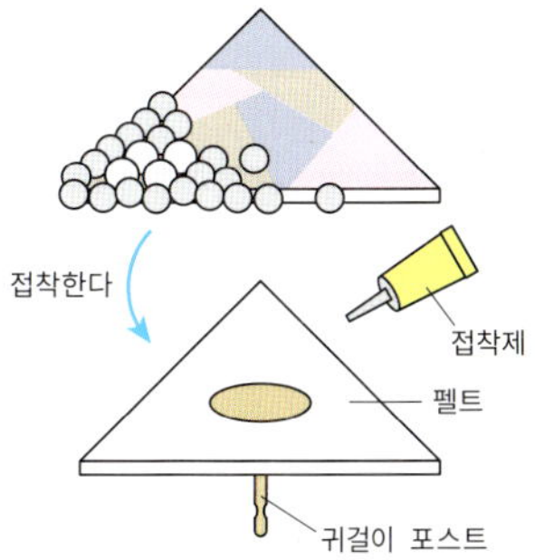

4 귀걸이 포스트 / 1mm / 펠트 / 송곳 / 완성 사이즈

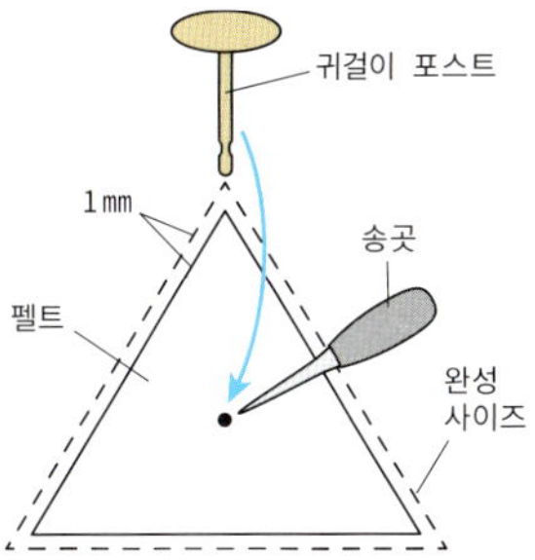

실물 크기 자수 도안
※자수실은 모두 2가닥으로.

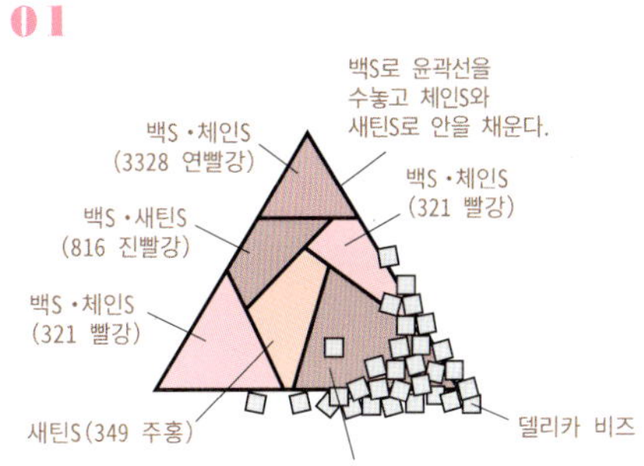

01
- 백S·체인S (3328 연빨강)
- 백S·체인S (321 빨강)
- 백S·새틴S (816 진빨강)
- 백S·체인S (321 빨강)
- 새틴S (349 주홍)
- 델리카 비즈
- 새틴S (816 진빨강)

※ 반대쪽은 좌우대칭으로 만든다.

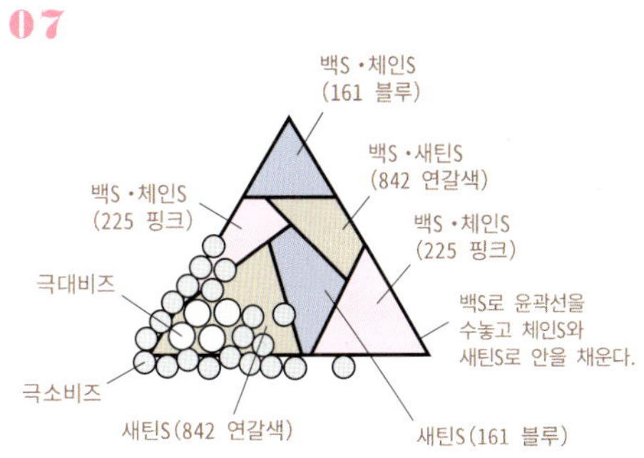

07
- 백S·체인S (161 블루)
- 백S·새틴S (842 연갈색)
- 백S·체인S (225 핑크)
- 백S·체인S (225 핑크)
- 백S로 윤곽선을 수놓고 체인S와 새틴S로 안을 채운다.
- 극대비즈
- 극소비즈
- 새틴S (842 연갈색)
- 새틴S (161 블루)

- 백S·체인S (225 핑크)
- 백S·체인S (161 블루)
- 백S·새틴S (842 연갈색)
- 백S·체인S (161 블루)
- 극대비즈
- 새틴S (225 핑크)
- 새틴S (842 연갈색)
- 극소비즈

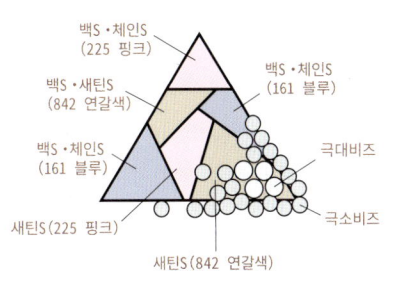

POINT! 뒷면에 펠트를 접착할 때 자수 부분은 천으로 덮고 집게로 고정하여 완전히 건조한다.

거꾸로 사각 귀걸이

작품 페이지 ➝ P.09

02

【만드는 법】
1 천에 도안을 옮긴 후 수를 놓는다.
2 8mm 시접 분을 남기고 천을 재단 후, 네 모퉁이를 자른다.
3 P.89의 3～4와 마찬가지로 귀걸이로 만들어 마무리한다.

【재료】
DMC 25번 자수실
　153 (보라), 158 (네이비),
　161 (블루), 502 (초록) ── 각 적당량
면 원단 (시팅·내츄럴) ──── 15×15cm
펠트 (내츄럴) ──────── 10×5cm
귀걸이 포스트 (침형·골드) ── 1세트

SIZE 세로 2×가로 2cm

사용하는 도구
기본 도구(P.67) / 접착제

실물 크기 자수 도안

※ 자수실은 모두 2가닥으로
※ 프렌치 노트S는 세번 휘감기
※ 반대쪽은 좌우대칭으로 만든다

[그레이·블루] 마름모 귀걸이

작품 페이지 ➝ P.10

05

06

【만드는 법】 만드는 방법은 06 작품으로 설명
1 천에 도안을 옮긴 후 수를 놓고, 비즈는 연속 수놓기 (➡P.77참조) 로 고정한다.
2 8mm 시접 분을 남기고 천을 재단 후, 네 모퉁이를 자른다.
3 P.89의 3～4와 마찬가지로 귀걸이로 만들어 마무리한다.

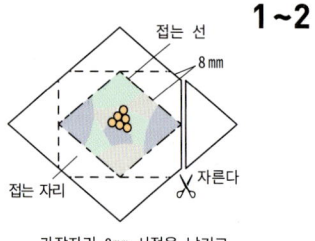

【재료】
05
DMC 25번 자수실
　762 (그레이), 3770 (연핑크), 3866 (내츄럴)
　──────────── 각 적당량
극대비즈 (실버) ─────── 12개

06
DMC 25번 자수실
　161 (블루), 502 (초록),
　842 (연갈색) ─────── 각 적당량
극대비즈 (골드) ─────── 12개

공통
면 원단 (시팅·내츄럴) ──── 15×15cm
펠트 (내츄럴) ──────── 10×5cm
귀걸이 포스트 (침형·골드) ── 1세트
비딩실 (흰색) ──────── 적당량

SIZE 세로 2.5×가로 3cm

사용하는 도구
기본 도구(P.67) / 접착제

실물 크기 자수 도안

※ 자수실은 모두 2가닥으로
※ 반대쪽은 좌우대칭으로 만든다

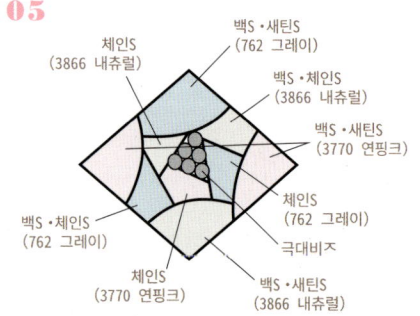

05

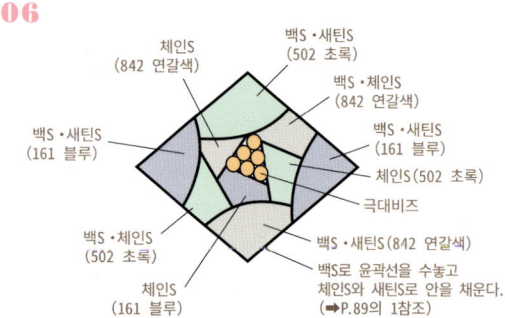

06

원형 자수 귀걸이

작품 페이지 → P.09

【만드는 법】
1. 천에 도안을 옮긴 후 수를 놓고 1.2cm 시접 분을 남기고 자른다.
2. 수를 놓은 천 1로 위쪽 금속 틀을 감싸고 고리 부분을 뗀 아래 금속 틀을 밀어 넣어 끼운다.
3. 펠트를 자르고 위쪽 단추 금속 틀 높이까지 접착제로 붙이면서 넣는다.
4. P.89의 4와 같이 펠트에 귀걸이 포스트를 붙인 후, 3의 싸개 단추 뒤에 접착한다.

【재료】
DMC 25번 자수실
  153 (보라) , 3821 (노랑) , ECRU (내츄럴) ─── 각 적당량
면 원단 (시팅·내츄럴) ─── 15×15cm
펠트 (내츄럴) ─── 15×5cm
귀걸이 포스트 (침형·골드) ─── 1세트
싸개단추 키트 (직경2cm) ─── 2세트

03

SIZE 직경 2cm

사용하는 도구
기본 도구 (P.67) / 접착제 / 평집게

POINT!
- 싸개 단추 키트의 금속 틀 고리가 평집게로 제거가 힘든 경우에는 니퍼로 자른다
- 키트 종류에 따라 천 또는 아래 금속 틀에 끼워 넣을 때 사용할 수 있는 도구가 세트로 들어가 있는 것도 있다.

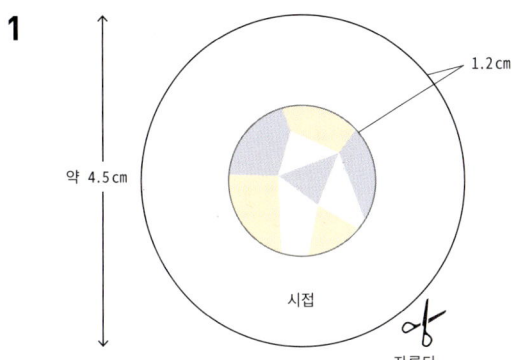

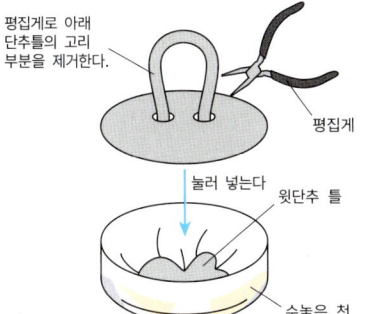

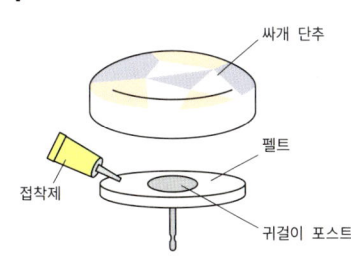

실물 크기 자수 도안
※ 자수실은 모두 4가닥으로
※ 반대쪽은 좌우대칭으로 만든다.

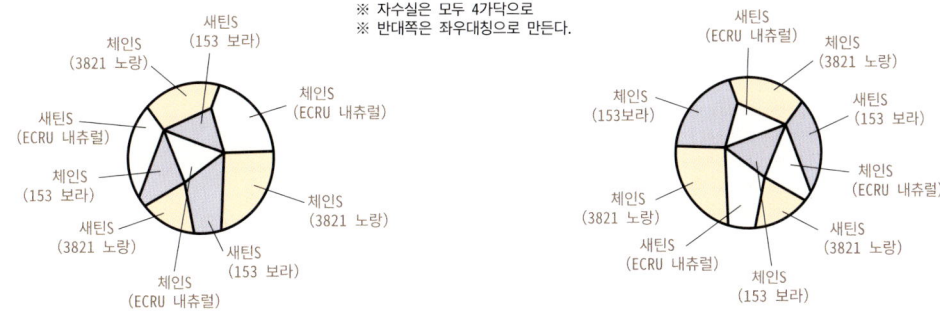

[스트라이프・랜덤 스티치] 리본 브로치

작품 페이지 → P.10, P.11

08 P.10

09 P.11

SIZE 세로 4×가로 5.5cm

【만드는 법】 만드는 방법은 09 작품으로 설명

1 펠트에 도안을 옮겨 수를 놓긴 후 3mm 시접분을 남기고 재단한다.

2 펠트를 1과 같은 사이즈로 자른 후 뒷부분에 브로치 핀대를 자수실로 고정한다. 펠트 3장을 완성 사이즈보다 3mm 작게 잘라 양면테이프로 붙인다. 1과 브로치 핀대를 붙인 펠트를 바깥 테두리에서 맞춘다.

3 2가닥의 실로 테두리를 블랭킷S(➡P.62참조)를 놓는다.

【재료】

08
털실 (그레이, 블루, 와인) ──── 각 적당량

09
털실 (핫핑크, 핑크, 그레이, 청록, 보라) ──── 각 적당량

공통
DMC 25번 자수실
　415 (그레이) ──── 적당량
펠트 (그레이) ──── 20×15cm
브로치 핀대 (3cm・실버) ──── 1개

사용하는 도구

기본 도구(P.67) / 양면 테이프

1

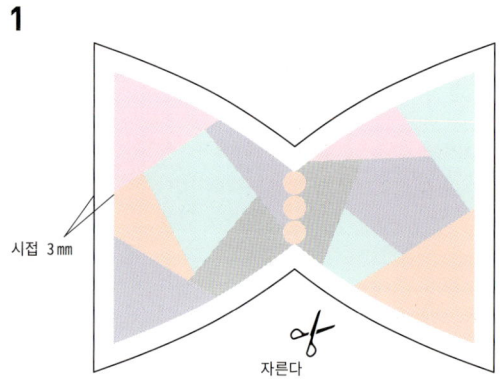

2

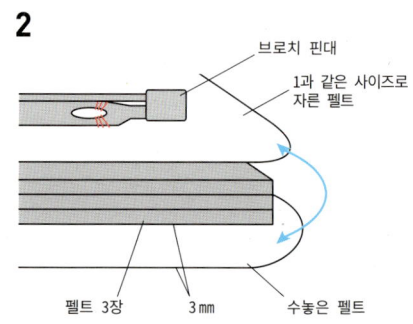

실물 크기 자수 도안
※ 자수는 모두 1가닥으로
※ 프렌치 노트S는 3번 휘감기

3

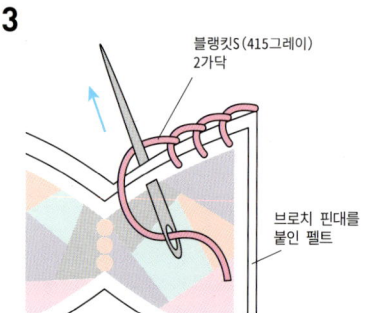

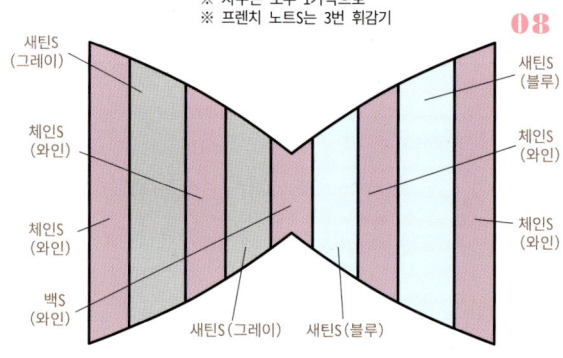

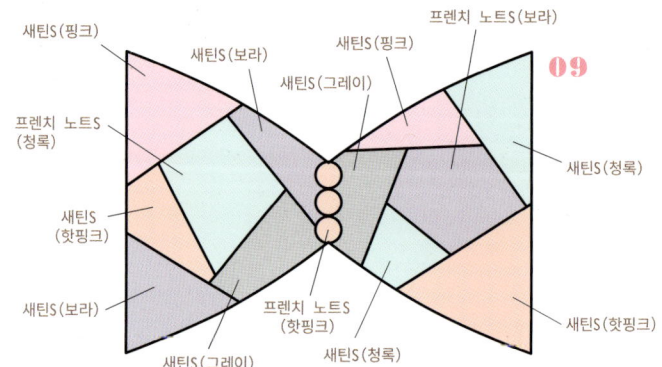

Part 01

삼각 심플 귀걸이

작품 페이지 ➞ P.10

【만드는 법】
1. 천에 도안을 옮겨 수를 놓는다.
2. P.89의 **2**~**4**와 같은 방법으로 귀걸이를 만든다.

【재료】
DMC 25번 자수실
　3866 (내츄럴) ——————— 적당량
면 원단 (시팅·내츄럴) ——————— 10×5cm
펠트 (내츄럴) ——————— 10×15cm
귀걸이 포스트 (침형·골드) ——————— 1세트

※ 지정된 것 이외의 자수실은 2가닥
※ 프렌치 노트S는 3번 휘감기
※ 반대쪽도 같은 방법으로 만든다.

04

SIZE 세로 2.2×가로 2.7cm

사용하는 도구
기본 도구 (P.67) / 접착제

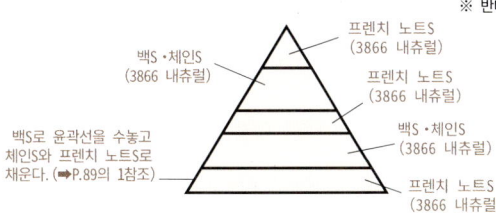

실물 크기 자수 도안
- 백S·체인S (3866 내츄럴)
- 프렌치 노트S (3866 내츄럴)
- 백S·체인S (3866 내츄럴)
- 프렌치 노트S (3866 내츄럴)
- 백S로 윤곽선을 수놓고 체인S와 프렌치 노트S로 채운다. (➞P.89의 1참조)

산 브로치

작품 페이지 ➞ P.11

【만드는 법】
1. 천에 도안을 옮겨 수를 놓고 그림과 같이 시접을 남기고 자른다.
2. 완성 사이즈와 같은 크기로 펠트 3장을 잘라 **1**의 뒤쪽에 양면테이프를 붙인 후 시접으로 감싼다.
3. 완성 사이즈와 같은 크기로 합성피혁을 자르고 자수실(712내츄럴)로 브로치 핀대를 고정한다. 수놓은 천과 합성피혁을 가장자리를 잘 맞춰 양면테이프로 붙인다. 가장자리를 바느질 실로 감침질 (➞P.62참조) 한다.

【재료】
DMC 25번 자수실
　349 (빨강), 712 (내츄럴), 803 (블루),
　904 (그린), 3821 (노랑), 3865 (화이트)
　——————— 각 적당량
두꺼운 린넨원단 (내츄럴) ——————— 15×15cm
펠트 (내츄럴) ——————— 15×5cm
합성피혁 (앤틱 골드) ——————— 10×5cm
브로치 핀대 (3cm·실버) ——————— 1개
손바느질 실 (60수·내츄럴) ——————— 적당량

10

SIZE 세로 4×가로 7.5cm

사용하는 도구
기본 도구 (P.67) / 양면 테이프

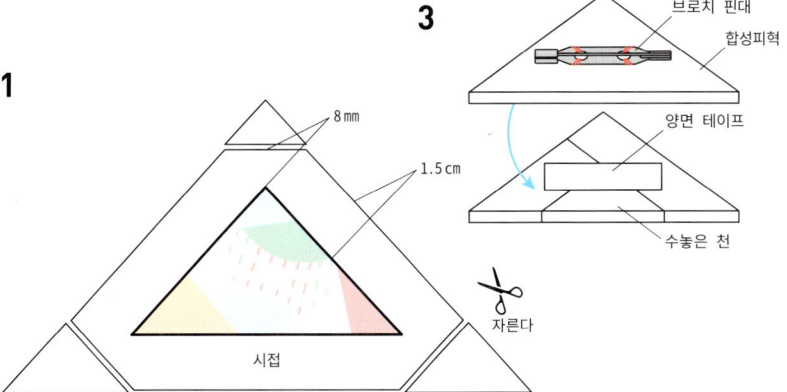

1 — 8mm, 1.5cm, 시접, 자른다

2 — 감싼다, 1.5cm, 완성 사이즈와 같은 크기로 자른 펠트 3장, 수놓은 천

3 — 브로치 핀대, 합성피혁, 양면 테이프, 수놓은 천

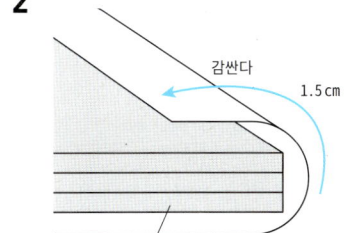

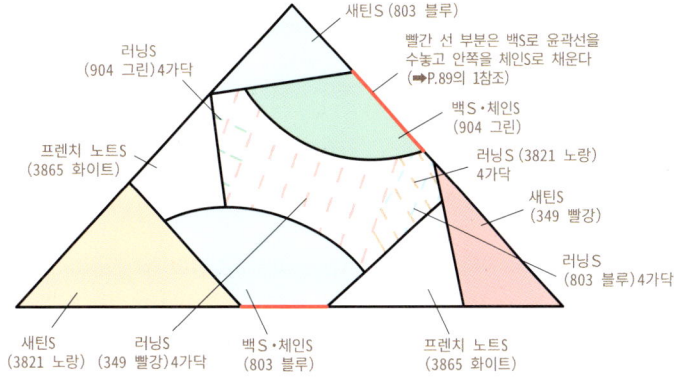

실물 크기 자수 도안
※ 지정된 것 이외의 자수실은 2가닥
※ 프렌치 노트S는 2번 휘감기

- 새틴S (803 블루)
- 빨간 선 부분은 백S로 윤곽선을 수놓고 안쪽을 체인S로 채운다 (➞P.89의 1참조)
- 러닝S (904 그린) 4가닥
- 백S·체인S (904 그린)
- 프렌치 노트S (3865 화이트)
- 러닝S (3821 노랑) 4가닥
- 새틴S (349 빨강)
- 러닝S (803 블루) 4가닥
- 새틴S (3821 노랑)
- 러닝S (349 빨강) 4가닥
- 백S·체인S (803 블루)
- 프렌치 노트S (3865 화이트)

SIMPLE MOTIF

태슬 2WAY 귀걸이

작품 페이지 ——▶ P.12

SIZE 세로 7.5 × 가로 2cm

사용하는 도구
기본 도구 (P.67) / 접착제 / 평집게

【만드는 법】 만드는 방법은 11 작품으로 설명

1. 천에 도안을 옮겨 수를 놓는다. 8mm 시접을 남긴 후 천을 자르고 테두리를 비딩 실로 시침질한다.

2. 실을 쪼여 매 원 모양을 잡고 방사형으로 실을 꿰맨다. 매듭을 짓고 실을 자른다.

3. P.89의 4와 같은 방법으로 펠트에 귀걸이 포스트를 접착한 후 2의 뒷부분에 붙인다.

4. 두꺼운 종이로 틀을 만들어 리넨 실을 감은 뒤 오링을 중심에 넣어 고정하여 6cm 길이의 태슬을 만든다 (➡ P.87 참조).

5. 태슬 부분의 오링을 귀걸이 뒤 클러치에 단다.

【재료】

11
- DMC 25번 자수실
  - 814 (와인), 823 (네이비) ─── 각 적당량
- 델리카 비즈 (브론즈) ─── 26개
- 특소 비즈 (실버) ─── 26개
- 리넨 실 (딥네이비) ─── 20m

12
- DMC 25번 자수실
  - 453 (그레이), 642 (카키) ─── 각 적당량
- 델리카 비즈 (하늘) ─── 22개
- 특소 비즈 (화이트) ─── 20개
- 리넨 실 (겨자) ─── 20m

공통
- 면 원단 (시팅·내츄럴) ─── 15×15cm
- 펠트 (내츄럴) ─── 15×5cm
- 오링 (5mm·골드) ─── 2개
- 귀걸이 포스트 (침형·골드) ─── 1세트
- 비딩 실 (화이트) ─── 적당량
- 두꺼운 종이 ─── 13×6cm

1
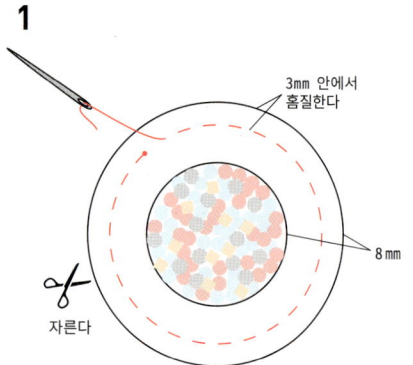

4
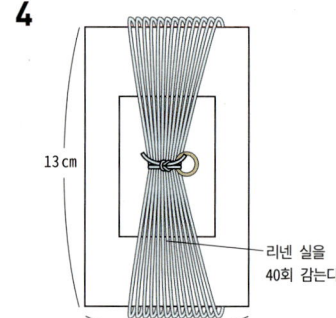

5
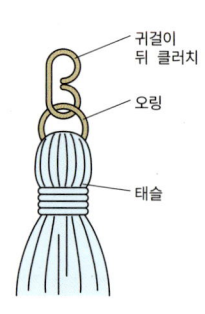

2
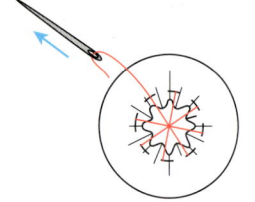
바느질 한 후, 방사형으로 엮어 꿰맨다

3
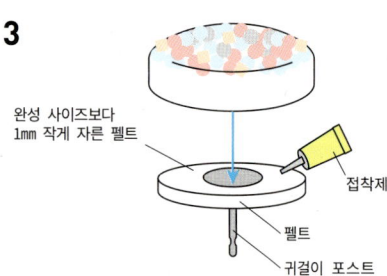

실물 크기 자수 도안
※ 자수실은 모두 4가닥으로
※ 프렌치 노트S는 2번 휘감기
※ 반대쪽도 같은 방법으로 만든다

11
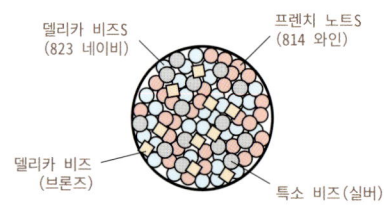

12
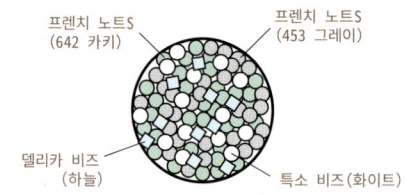

Part 01

[flower × stick・forest × triangle・strawberry × circle] 귀걸이

작품 페이지 ⟶ P.13

【만드는 법】 만드는 방법은 13 작품으로 설명

1 펠트에 도안을 옮겨 수를 놓는다.

2 펠트를 1mm 테두리 부분을 남긴 채 자르고 자수실로 메탈파츠를 고정한다.

3 합성피혁을 2와 같은 크기로 자르고 송곳으로 중심에 구멍을 뚫어 귀걸이 포스트를 붙인다.

4 합성피혁을 2와 붙인다.

POINT!

뒷면에 합성피혁을 붙일 때 수놓은 부분을 천으로 감싸 덮은 후 집게로 고정한 후 완전히 말린다.

【재 료】

13
DMC 25번 자수실
 964(하늘), 3706(핑크), 3770(연핑크) ——— 각 적당량
메탈 파츠 (스틱형・2.3×0.2cm・골드) ——— 2개

14
DMC 25번 자수실
 501(딥그린), 518(딥블루), 747(하늘),
 3812(그린), 798(블루) ——— 각 적당량
메탈 파츠 (삼각링・2×2.3cm・골드) ——— 2개

15
DMC 25번 자수실
 745(노랑), 761(연핑크), 891(다크 핑크),
 893(핑크), 3705(코랄 핑크) ——— 각 적당량
메탈파츠 (원형・직경 1.1cm・골드) ——— 2개

공통
귀걸이 포스트 (침형・실버) ——— 1세트
펠트 (베이지) ——— 10×15cm
합성피혁 (베이지) ——— 10×5cm

13

SIZE 세로 4×가로 2cm

14

SIZE 세로 3.8×가로 2.3cm

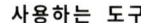

15

SIZE 세로 3×가로 2cm

사용하는 도구

기본 도구 (P.67) / 접착제

1 펠트

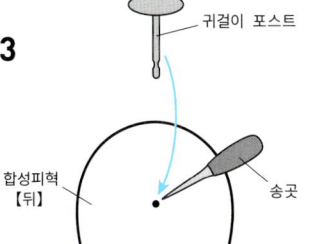

2 1mm / 자른다 / 메탈 파츠

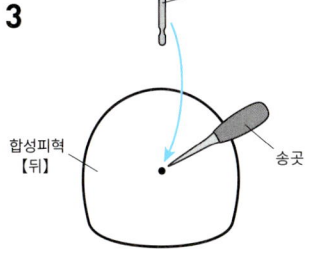

3 귀걸이 포스트 / 합성피혁【뒤】 / 송곳

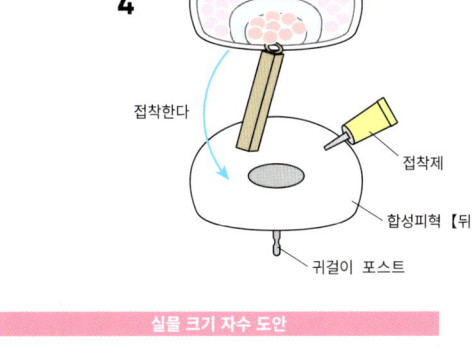

4 접착한다 / 접착제 / 합성피혁【뒤】 / 귀걸이 포스트

※ 자수실은 모두 3가닥
※ 프렌치 노트S는 2번 휘감기
※ 반대쪽도 같은 방법으로 만든다

실물 크기 자수 도안

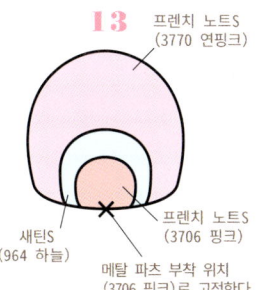

13
프렌치 노트S (3770 연핑크)
새틴S (964 하늘)
프렌치 노트S (3706 핑크)
메탈 파츠 부착 위치 (3706 핑크)로 고정한다

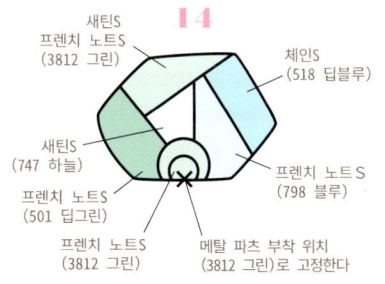

14
새틴S / 프렌치 노트S (3812 그린)
체인S (518 딥블루)
새틴S (747 하늘)
프렌치 노트S (501 딥그린)
프렌치 노트S (3812 그린)
프렌치 노트S (798 블루)
메탈 파츠 부착 위치 (3812 그린)로 고정한다

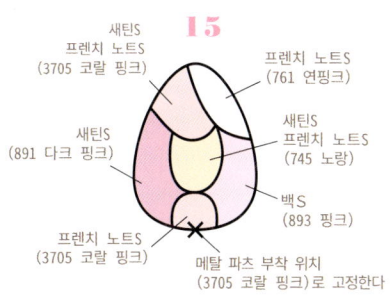

15
새틴S / 프렌치 노트S (3705 코랄 핑크)
프렌치 노트S (761 연핑크)
새틴S (891 다크 핑크)
프렌치 노트S (745 노랑)
백S (893 핑크)
프렌치 노트S (3705 코랄 핑크)
메탈 파츠 부착 위치 (3705 코랄 핑크)로 고정한다

SIMPLE MOTIF

기하학 삼각 목걸이

작품 페이지 → P.14

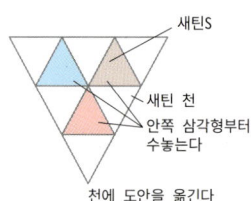

SIZE 모티브 세로3.2×가로3.6cm

사용하는 도구

기본 도구 (P.67) / 접착제 / 평집게

【만드는 법】 만드는 방법은 16 작품으로 설명

1 천에 도안을 옮겨 자수실로 새틴 스티치를 한다.

2 막대 비즈와 체코 비즈 (17은 진주 비즈)를 비딩 실로 고정하고, 안쪽의 삼각 부분에 특소 비즈를 연속 수놓기 (➡P.77참조) 로 채운다.

3 뒤쪽에 두꺼운 접착 심지를 붙이고 비즈 부분과 가깝게 테두리를 자르고 터지는 것을 방지하기 위해 접착제를 바른다.

4 뒷면에 원판 고리형 메탈 파츠를 접착한다.

5 완성 사이즈보다 크게 자른 펠트를 윗모서리에 맞춰 4의 뒷면에 접착하고 완전히 건조한 후 완성 사이즈에 맞게 나머지 부분을 자른다.

6 체인, 랍스터 장식, 마감장식을 오링으로 연결한다.

POINT!
풀림 방지를 위해 사용하는 접착제는 마르면 투명해지는 타입을 사용한다.

【재료】

16
DMC 25번 자수실
　310 (블랙), 355 (빨강), 645 (그레이),
　823 (네이비), 3031 (갈색) ──── 각 적당량
특소 비즈 (블루, 브론즈) ──── 각 23개
특소 비즈 (빨강) ──── 18개
체코 비즈 (3mm·블랙) ──── 3개
막대 비즈 (3cm·블랙) ──── 3개
새틴 천 (블랙) ──── 15×15cm
펠트 (블랙) ──── 5×5cm
체인 (앤틱 골드) ──── 20cm×2개
오링 (3mm·앤틱 골드) ──── 4개
랍스터 장식, 마감 장식 (앤틱 골드) ── 각 1개

17
DMC 25번 자수실
　613 (연베이지), 822 (내츄럴),
　762 (연그레이), BLANC (화이트) ─ 각 적당량
특소 비즈 (투명) ──── 34개
특소 비즈 (실버, 화이트 골드) ──── 각 18개
진주 비즈 (3mm·화이트) ──── 3개
막대 비즈 (3cm·실버) ──── 3개
새틴 천 (화이트) ──── 15×15cm
펠트 (화이트) ──── 5×5cm
체인 (골드) ──── 20cm×2개
오링 (3mm·골드) ──── 4개
랍스터 장식, 마감 장식 (골드) ──── 각 1개

공통
두꺼운 접착 심지 ──── 10×10cm
메탈 파츠 (원판 고리형·4mm·골드) ──── 2개
비딩 실 (화이트) ──── 적당량

1
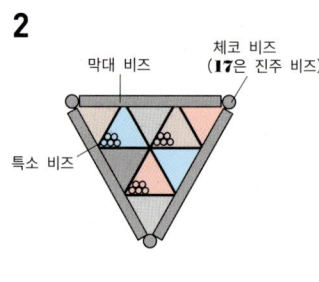

2

3
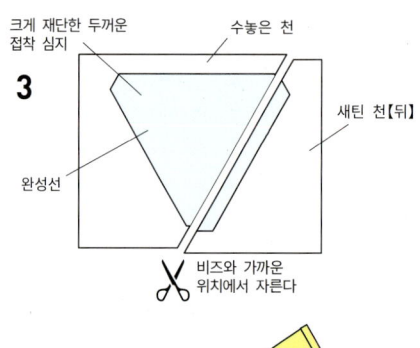

4
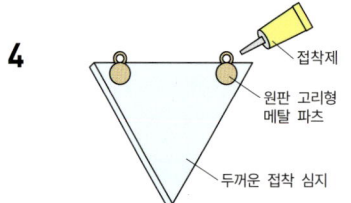

5
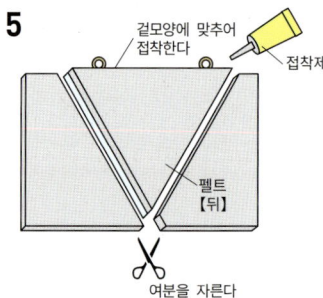

6

실물 크기 자수 도안
※ 자수실은 모두 2가닥으로

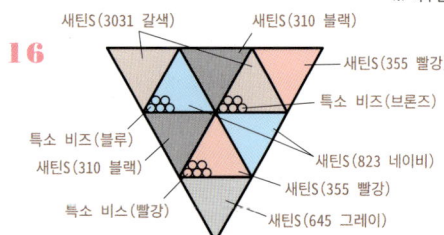

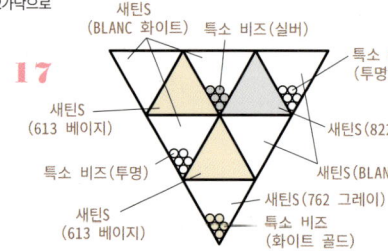

기하학 사각 귀걸이

작품 페이지 ⟶ P.14

【만드는 법】 만드는 방법은 **18** 작품으로 설명

1. 새틴 천에 도안을 옮긴 후, 바느질 실로 파이어 폴리쉬(**19**는 진주 비즈)는 아랫부분에 달고 막대 비즈는 좌우에 단다. 윗부분은 극소 비즈를 단다.

2. 안쪽에 막대 비즈를 고정하고, 남은 네모 칸에 새틴S로 채우고 모서리는 특소 비즈로 연속 수놓기(➡P.77참조)를 한다.

3. 뒷면에 두꺼운 접착 심지를 붙인 후, 테두리 가깝게 바짝 자르고 테두리가 터지지 않도록 접착제를 바른다.

4. 펠트를 **3**과 동일하게 자르고 송곳으로 중심에 구멍을 뚫어 귀걸이 포스트를 접착한다.

5. **3**에 **4**를 접착한다.

【재료】

18
DMC 25번 자수실
　310(블랙), 729(갈색) —— 각 적당량
특소 비즈(블랙 메탈, 골드) —— 각 약 40개
극소 비즈(블랙) —— 약 20개
막대 비즈(6mm・블랙, 블루, 브론즈) —— 각 8개
파이어 폴리쉬(3mm・블랙) —— 10개
새틴 천(블랙), 펠트(블랙) —— 각 10×15cm

19
DMC 25번 자수실
　3865(내츄럴) —— 적당량
특소 비즈(실버) —— 약 80개
극소 비즈(실버) —— 약 20개
막대 비즈(6mm・화이트) —— 16개
막대 비즈(6mm・실버) —— 8개
진주 비즈(3mm・화이트) —— 10개
새틴 천(화이트), 펠트(화이트) —— 각 10×15cm

공통
두꺼운 접착심지 —— 10×15cm
귀걸이 포스트(침형・실버) —— 1세트
바느질 실(60수・블랙, 화이트) —— 각 적당량

SIZE 세로 2.6×가로 2.6cm

사용하는 도구
기본 도구(P.67) / 접착제

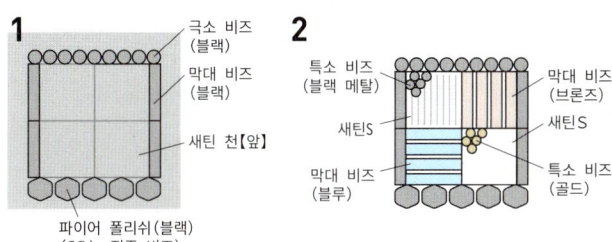

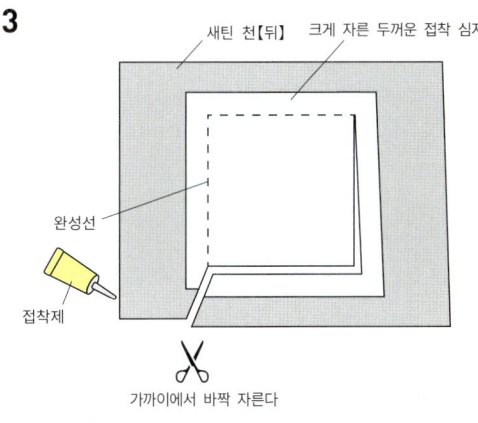

실물 크기 자수 도안
※ 자수실은 모두 2가닥으로
※ 반대쪽도 같은 방법으로 만든다

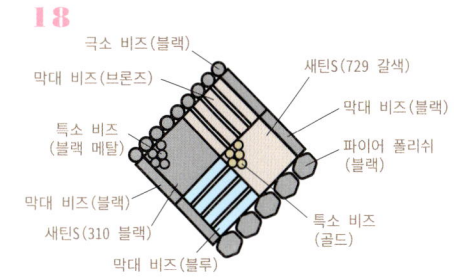

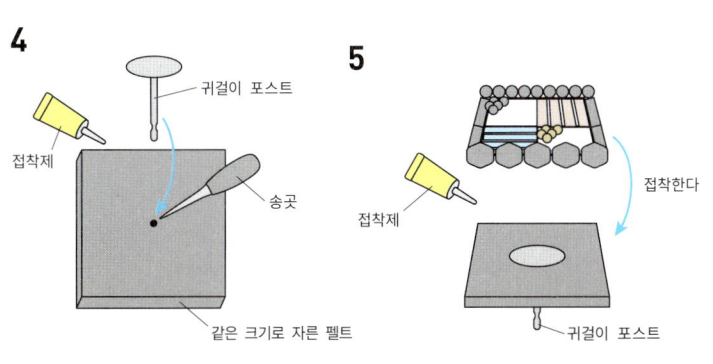

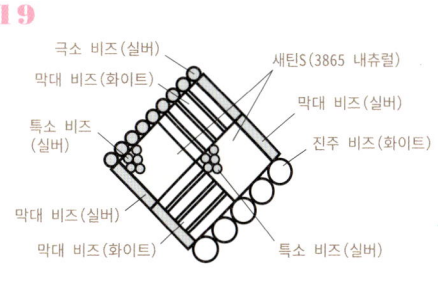

기하학 패턴 태피스트리

작품 페이지 ⟶ P.15

20

【만드는 법】
1. 리넨 천에 완성 사이즈 선(13.5×13.5㎝)을 그린 후, 5㎜ 폭으로 4개, 10㎜ 폭으로 1개의 선을 반복하여 그린다.
2. 선과 선 사이에 수를 놓는다.
3. 가장자리를 3번 접어 감칠질한다.

【재료】
DMC 25번 자수실
　154(보라), 367(그린), 645(그레이),
　742(노랑), 801(진갈색), 918(갈색),
　930(블루), E3852(골드) ──── 각 적당량
리넨 원단(내츄럴) ──── 20×20㎝

SIZE 세로 14.5×가로 14.5㎝

사용하는 도구
기본 도구 (P.67)

※ 지정된 것 이외의 자수실은 3가닥 ※ 프렌치 노트S는 2번 휘감기

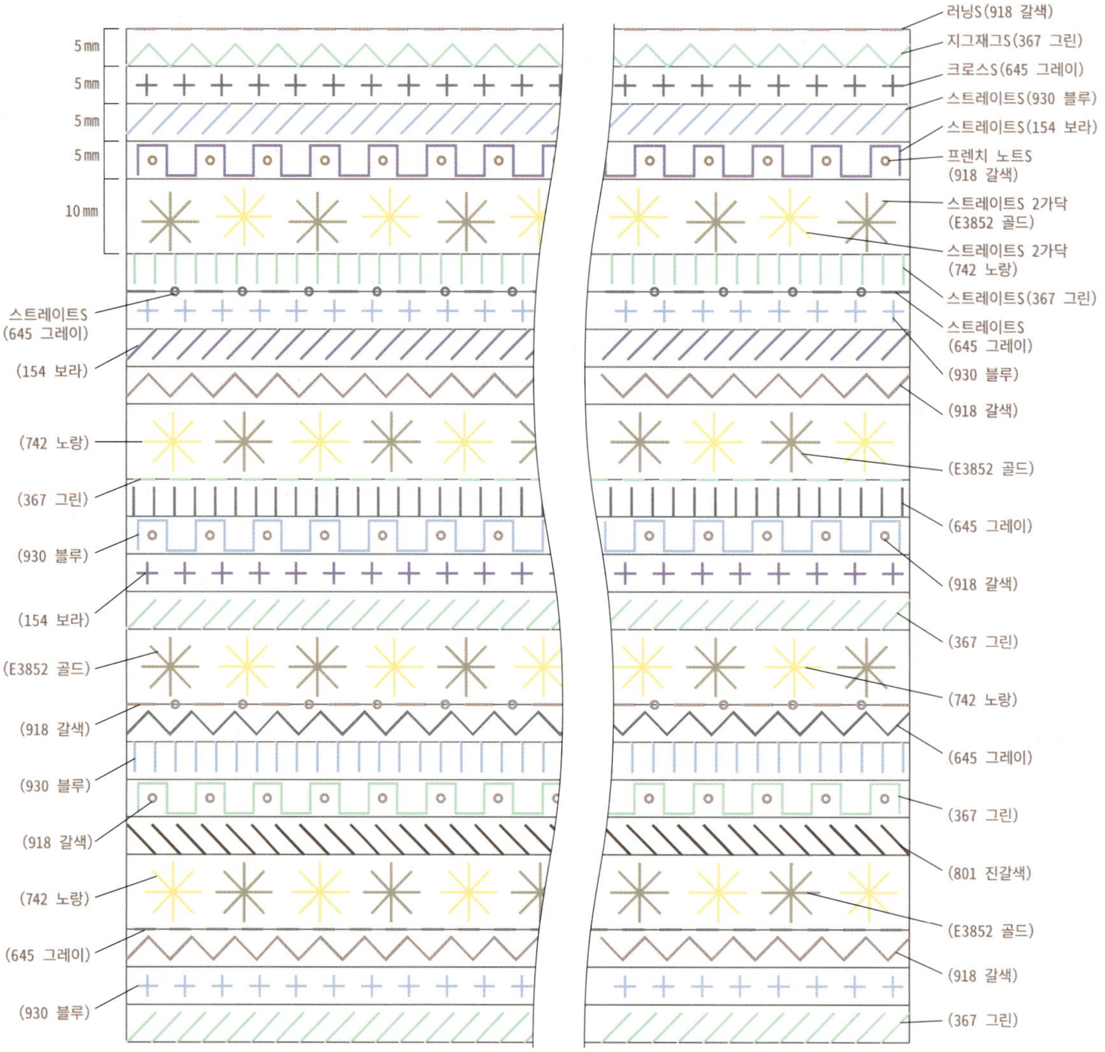

실물 크기 자수 도안

러닝S (918 갈색)
지그재그S (367 그린)
크로스S (645 그레이)
스트레이트S (930 블루)
스트레이트S (154 보라)
프렌치 노트S (918 갈색)
스트레이트S 2가닥 (E3852 골드)
스트레이트S 2가닥 (742 노랑)
스트레이트S (367 그린)
스트레이트S (645 그레이)
(930 블루)
(918 갈색)
(E3852 골드)
(645 그레이)
(918 갈색)
(367 그린)
(742 노랑)
(645 그레이)
(367 그린)
(801 진갈색)
(E3852 골드)
(918 갈색)
(367 그린)

스트레이트S (645 그레이)
(154 보라)
(742 노랑)
(367 그린)
(930 블루)
(154 보라)
(E3852 골드)
(918 갈색)
(930 블루)
(918 갈색)
(742 노랑)
(645 그레이)
(930 블루)

지그재그S 수놓는 방법
5빼기　4넣기　1빼기
6넣기　3넣기　2넣기

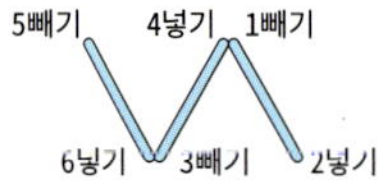

스트레이트S 수놓는 방법
1빼기　2넣기
3빼기　4넣기
진행 방향→

5빼기　3빼기　1빼기
6넣기　4넣기　2넣기
←진행 방향

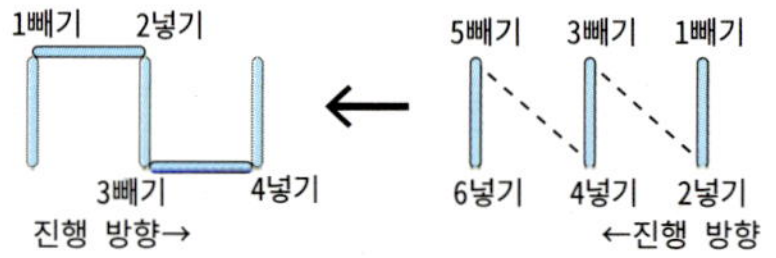

Part 01

별 귀걸이

작품 페이지 ⟶ P.16

【만드는 법】

1. 펠트에 별 스터드 장식을 접착제로 접착한 후, 장식 테두리에 극소 비즈 4개, 3개 순서로 바느질 실로 단다. 바깥 부분의 두 번째 줄은 극소 비즈를 동일한 방법으로 달고, 극대 비즈는 별 모양 꼭짓점 부분에 단다.

2. 가장자리를 2mm 남기고 펠트를 자른다.

3. 2에 맞춰 같은 크기로 펠트를 자르고, 송곳으로 구멍을 뚫어 귀걸이 포스트를 접착한다.

4. 펠트를 2와 접착한다.

5. 펠트 2장 사이에 매듭을 안 보이게 짓고 자수실 2가닥으로 테두리를 감침질(➡ P.62 참조)한다.

6. 펠트 2장 사이에 안 보이게 매듭짓는다.

【재료】

DMC 25번 자수실
  310(블랙) ─── 적당량
극소 비즈(연그린) ─── 70개
극소 비즈(골드) ─── 70개
극대 비즈(실버) ─── 10개
별 스터드 장식(1×1.2cm·갈색) ─── 2개
펠트(블랙) ─── 15×15cm
귀걸이 포스트(침형·실버) ─── 1세트
바느질 실(60수·블랙) ─── 적당량

SIZE 세로 1.7×가로 1.7cm

사용하는 도구

기본 도구(P.67) / 접착제

1
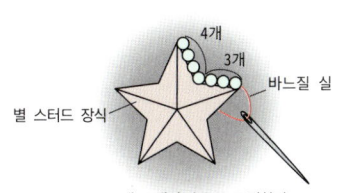

3
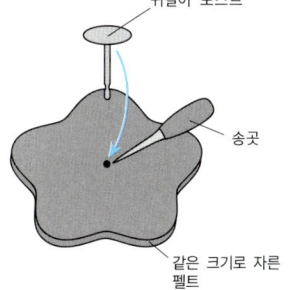

2
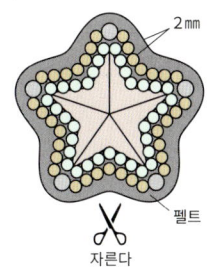

4
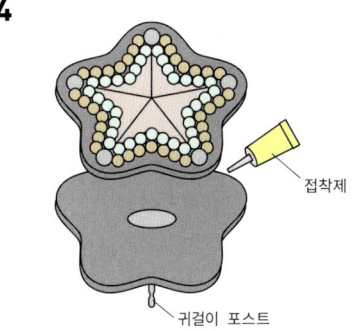

5
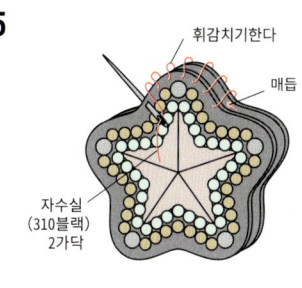

6
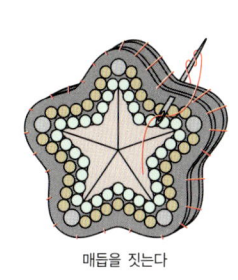

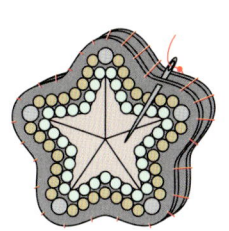

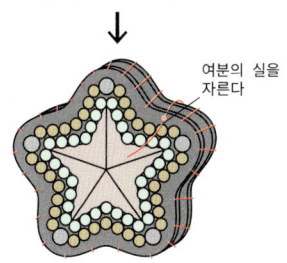

실물 크기 자수 도안
※ 반대쪽도 같은 방법으로 만든다

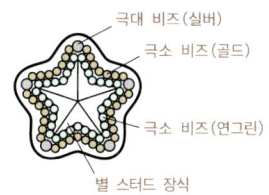

원 귀걸이

작품 페이지 ⟶ P.16

22

SIZE 직경 2cm

사용하는 도구

기본 도구 (P.67) / 접착제

【만드는 법】

1 반구 진주 비즈를 펠트에 붙이고 테두리에 바느질 실로 극소 비즈, 극대 비즈를 원형 수놓기 (➡P.78참조)를 한다. 가장자리 2mm를 남기고 펠트를 자른다.

2 P.99의 3, 4와 같은 방법으로 귀걸이 포스트 붙인 펠트와 1을 접착한다.

3 P.99의 5, 6과 같은 방법으로 자수실 2가닥으로 가장자리를 휘감치기 (➡P.62참조) 한다.

【재료】

DMC 25번 자수실
　823 (네이비) ──────── 적당량
극소 비즈 (앤틱 실버) ──────── 36개
극소 비즈 (연그린) ──────── 50개
극대 비즈 (네이비) ──────── 약50개
반구 진주 비즈 (8mm·화이트) ──── 2개
펠트 (네이비) ──────── 15×15cm
귀걸이 포스트 (침형·실버) ──── 1세트
바느질 실 (60수·블랙) ──────── 적당량

실물 크기 자수 도안

※ 반대쪽도 같은 방법으로 만든다

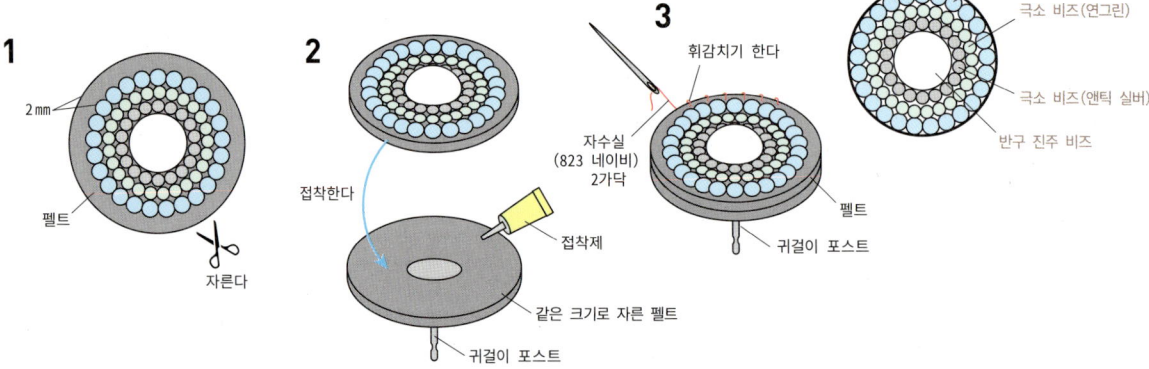

터키석 귀걸이

작품 페이지 ⟶ P.16

23

SIZE 세로 2×가로 2.7cm

사용하는 도구

기본 도구 (P.67) / 접착제

【만드는 법】

1 펠트에 체코 비즈를 접착제로 붙이고, 바느질 실로 가장자리에 극대 비즈 (앤틱 실버)를 원형으로 수놓아 고정한다 (➡P.78참조). 극소 비즈 (연그린)를 연속으로 수놓아 (➡P.77참조) 붙이고 막대 비즈가 부채 모양이 되도록 방사형으로 단다. 펠트를 가장자리 2mm 남기고 자른다.

2 P.99의 3, 4와 같은 방법으로 귀걸이 포스트를 붙인 펠트와 1을 접착한다.

3 P.99의 5, 6과 같은 방법으로 자수실 2가닥으로 가장자리를 휘감치기 (➡P.62참조) 한다.

【재료】

DMC 25번 자수실
　823 (네이비) ──────── 적당량
극소 비즈 (앤틱 실버) ──────── 26개
극소 비즈 (연그린) ──────── 20개
막대 비즈 (6mm·네이비) ──────── 22개
체코 비즈 (스퀘어·4mm·터키석) ──── 2개
펠트 (네이비) ──────── 10×10cm
귀걸이 포스트 (침형·실버) ──── 1세트
바느질 실 (60수·블랙) ──────── 적당량

실물 크기 자수 도안

※ 반대쪽도 같은 방법으로 만든다

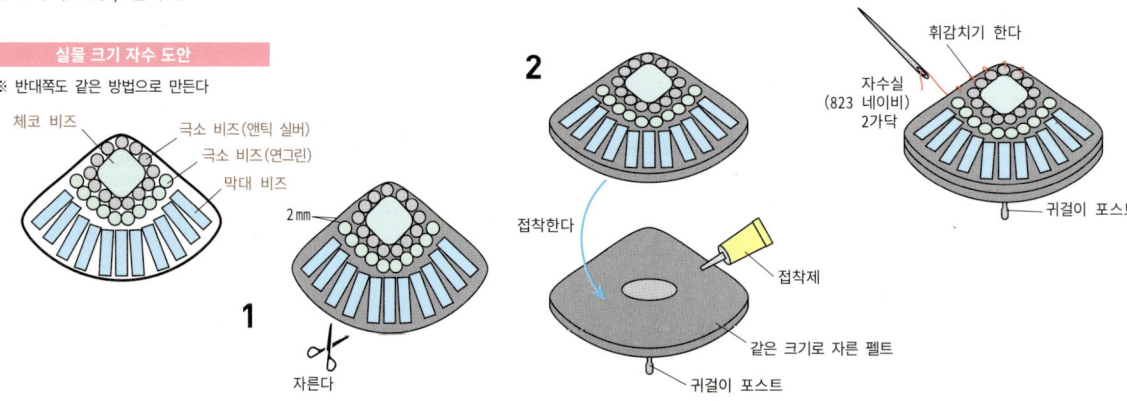

Part 01

[블랙·화이트] 스퀘어 귀걸이

작품 페이지 ➡ P.16

【만드는 법】 만드는 방법은 **25** 작품으로 설명

1. 접착제로 체코 비즈를 펠트에 붙인 후 막대 비즈를 바느질 실로 가장자리에 단다. 그 테두리에 극대 비즈와 극소 비즈를 연속 수놓기로 고정한 후 (➡P.77참조) 테두리 여분 1mm를 남기고 펠트를 자른다.

2. 1과 같은 크기로 펠트를 자르고 송곳으로 구멍을 뚫어 귀걸이 포스트를 접착한다.

3. 두꺼운 종이로 틀을 만들어 자수실을 감고, 중심을 묶어 길이 3cm 태슬을 만든다 (➡P.87참조).

4. 1과 2사이에 태슬을 끼워 2장의 펠트를 접착한다.

5. 자수실을 이쑤시개로 정리한 후 잘라 다듬는다. **24**는 P.99의 **5, 6**과 같은 방법으로 자수실 2가닥으로 가장자리를 휘감치기 (➡P.62참조)를 한다.

【재료】

24
DMC 25번 자수실
- 783 (겨자) ——— 3.5m
- 극소 비즈 (블랙) ——— 68개
- 극대 비즈 (진갈색) ——— 34개
- 막대 비즈 (6mm·브론즈) ——— 8개
- 체코 비즈 (6mm·블랙) ——— 2개
- 펠트 (블랙) ——— 10×10cm
- 바느질 실 (60수·화이트) ——— 적당량

25
DMC 25번 자수실
- 762 (그레이) ——— 3.5m
- 극소 비즈 (화이트) ——— 68개
- 극대 비즈 (실버) ——— 34개
- 막대 비즈 (6mm·실버) ——— 8개
- 체코 비즈 (6mm·그레이) ——— 2개
- 펠트 (화이트) ——— 10×10cm
- 바느질 실 (60수·블랙) ——— 적당량

공통
- 귀걸이 포스트 (침형·실버) ——— 1세트
- 두꺼운 종이 ——— 7×4cm

24

SIZE 세로 4×가로 2.5cm

25

SIZE 세로 4×가로 2.4cm

사용하는 도구
기본 도구 (P.67) / 접착제 / 이쑤시개

실물 크기 자수 도안
※ 반대쪽도 같은 방법으로 만든다

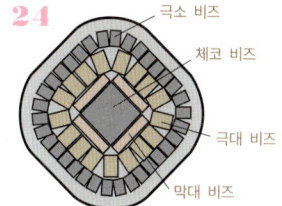

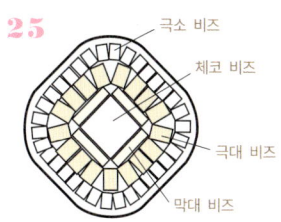

1
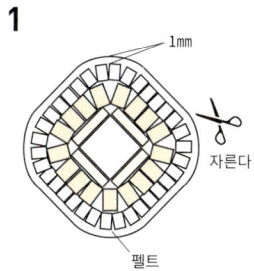

2
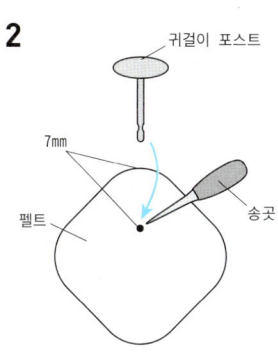

3
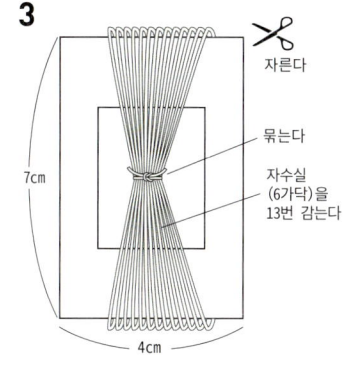

4
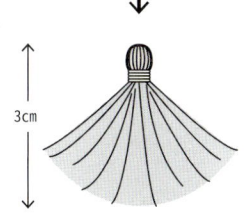

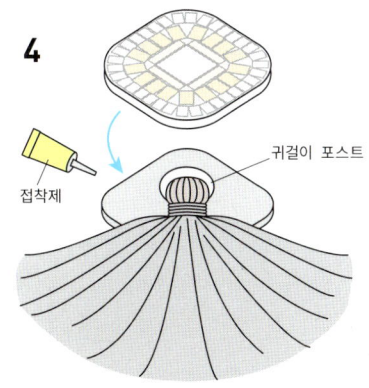

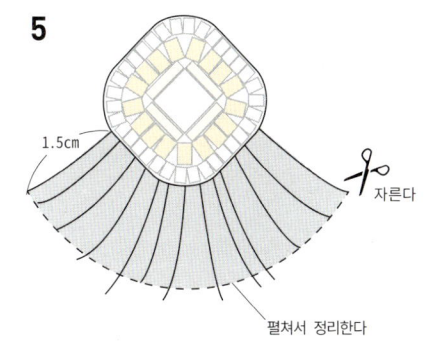

SIMPLE MOTIF

마라보 깃털 귀찌

작품 페이지 → P.16

SIZE 세로 5×가로 5cm

사용하는 도구
기본 도구 (P.67) / 접착제 / 커터칼

실물 크기 자수 도안
※ 반대쪽도 같은 방법으로 만든다

【만드는 법】
1. 펠트에 체코 비즈를 접착제로 접착하고 바느질 실로 고정한다. 가장자리에 극소 비즈를 원형 수놓기(➡P.78참조)로 고정한다. 글래스 비즈를 연속 수놓기(➡P.77참조)하고 가장자리 1mm를 남기고 펠트를 자른다.

2. 1과 같은 크기로 펠트를 자른 후, 귀찌 너비만큼 커터 칼로 칼집을 낸다.

3. 깃털을 3cm로 잘라 수놓은 펠트 뒤쪽 3분의 2 아랫부분에 접착제로 접착한다. 귀찌를 붙인다.

4. 2의 칼집 낸 펠트 부분에 귀찌를 통과시켜 3과 붙인다.

5. P.99의 5, 6과 같은 방법으로 자수실 2가닥으로 가장자리를 휘감치기(➡P.62참조) 한다.

【재료】
DMC 25번 자수실
- 310(블랙) ― 적당량
- 극소 비즈(앤틱 실버) ― 34개
- 글래스 비즈(3mm・그레이) ― 24개
- 글래스 비즈(4mm・그레이) ― 16개
- 체코 비즈(6mm・오팔) ― 2개
- 진주 비즈(3mm・화이트) ― 2개
- 펠트(블랙) ― 10×10cm
- 깃털(3cm폭・그레이) ― 8cm
- 귀걸이 포스트(귀찌・실버) ― 1세트
- 바느질 실(60수・블랙) ― 적당량

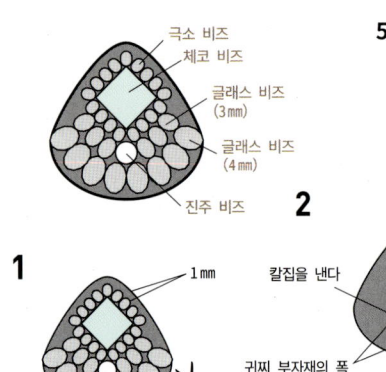

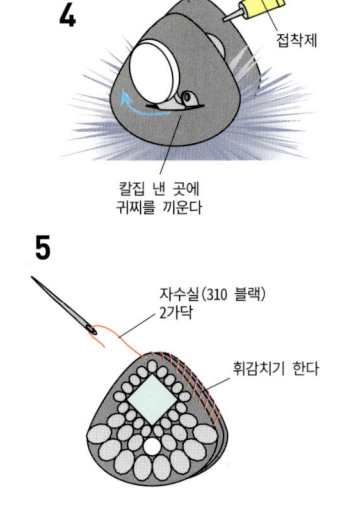

원 포인트 보석 귀걸이

작품 페이지 → P.17

SIZE 세로 2.7×가로 2.7cm

사용하는 도구
기본 도구 (P.67) / 접착제

실물 크기 자수 도안
※ 반대쪽도 같은 방법으로 만든다

【만드는 법】
1. 펠트에 메탈 파츠를 접착제로 접착한 후 가장자리에 막대 비즈와 큐빅 장식을 바느질 실로 단다. 그 바깥 테두리에 특소 비즈로 연속 수놓기(➡P.77참조)하고 가장자리 2mm를 남기고 펠트를 잘라준다.

2. P.99의 3, 4와 같은 방법으로 귀걸이 포스트를 붙인 펠트와 1을 접착한다.

3. P.99의 5, 6과 같은 방법으로 자수실 2가닥으로 가장자리를 휘감치기(➡P.62참조) 한다.

【재료】
DMC 25번 자수실
- 310(블랙) ― 적당량
- 특소 비즈(앤틱 실버) ― 약 80개
- 막대 비즈(3mm・골드) ― 24개
- 큐빅(4mm・투명) ― 8개
- 메탈 파츠(5mm・갈색) ― 2개
- 펠트(블랙) ― 10×10cm
- 귀걸이 포스트(침형・실버) ― 1세트
- 바느질 실(60수・블랙) ― 적당량

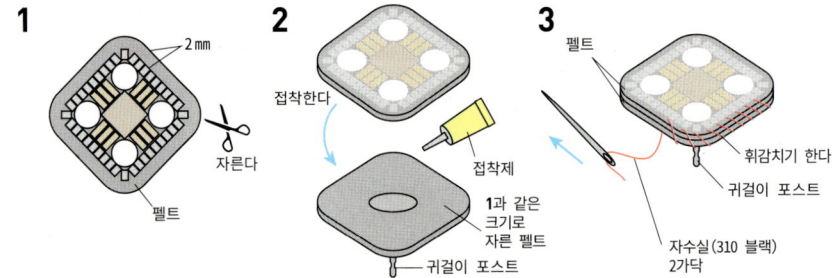

Part 01

[화이트·블랙] 삼각 귀걸이

작품 페이지 ▶ P.17

【만드는 법】 만드는 방법은 **28** 작품으로 설명

1. 펠트에 도안을 옮기고, 가장자리를 2mm 남기고 자른다. 진주 비즈(**29**는 메탈 비즈)를 바느질 실로 랜덤으로 5개를 고정한다.
2. 극소 비즈를 끝에서부터 연속 수놓기(➡P.77 참조)로 고정하여채운다.
3. **1**과 같은 크기의 펠트를 붙이고, P.99의 **5, 6**과 같은 방법으로 자수실 2가닥으로 가장자리를 휘감치기(➡P.62 참조) 한다.
4. 위쪽에 송곳으로 구멍을 뚫고 오링을 통과시켜 귀걸이 포스트와 연결한다.

【재 료】

28
DMC 25번 자수실
　712 (내츄럴) ─── 적당량
극소 비즈 (내츄럴) ─── 약 160개
진주 비즈 (갈색) ─── 10개
펠트 (내츄럴) ─── 15×5cm
오링 (5mm·골드) ─── 2개
귀걸이 포스트 (훅 타입·골드) ─── 1세트
바느질 실 (60수·내츄럴) ─── 적당량

29
DMC 25번 자수실
　310 (블랙) ─── 적당량
극소 비즈 (블랙) ─── 약 160개
메탈 비즈 (골드) ─── 10개
펠트 (블랙) ─── 15×15cm
오링 (5mm·실버) ─── 2개
귀걸이 포스트 (훅 타입·실버) ─── 1세트
바느질 실 (60수·블랙) ─── 적당량

SIZE 세로 3.2×가로 2cm

사용하는 도구

기본 도구 (P.67) / 접착제 / 평집게

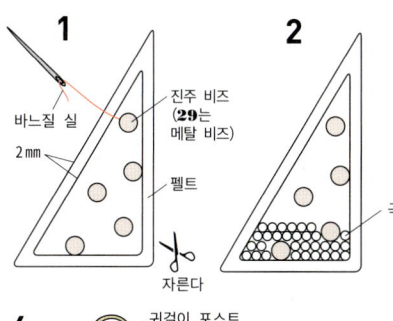
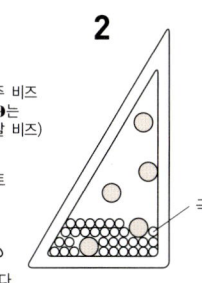
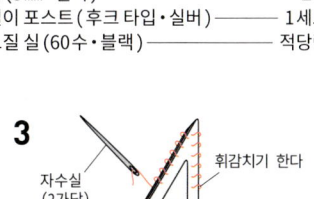
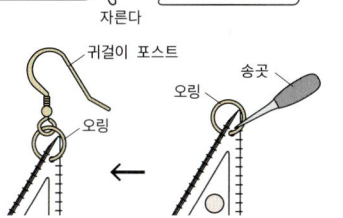
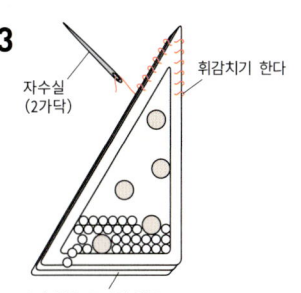

실물 크기 자수 도안

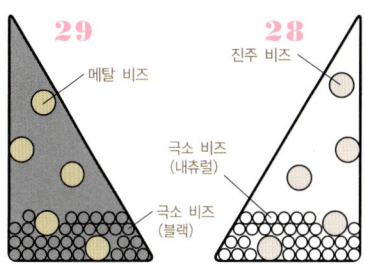

하트 진주 귀걸이

작품 페이지 ▶ P.17

【만드는 법】

1. 펠트에 하트 모양 진주 비즈를 접착제로 붙인다. 가장자리에 바느질 실로 극소 비즈를 원형 수놓기(➡P.78 참조)로 고정하고 극소 비즈와 단추 컷 비즈를 번갈아 연속 수놓기(➡P.77 참조)로 고정한다.
2. 가까이에서 펠트를 잘라준다.
3. **1**과 같은 크기로 펠트를 자르고 송곳으로 구멍을 뚫어 귀걸이 포스트를 접착한다.
4. **1**과 **2**를 접착한다.

【재 료】

극소 비즈 (그레이) ─── 약 50개
극소 비즈 (화이트) ─── 28개
단추 컷 비즈 (3mm·그레이) ─── 28개
하트 모양 진주 비즈 (12×4mm·화이트) ─── 2개
펠트 (그레이) ─── 15×15cm
귀걸이 포스트 (침형·실버) ─── 1세트
바느질 실 (60수·베이지) ─── 적당량

SIZE 세로 2×가로 2cm

사용하는 도구

기본 도구 (P.67) / 접착제

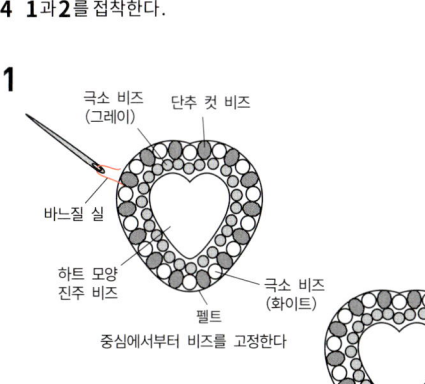
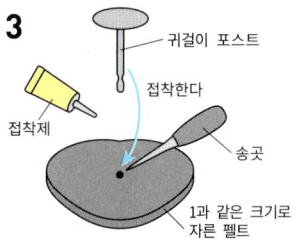

실물 크기 자수 도안

※ 반대쪽도 같은 방법으로 만든다

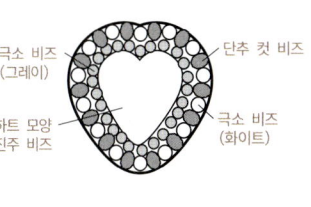

SIMPLE MOTIF

찰랑 찰랑 진주 비즈자수 귀걸이

작품 페이지 ➝ P.17

【만드는 법】

1. 펠트에 아크릴 비즈를 접착제로 붙이고 바느질 실로 고정한다. 가장자리에 델리카 비즈, 극소 비즈를 원형으로 수놓아 고정하고(➡P.78 참조) 단추 컷 비즈를 연속으로 수놓아(➡P.77 참조) 고정한다. 가까이에서 펠트를 잘라준다.
2. 1과 같은 크기로 펠트를 자르고 원형 펠트는 송곳으로 구멍을 뚫어 귀걸이 포스트를 붙여 1과 접착한다.
3. 진주 비즈에 9핀을 통과시킨 후 자르고 앞으로 둥글게 말아 9자말이를 한다(➡P.82 참조).
4. 2에서 완성된 모티브에 송곳으로 구멍을 뚫고 각각 오링을 끼워 진주 비즈 고리에 연결한다.

【재 료】

- 델리카 비즈(갈색) — 약 80개
- 극소 비즈(골드) — 약 135개
- 극소 비즈(블랙) — 약 105개
- 버튼 컷 비즈(3mm·화이트) — 10개
- 진주 비즈(3mm·화이트) — 2개
- 반구 아크릴 비즈(1.2×1.2cm·골드) — 2개
- 물방울 아크릴 비즈(1.4×1cm·블랙) — 2개
- 펠트(블랙) — 15×10cm
- 오링(5mm·골드) — 4개
- 9핀(3cm·골드) — 2개
- 귀걸이 포스트(침형·골드) — 1세트
- 바느질 실(60수·블랙) — 적당량

SIZE 세로 6.5×가로 2cm

사용하는 도구

기본 도구(P.67) / 접착제 / 평집게 / 니퍼

1
꼭지점만 5mm 남긴다
펠트
가까이에서 자른다

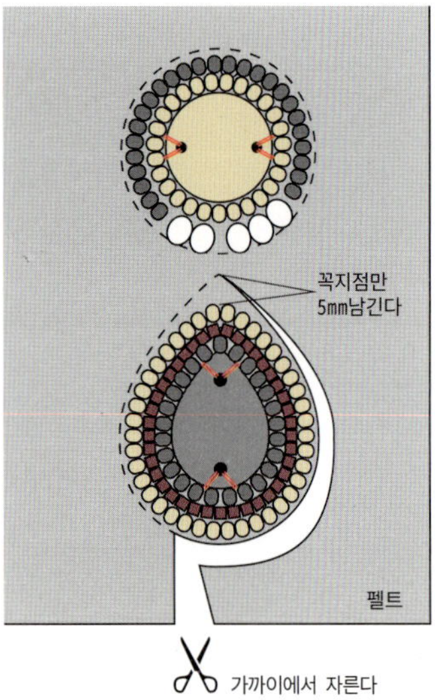

2
접착제
접착한다
귀걸이 포스트
송곳
1과 같은 크기로 자른 펠트
접착제

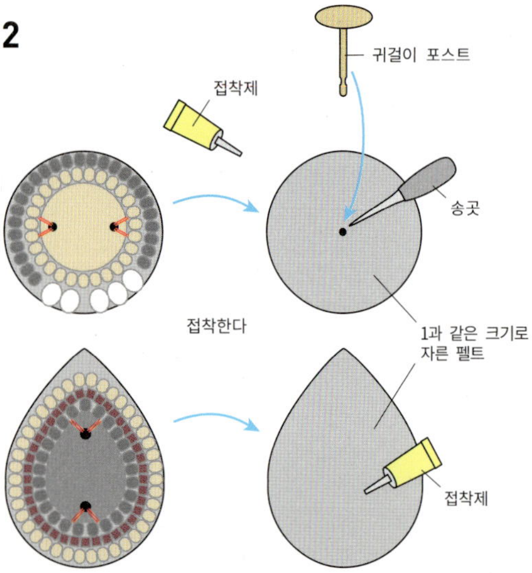

3
9핀
진주 비즈

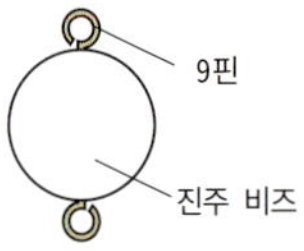

4
오링
진주 비즈
9핀

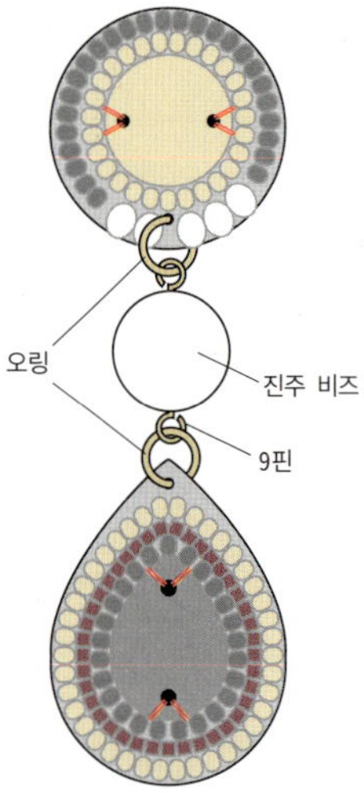

실물 크기 자수 도안
※ 반대쪽도 좌우대칭으로 만든다

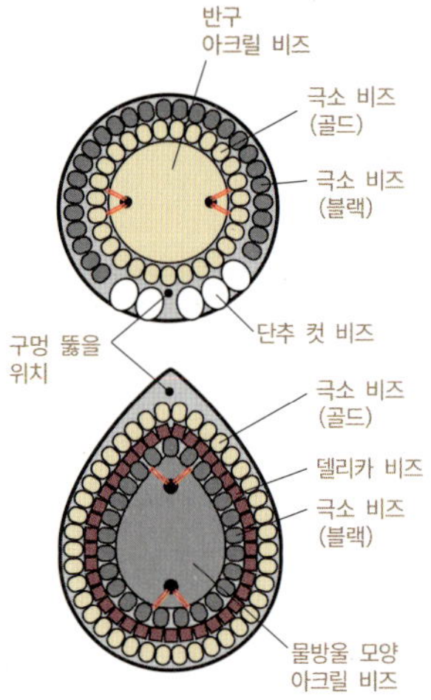

- 반구 아크릴 비즈
- 극소 비즈(골드)
- 극소 비즈(블랙)
- 단추 컷 비즈
- 구멍 뚫을 위치
- 극소 비즈(골드)
- 델리카 비즈
- 극소 비즈(블랙)
- 물방울 모양 아크릴 비즈

POINT! 긴 길이를 원형 수놓기가 어려운 경우는 연속 수놓기를 해도 좋다.

Part 01

원석 비즈자수 귀걸이

작품 페이지 ⟶ P.17

【만드는 법】

1. 펠트에 천연석을 접착제로 붙이고, 손 바느질로 고정한다. 가장자리에 극소 비즈를 원형으로 수놓아 (➡P.78참조) 단다. 같은 방법으로 진주 비즈를 원형으로 수놓아 고정하고 펠트를 바짝 가깝게 자른다.
2. 1과 같은 크기로 펠트를 자르고 송곳으로 구멍을 뚫어 귀걸이 포스트를 접착한다.
3. 1과 2를 접착한다.
4. 두꺼운 종이로 만든 틀에 실크실을 감은 후 중심에 오링과 함께 묶어 4.5cm 길이의 태슬을 만든다 (➡P.87참조).
5. 태슬에 자수실을 감는다. 3에 송곳으로 구멍을 뚫고 오링을 끼운 후 태슬의 오링과 연결한다.

【재료】

DMC 25번 자수실
 E3821 (골드) — 적당량
극소 비즈 (그레이) — 42개
진주 비즈 (3mm・화이트) — 32개
천연석 (10×8mm・자수정) — 2개
펠트 (그레이) — 10×10cm
오링 (5mm, 8mm・골드) — 각2개
귀걸이 포스트 (침형・골드) — 1세트
실크실 (16호・그레이) — 9m
바느질 실 (60수・그레이) — 적당량
두꺼운 종이 — 10×5cm

SIZE 세로 6.5×가로 1.7cm

사용하는 도구

기본 도구 (P.67) / 접착제 / 평집게

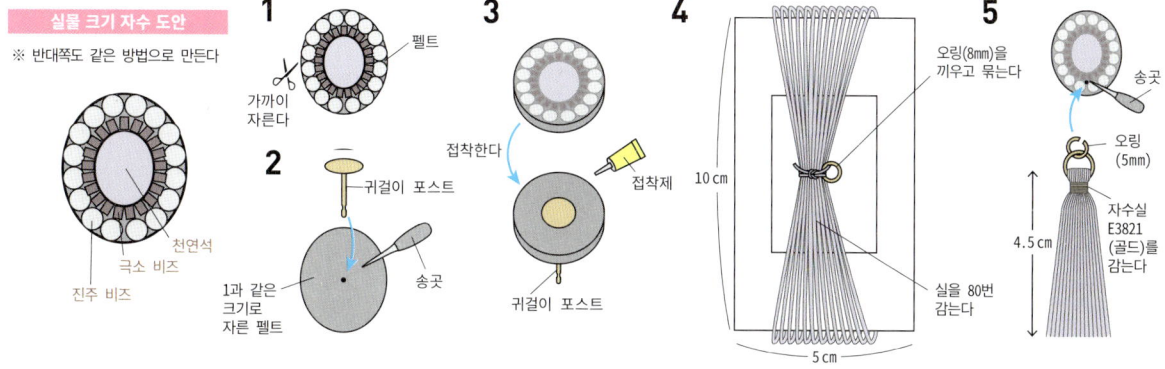

마름모 체코 비즈 귀걸이

작품 페이지 ⟶ P.17

【만드는 법】

1. 펠트에 체코 비즈를 접착제로 붙인 후 바느질실로 단다. 가장자리에 극소 비즈를 원형으로 수놓아 (➡P.78참조) 고정하고 비즈 가깝이 펠트를 자른다.
2. P.103의 3, 4와 같은 방법으로 귀걸이를 만든다.
3. 두꺼운 종이로 틀을 만들고, 자수실을 감아 중심을 묶은 뒤 오링을 걸어 3cm 길이의 태슬을 만든다 (➡P.87참조).
4. 2의 체코 비즈(화이트)의 밑 부분에 송곳으로 구멍을 뚫어 오링을 끼우고 태슬의 오링과 연결한다.

【재료】

DMC 25번 자수실
 842 (베이지) — 4m
극소 비즈 (골드) — 약 60개
마름모 체코 비즈 (8×5mm・핑크) — 4개
마름모 체코 비즈 (8×5mm・골드, 화이트) — 각2개
펠트 (베이지) — 15×10cm
오링 (5mm, 8mm・골드) — 각2개
귀걸이 포스트 (침형・골드) — 1세트
바느질 실 (베이지) — 적당량
두꺼운 종이 — 7×4cm

SIZE 세로 5.5×가로 1.7cm

사용하는 도구

기본 도구 (P.67) / 접착제 / 평집게

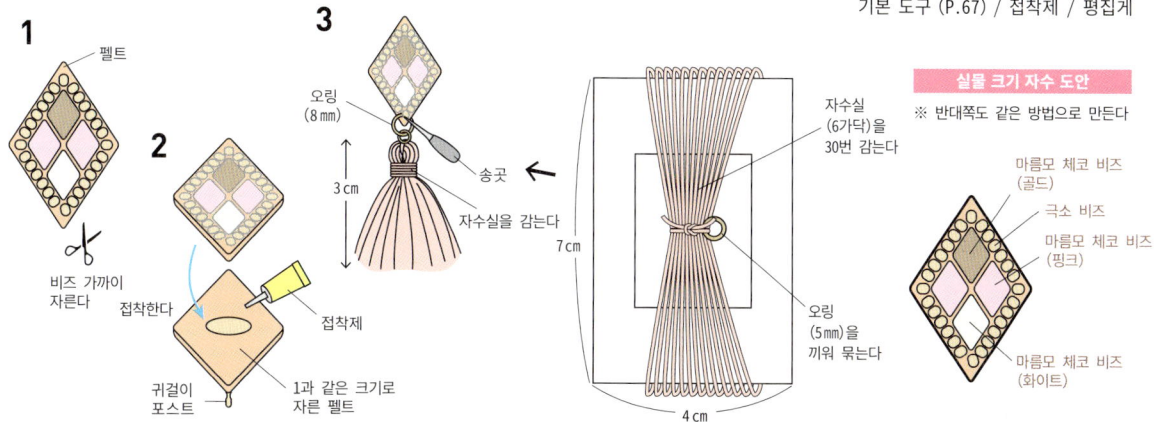

초승달 목걸이

SIZE 모티브 세로 2 × 가로 4 cm

사용하는 도구
기본 도구 (P.67) / 접착제 / 평집게

작품 페이지 ➞ P.18

【만드는 법】
1. 오건디에 도안을 옮기고, 글래스컷 비즈와 쓰리컷 비즈를 재봉실로 고정한다. 스팽글을 연속 수놓기(➡ P.77 참조)로 고정한다.
2. 오건디 가장자리 5mm를 남기고 자른 후 가윗밥을 넣어 뒤로 접어 붙인다.
3. 체인에 SR 장식, 마감 링, 오링을 연결하고 **2**의 모티브에 양 끝에 오링을 넣어 꿰매어 고정한다.
4. 가죽을 **3**보다 5mm 크게 잘라 **3**에 붙이고 완전히 마르면 모티브에 맞게 테두리를 자른다.

【재료】
- 쓰리컷 비즈 (연갈색) ─── 약 55개
- 글래스컷 비즈 (주판·3mm·오팔) ─── 4개
- 스팽글 (원판형·4mm·화이트) ─── 26개
- 오건디 (블랙) ─── 20×10cm
- 가죽 (그레이) ─── 3×5cm
- 오링 (2.3mm·골드) ─── 4개
- SR장식, 마감 링 (골드) ─── 각 1개
- 체인 (골드) ─── 25cm×2本
- 재봉실 (60수·연베이지, 화이트, 블랙) ─── 각 적당량

실물 크기 자수 도안

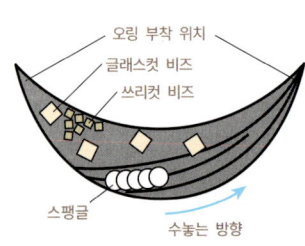

1

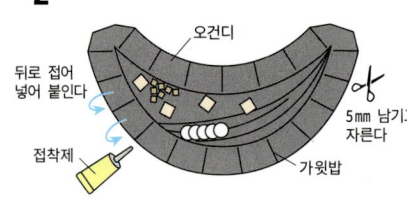

2

3

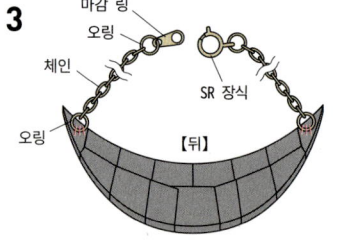

4

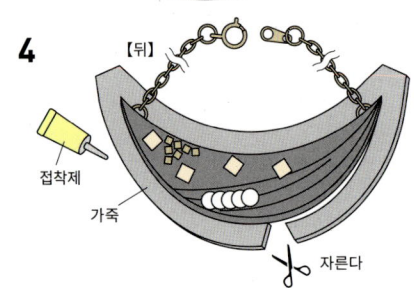

초승달 귀걸이

SIZE 세로 3 × 가로 2 cm

사용하는 도구
기본 도구 (P.67) / 접착제 / 평집게

작품 페이지 ➞ P.18

【만드는 법】
1. 오건디에 도안을 옮기고, 글래스컷 비즈와 쓰리컷 비즈를 재봉실로 고정한다. 스팽글을 연속 수놓기(➡ P.77 참조)로 고정한다.
2. 오건디 가장자리 5mm를 남기고 자른 후 가윗밥을 넣어 뒤로 접어 붙인다.
3. 훅 타입의 귀걸이 포스트와 오링을 연결한 후 **2**에 오링을 꿰매어 고정한다.
4. 가죽을 **3**보다 5mm 크게 잘라 **3**에 붙이고 완전히 마르면 모티브에 맞게 테두리를 자른다.

【재료】
- 쓰리컷 비즈 (연갈색) ─── 약 85개
- 글래스컷 비즈 (주판·3mm·오팔) ─── 4개
- 스팽글 (원판형·4mm·화이트) ─── 약 40개
- 오건디 (블랙) ─── 20×10cm
- 가죽 (그레이) ─── 5×5cm
- 오링 (2.3mm·골드) ─── 2개
- 귀걸이 포스트 (훅 타입·골드) ─── 1세트
- 재봉실 (60수·연베이지, 화이트, 블랙) ─── 각 적당량

실물 크기 자수 도안
※ 반대쪽은 좌우대칭으로 만든다

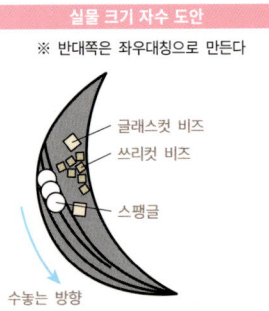

1~2

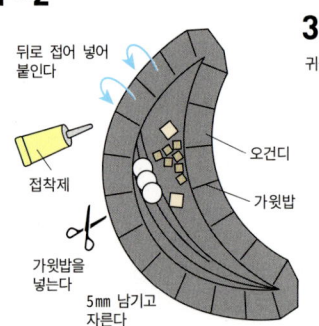

3

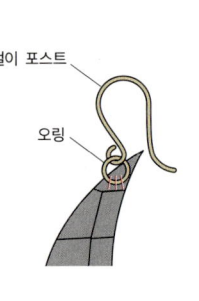

4

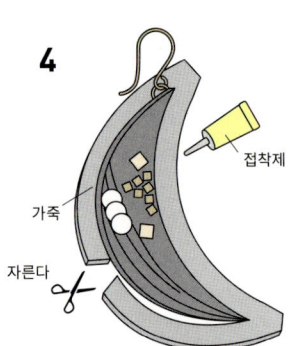

Part 01

펜타곤 보석 귀걸이

작품 페이지 → P.19

【만드는 법】

1. 오건디에 도안을 옮긴 후 스톤을 재봉실로 고정한다. 파이어 폴리쉬 2가지 종류를 전체 골고루 붙인다.
2. 스팽글을 수직으로 세워 반고정(→P.78참조)하여 붙인다.
3. 오건디 가장자리를 5mm 남기고 자른 후 가윗밥을 넣어 뒤로 접어 붙인다.
4. 가죽을 3보다 5mm 크게 자른 후, 송곳으로 구멍을 뚫고 귀걸이 포스트를 넣어 붙인다.
5. 4를 3에 붙여 완전히 마른 후 모티브에 맞게 테두리를 자른다.

【재 료】

- 파이어 폴리쉬 비즈 (3mm・그레이) ──── 18개
- 파이어 폴리쉬 비즈 (3mm・골드) ──── 약 20개
- 스팽글 (육각형・5mm・갈색) ──── 약 22개
- 스톤 (마르퀴즈(입술형)・10×5mm・그레이) ──── 2개
- 스톤 (라운드형・6mm・베이지) ──── 2개
- 오건디 (블랙) ──── 20×10cm
- 가죽 (그레이) ──── 5×5cm
- 귀걸이 포스트 (침형・골드) ──── 1세트
- 재봉실 (60수・그레이, 베이지, 블랙) ──── 각 적당량

SIZE 세로 2×가로 2cm

사용하는 도구

기본 도구 (P.67) / 접착제

실물 크기 자수 도안
※ 반대쪽은 좌우대칭으로 만든다

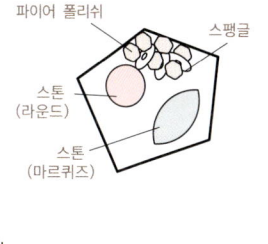

[블루・핑크] 스팽글 귀걸이

작품 페이지 → P.19

【만드는 법】

1. 오건디에 도안을 옮긴 후 도안의 왼쪽 아래부터 재봉실로 스팽글을 반고정(→P.78참조)하여 4줄을 단다.
2. 오건디 가장자리를 5mm 남기고 자른 후 가윗밥을 넣어 뒤로 접어 붙인다.
3. 훅 타입의 귀걸이 포스트와 오링을 연결한 후 2에 오링을 꿰매어 고정한다.
4. 가죽을 3보다 5mm 크게 잘라 3에 붙이고 완전히 마르면 모티브에 맞게 테두리를 자른다.

【재 료】

38
- 스팽글 (평판형・6mm・그레이) ──── 14개
- 스팽글 (평판형・5mm・화이트) ──── 14개

39
- 스팽글 (평판형・6mm・오팔) ──── 14개
- 스팽글 (평판형・5mm・화이트) ──── 14개

공통
- 오건디 (갈색) ──── 20×10cm
- 가죽 (그레이) ──── 5×5cm
- 오링 (2.3mm・골드) ──── 2개
- 귀걸이 포스트 (훅 타입・골드) ──── 1세트
- 재봉실 (60수・그레이, 베이지, 화이트, 블랙) ──── 각 적당량

SIZE 세로 1.5×가로 1.5cm

사용하는 도구

기본 도구 (P.67) / 접착제 / 평집게

실물 크기 자수 도안
※ 반대쪽도 같은 방법으로 만든다

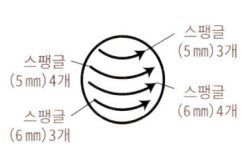

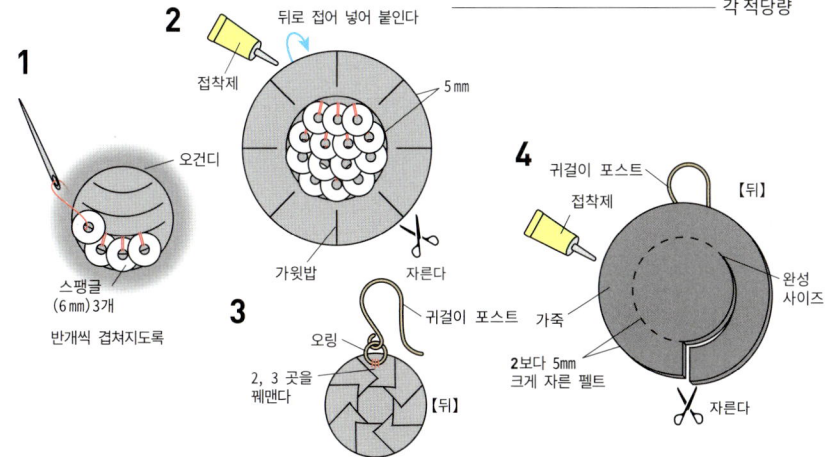

동그라미 심플 귀걸이

작품 페이지 → P.20

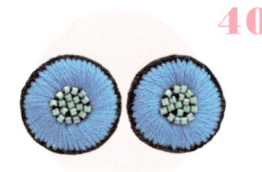

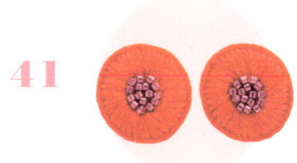

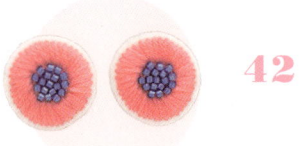

【만드는 법】 만드는 방법은 **40** 작품으로 설명

1. 펠트에 도안을 옮기고, 중심 부분을 지름 6mm 정도 남기고 도넛 모양으로 수를 놓는다.

2. 수놓은 곳 안쪽에 비즈를 연속 수놓기 (→ P.77 참조) 로 원을 그리듯 중심까지 자수실로 고정한다.

3. 1mm 가장자리를 남기고 펠트를 자른다.

4. 뒷부분 펠트도 3과 같은 크기로 자른 후, 송곳으로 구멍을 뚫어 귀걸이 포스트를 붙인다.

5. 3과 4를 접착한다.

【재료】
40
DMC 25번 자수실
　3844 (블루) ──── 적당량
극소 비즈 (그린) ──── 38개
펠트 (블랙) ──── 5×5cm
41
DMC 25번 자수실
　666 (빨강) ──── 적당량
극소 비즈 (핑크) ──── 32개
펠트 (빨강) ──── 5×5cm
42
DMC 25번 자수실
　856 (핑크) ──── 적당량
극소 비즈 (블루) ──── 36개
펠트 (화이트) ──── 5×5cm

공통
귀걸이 포스트 (침형·골드) ──── 1세트

SIZE 지름 2cm

사용하는 도구
기본 도구 (P.67) / 접착제

1

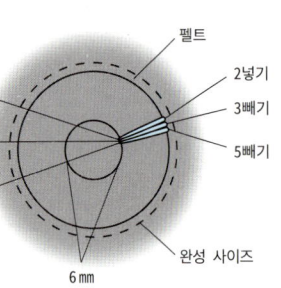

① 첫 번째 땀은 안쪽에서 바깥쪽으로 수놓는다
② 두 번째 땀부터는 바깥쪽부터 안쪽을 향해 수놓고 틈이 생기지 않게 한 바퀴 돈다.

2

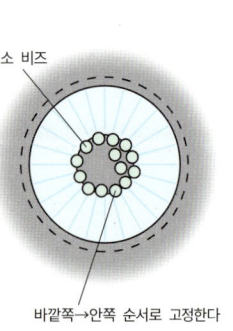

3

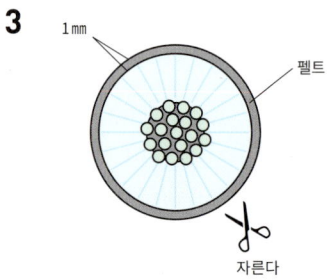

4

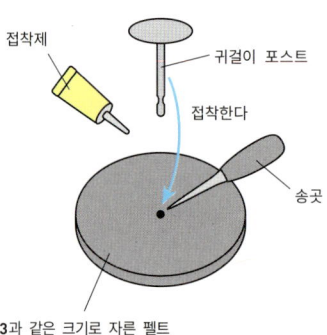

5

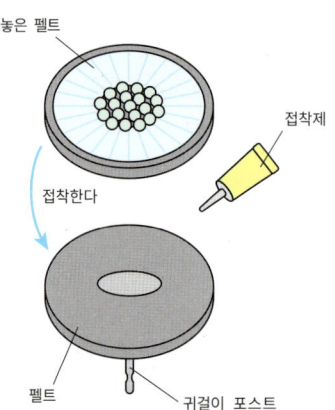

실물 크기 자수 도안

※ 자수실은 모두 2가닥으로
※ 반대쪽도 같은 방법으로 만든다

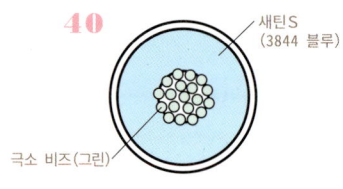

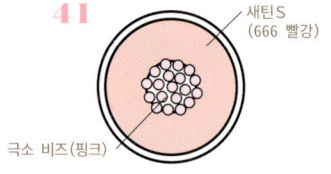

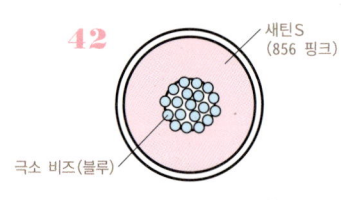

Part 01

동그라미 그라데이션 귀걸이

작품 페이지 ──▶ P.20

【만드는 법】 만드는 방법은 **43** 작품으로 설명
1. 펠트에 도안을 옮기고, 중심 부분을 남기고 도넛 모양으로 수를 놓는다 (➡ P.108의 **1** 참조).
2. 수놓은 곳 안쪽에 비즈를 연속 수놓기 (➡ P.77 참조)로 원을 그리듯 중심까지 자수실(**44**작품은 바느질 실)로 고정한다.
3. P.108의 **3**~**5**와 같은 방법으로 귀걸이를 만든다.

【재료】
43
COSMO 25번 자수실
　8007 (핑크 계열) ──────── 적당량
델리카 비즈 (화이트) ──────── 10개
진주 비즈 (2mm・화이트) ──── 약 24개
44
MOCO 그라데이션 (손 바느질용 실)
　809 (핑크~블루) ──────── 적당량
델리카 비즈 (노랑) ──────── 약 36개
45
COSMO 25번 자수실
　5034 (핑크~블루~노랑~그린)
　　　　　　　　　　　　──── 적당량
투컷 비즈 (투명) ──────── 8개
극소 비즈 (화이트) ──────── 22개
46
COSMO 25번 자수실
　5010 (노랑 계열) ──────── 적당량
극소 비즈 (핑크) ──────── 12개
델리카 비즈 (연보라) ──────── 24개
공통
펠트 (화이트) ──────── 5×5cm
귀걸이 포스트 (침형・골드) ──── 1세트

SIZE 지름 2cm

사용하는 도구
기본 도구 (P.67) / 접착제

실물 크기 자수 도안
※ 자수실은 모두 2가닥으로
※ 반대쪽도 같은 방법으로 만든다

1~2
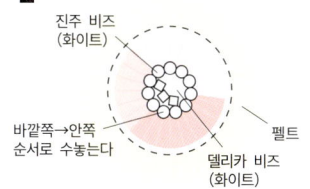

진주 비즈 (화이트)
바깥쪽→안쪽 순서로 수놓는다
펠트
델리카 비즈 (화이트)

3
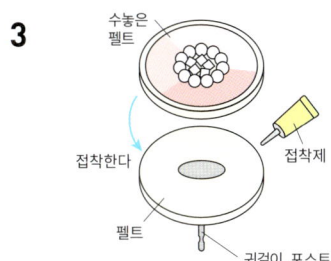

수놓은 펠트
접착한다
접착제
펠트
귀걸이 포스트

POINT!
그라데이션 실은, 한 종류로 여러 가지 색감을 즐길 수 있다. 원의 크기를 바꾸면 나오는 색 종류가 달라진다.

43 새틴S (8007 핑크 계열)
진주 비즈 (화이트)
델리카 비즈 (화이트)

44 새틴S (809 핑크~블루)
델리카 비즈 (노랑)

45 새틴S (5034 핑크~블루~노랑~그린)
극소 비즈 (화이트)
투컷 비즈 (투명)

46 델리카 비즈 (연보라)
새틴S (5010 노랑 계열)
극소 비즈 (핑크)

동그라미 진주 귀걸이

작품 페이지 ──▶ P.20

【만드는 법】
1. P.108의 **1**과 같은 방법으로 펠트에 도넛 모양으로 수를 놓는다.
2. 수놓은 곳 안쪽에 비즈를 연속 수놓기 (➡ P.77 참조)로 원을 그리듯 중심까지 자수실로 고정한다. 새틴S 위에 랜덤으로 진주 비즈를 자수실로 고정한다.
3. P.108의 **3**~**5**와 같은 방법으로 귀걸이를 만든다.

【재료】
DMC 라이트 이펙트 자수실
　E966 (그린) ──────── 적당량
델리카 비즈 (그린) ──────── 32개
진주 비즈 (3mm・화이트) ──── 22개
펠트 (화이트) ──────── 5×5cm
귀걸이 포스트 (침형・골드) ──── 1세트

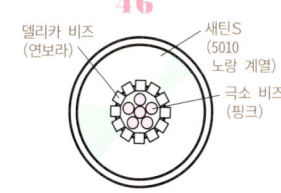

SIZE 지름 2cm

사용하는 도구
기본 도구 (P.67) / 접착제

실물 크기 자수 도안
※ 자수는 모두 2가닥으로
※ 반대쪽도 같은 방법으로 만든다

1~2
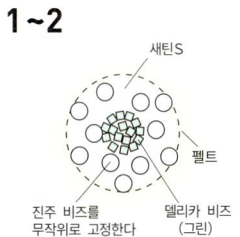

새틴S
펠트
진주 비즈를 무작위로 고정한다
델리카 비즈 (그린)

3
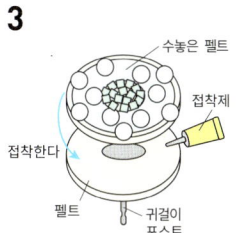

수놓은 펠트
접착제
접착한다
펠트
귀걸이 포스트

진주 비즈 (3mm・화이트)
새틴S (E966 그린)
델리카 비즈 (그린)

동그라미 막대비즈 귀걸이

작품 페이지 ——➤ P.21

SIZE 지름 2cm

사용하는 도구

기본 도구 (P.67) / 접착제

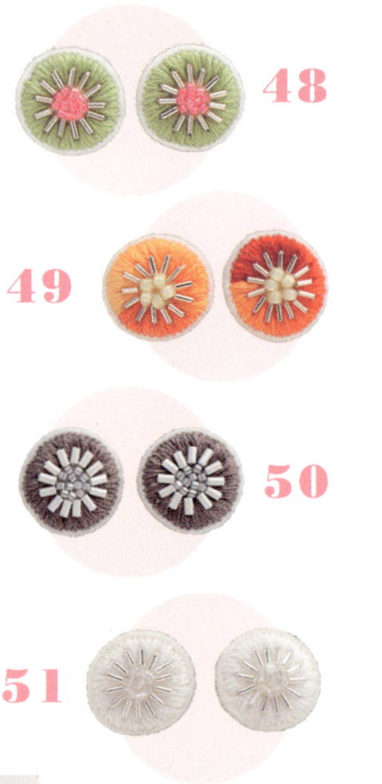

【만드는 법】 만드는 방법은 **48** 작품으로 설명

1. 펠트에 도안을 옮기고, 중심 부분을 남기고 도넛 모양으로 수를 놓는다(➡P.108의 **1**참조).
2. 수놓은 곳 안쪽에 비즈를 연속 수놓기(➡P.77 참조)로 원을 그리듯 중심까지 자수실로 고정한다.
3. 방사형으로 막대 비즈를 자수실로 고정한 후, 가장자리 1㎜를 남기고 펠트를 자른다.
4. P.108의 **4～5**와 같은 방법으로 귀걸이를 만든다.

【재 료】

48
DMC 25번 자수실
3894 (연두색) ——— 적당량
극소 비즈 (핑크) ——— 22개
막대 비즈 (3㎜·골드) ——— 26개

49
DMC 25번 자수실
51 (오렌지~빨강) ——— 적당량
극대 비즈 (노랑) ——— 10개
막대 비즈 (3㎜·골드) ——— 26개

50
DMC 25번 자수실
07 (갈색) ——— 적당량
델리카 비즈 (그레이) ——— 22개
막대 비즈 (3㎜·화이트) ——— 26개

51
DMC 25번 자수실
3865 (화이트) ——— 적당량
투컷 비즈 (화이트) ——— 14개
막대 비즈 (3㎜·실버) ——— 26개

공통
펠트 (화이트) ——— 5×5㎝
귀걸이 포스트 (침형·골드) ——— 1세트

1~3

4

실물 크기 자수 도안

※ 자수는 모두 2가닥으로
※ 반대쪽도 같은 방법으로 만든다

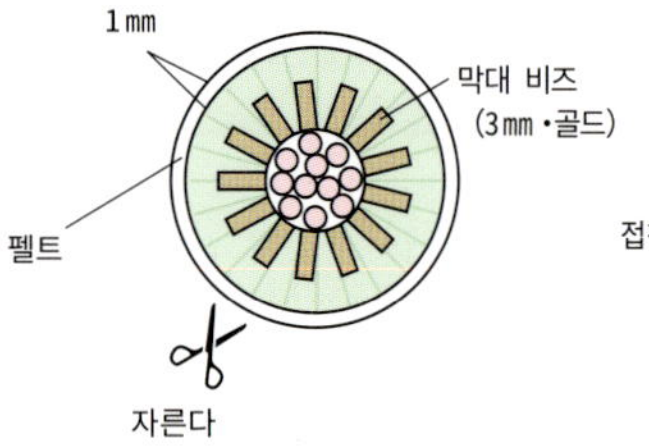

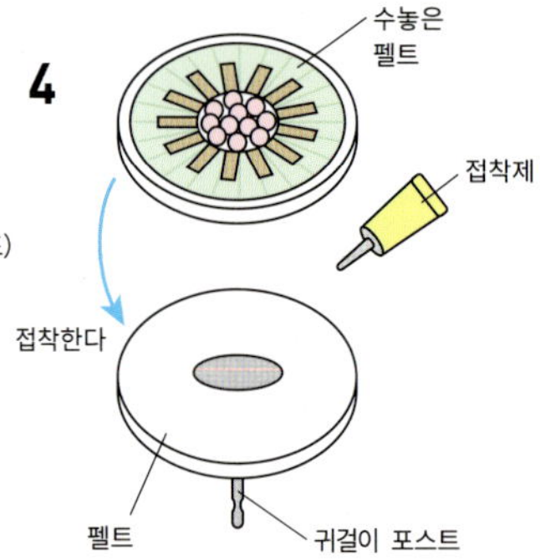

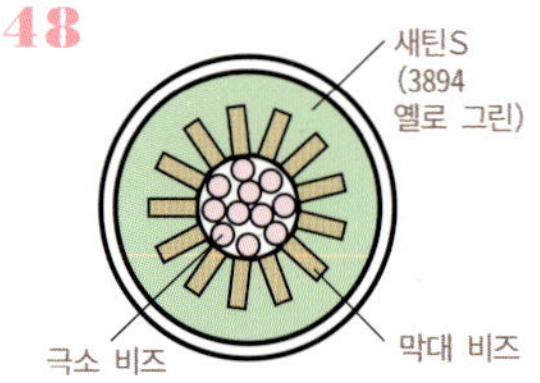

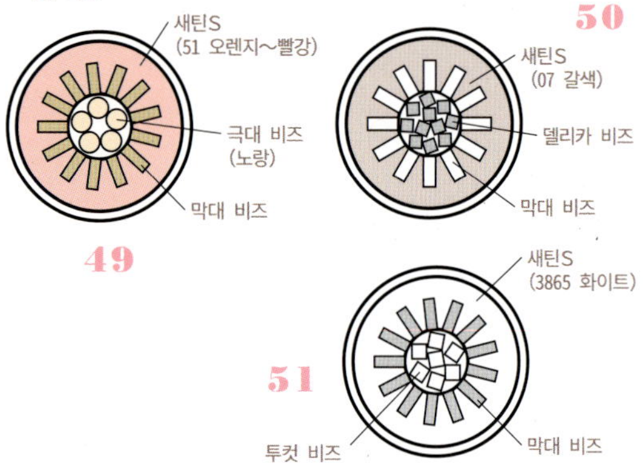

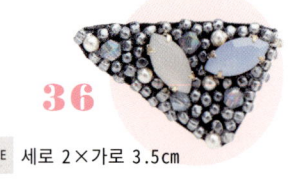

삼각형 보석 브로치

작품 페이지 ——➤ P.19

SIZE 세로 2×가로 3.5cm

사용하는 도구

기본 도구 (P.67) / 접착제

【만드는 법】

1. 오건디에 도안을 옮기고, 비즈와 스톤을 재봉실로 고정한다. 5㎜ 남기고 오건디 가장자리를 자른 후 가윗밥을 넣어 뒤로 접어 붙인다.
2. 1보다 5㎜ 크게 가죽을 자른 후 칼집을 내어 브로치 핀대를 붙인다. 1과 가죽을 붙이고 완전히 마르면 모티브 크기에 맞춰 테두리를 자른다.

【재 료】

쓰리컷 비즈 (그레이) ——— 약 60개
진주 비즈 (2㎜·내츄럴) ——— 6개
글래스컷 비즈 (주판·3㎜·오팔) ——— 4개
스톤 (마르퀴즈(입술형)·10×5㎜·그레이) ——— 1개
스톤 (마르퀴즈(입술형)·10×5㎜·밀크 화이트) ——— 1개
오건디 (블랙) ——— 15×15㎝
가죽 (그레이) ——— 3×4㎝
브로치 핀대 (1.7㎝·골드) ——— 1개
재봉실 (60수·그레이, 화이트, 블랙) · 각 적당량

실물 크기 자수 도안

1

2

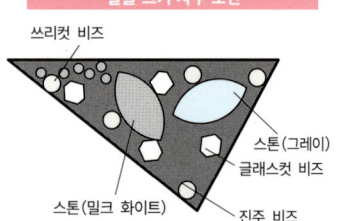

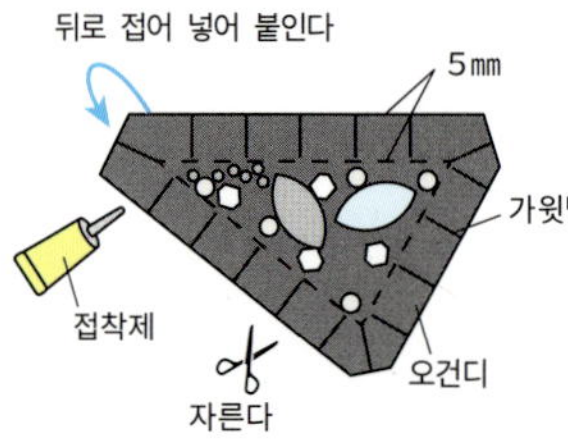

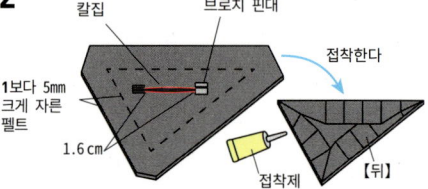

Part 01

삼각형 자수 귀걸이

작품 페이지 → P.21

【만드는 법】 만드는 방법은 **52** 작품으로 설명

1. 펠트에 도안을 옮긴 후 수를 놓는다.
2. 2mm 남기고 펠트 가장자리를 자른다.
3. 뒷부분 펠트도 2와 같은 크기로 자른 후 송곳으로 구멍을 뚫고 귀걸이 포스트를 붙인다.
4. 3과 2를 접착한다.

【재료】

52
DMC 25번 자수실
  3844 (블루), 3865 (화이트), E980 (형광 노랑), E990 (형광 그린), E3852 (골드), U2019 (형광 핑크) —— 각 적당량

53
DMC 25번 자수실
  17 (노랑), 211 (연보라), 415 (그레이), 712 (내츄럴), 760 (연핑크), 772 (연그린), 955 (민트 그린), 3811 (하늘) —— 각 적당량

공통
펠트 (화이트) ———————— 10×10cm
귀걸이 포스트 (침형·골드) ———— 1세트

52

53

SIZE 세로 3×가로 2.5cm

사용하는 도구

기본 도구 (P.67) / 접착제

1

펠트에 수놓는다

2
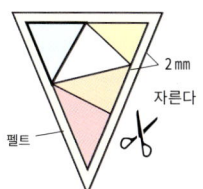
2mm / 자른다 / 펠트

3
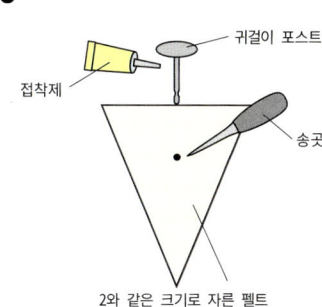
접착제 / 귀걸이 포스트 / 송곳 / 2와 같은 크기로 자른 펠트

4
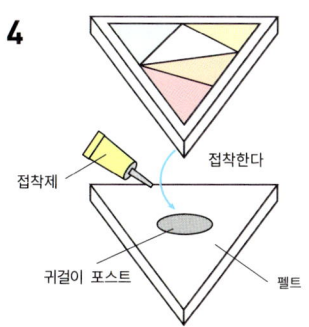
접착제 / 접착한다 / 귀걸이 포스트 / 펠트

실물 크기 자수 도안
※ 자수실은 모두 2가닥으로

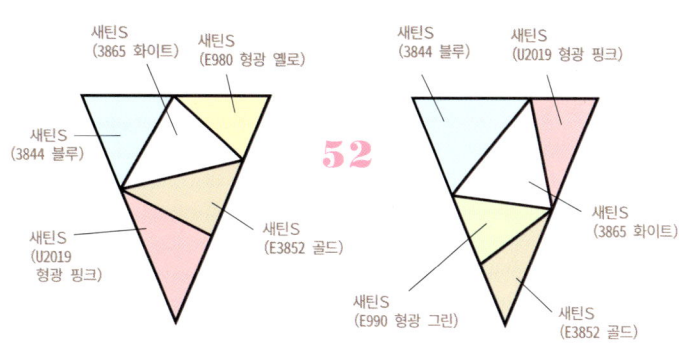

52

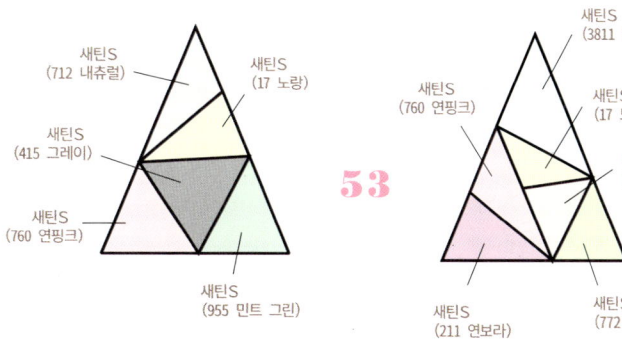

53

SIMPLE MOTIF

삼각형 자수 브로치

작품 페이지 → P.21

54

55

56

SIZE 세로 4 × 가로 8cm

사용하는 도구
기본 도구 (P.67) / 접착제

【만드는 법】
만드는 방법은 **54** 작품으로 설명

1. P.111의 **1~2**와 같은 방법으로 펠트에 도안을 옮긴 후 수를 놓고, 2mm 남기고 펠트 가장자리를 자른다.
2. 뒷부분 펠트도 **1**과 같은 크기로 자른 후 브로치 핀대를 바느질 실로 달고 **1**과 접착한다.

【재료】
54
DMC 25번 자수실
3844 (블루), 3865 (화이트), E980 (형광 노랑), E990 (형광 그린), E3852 (골드), U2019 (형광 핑크) ──── 각 적당량

55
DMC 25번 자수실
07 (베이지), 152 (핑크), 415 (그레이), 648 (연베이지), 712 (내츄럴), 926 (블루 그레이), 3779 (살몬 핑크), 3864 (베이비 핑크) ──── 각 적당량

56
DMC 25번 자수실
17 (노랑), 211 (연보라), 415 (그레이), 712 (내츄럴), 760 (빨강), 772 (연그린), 818 (핑크), 955 (민트 그린), 3811 (하늘) ──── 각 적당량

공통
펠트 (화이트) ──── 15 × 10 cm
브로치 핀대 (3.5 cm · 골드) ──── 1개
바느질 실 (60수 · 화이트) ──── 적당량

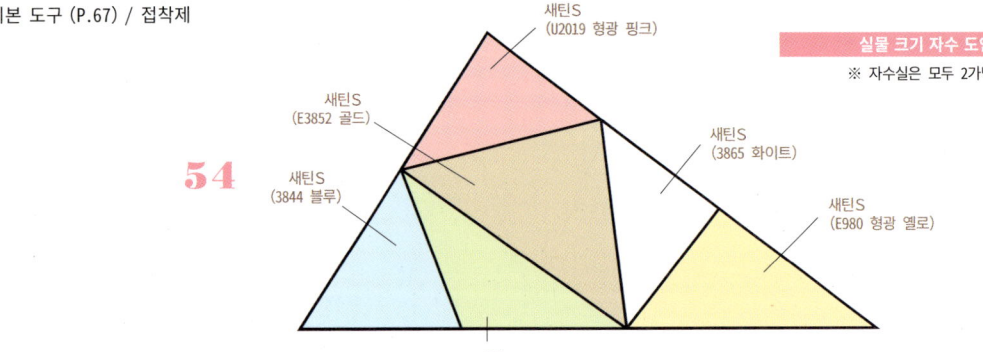

실물 크기 자수 도안
※ 자수실은 모두 2가닥으로

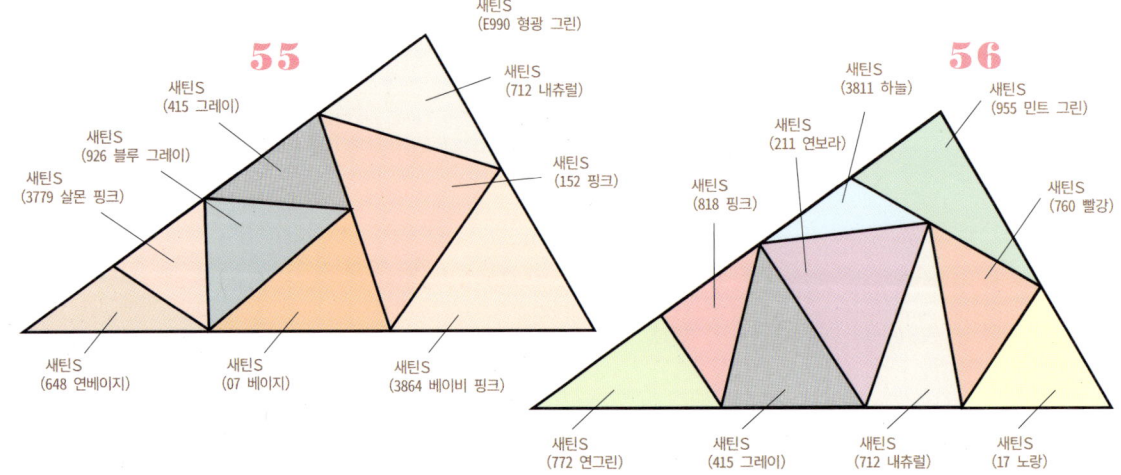

[레드·블루] 팬지 브로치

작품 페이지 → P.25

【만드는 법】 만드는 방법은 **01** 작품으로 설명
1. 천에 도안을 옮긴 후 수놓는다.
2. 가장자리에 시접을 1.5cm 남기고 천을 자른다.
3. 바느질 실로 테두리를 시침질하고, 브로치 키트의 금속판에 씌워 실을 잡아 댕긴 후 매듭짓는다.
4. 브로치 키트의 금속판보다 2mm 작게 가죽의 테두리를 자른 후, 바느질 실로 브로치 핀대를 꿰매 붙인다.
5. 4를 3에 접착(➡ P.86 브로치 만드는 방법 참조)한다.

【재료】

01
DMC 25번 자수실
　915 (자주), 3042 (연보라), 3046 (베이지),
　3346 (그린), ECRU (내츄럴) ── 각 적당량
리넨 원단 (네이비) ──────── 15×15cm

02
DMC 25번 자수실
　926 (그레이), 3046 (베이지), 3346 (그린),
　3808 (블루), ECRU (내츄럴) ── 각 적당량
리넨 원단 (연갈색) ──────── 15×15cm

공통
가죽 (베이지) ─────────── 5×5cm
브로치 키트 (타원형 45mm) ──── 1개
브로치 핀대 (2.5cm·실버) ───── 1개
바느질 실 (60수·내츄럴) ───── 적당량

SIZE 세로 3.5×가로 4.5cm

사용하는 도구

기본 도구 (P.67) / 접착제

실물 크기 자수 도안

※ 지정된 것 이외의 자수실은 3가닥
※ 프렌치노트S는 2번 휘감기

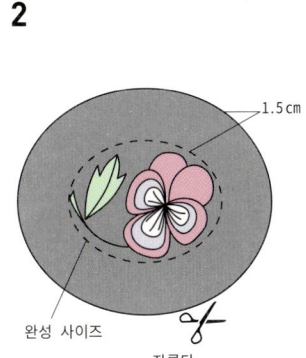
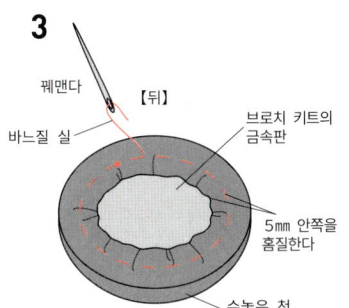
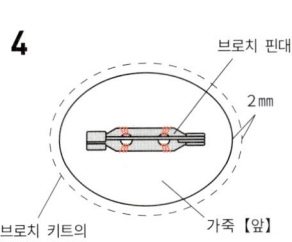
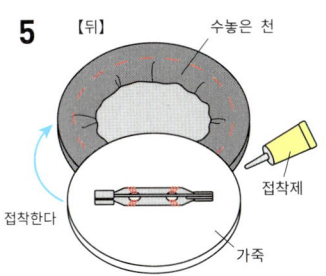
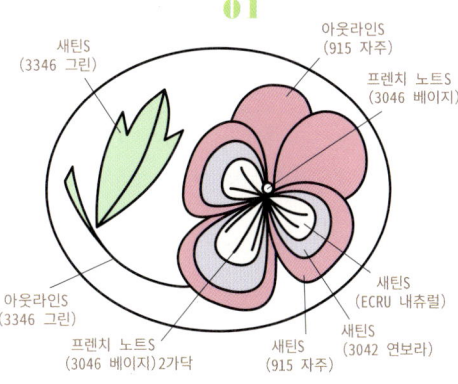
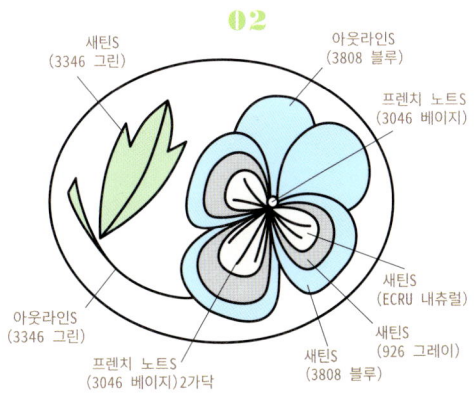

POINT! 브로치 키트가 없는 경우는, 도안과 같은 크기의 두꺼운 종이에 퀼트 솜을 2장 겹쳐 수놓은 천을 덮는다. 퀼트 솜은 두꺼운 종이보다 각각 3mm씩 테두리를 작게 잘라 겹친다.

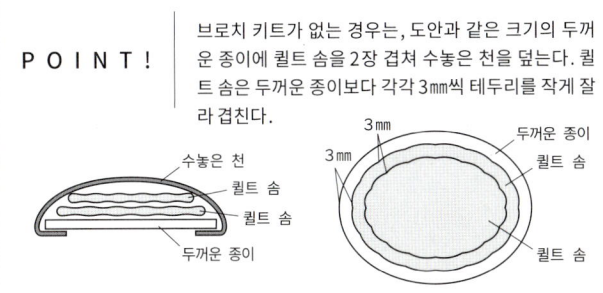

BOTANICAL MOTIF

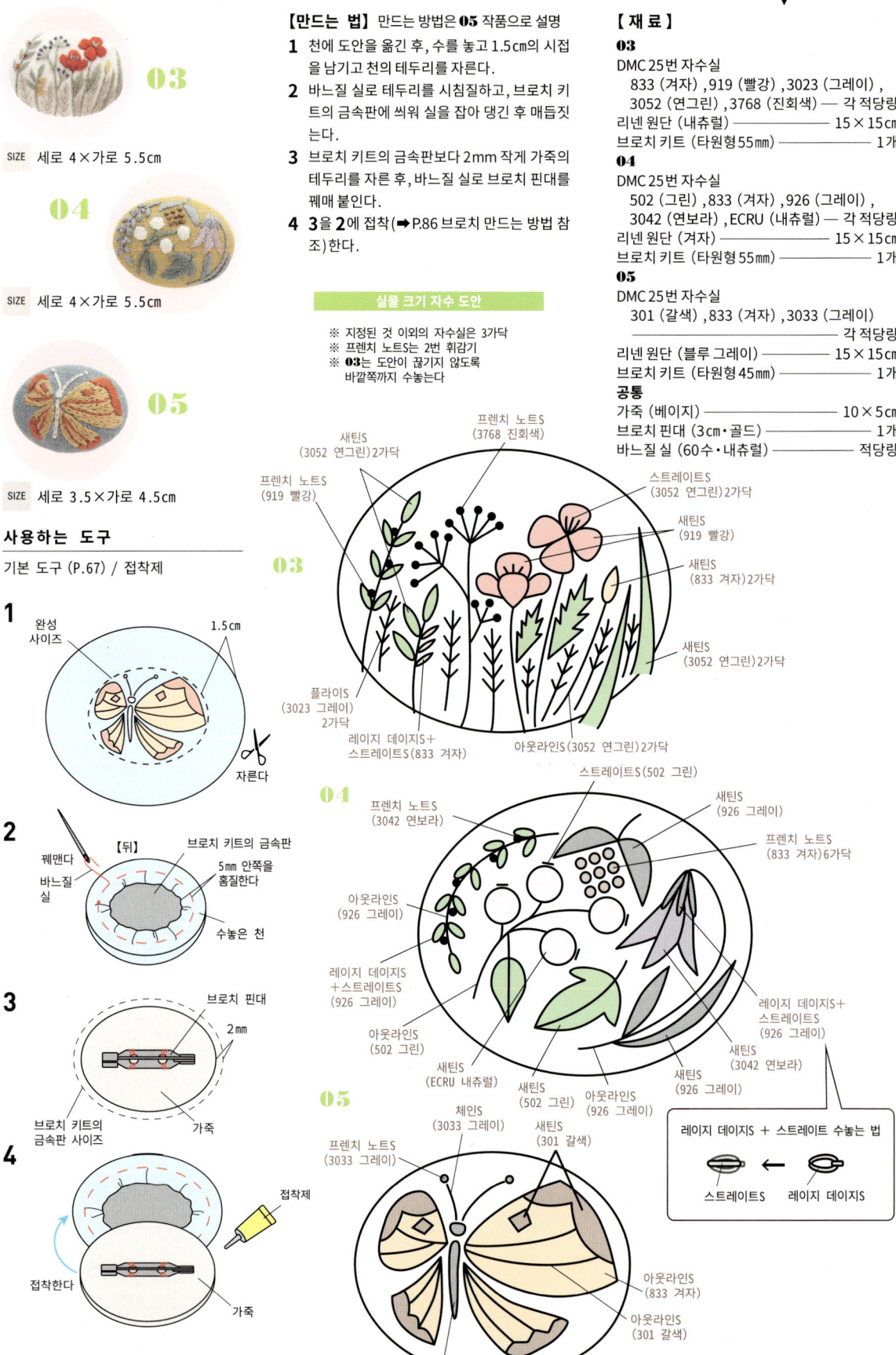

[들장미・야생화] 고무 머리끈

작품 페이지 ➞ P.26

【만드는 법】 만드는 방법은 **09** 작품으로 설명

1. 천에 도안을 옮겨 수를 놓고 1cm 시접을 남기고 천의 테두리를 자른다.

2. 바느질 실로 테두리를 시침질하고, 브로치 키트의 금속판에 씌워 실을 잡아 댕긴 후 매듭짓는다.

3. 브로치 키트의 금속판보다 2mm 작게 펠트의 테두리를 자른 후, 하나로 묶어 매듭지은 고무 머리끈을 끼워 2와 붙인다 (➡ P.85 고무 머리끈 만드는 방법 참조).

【재료】

08
DMC 25번 자수실
　834 (노랑), 3031 (갈색), ECRU (내츄럴) ─ 각 적당량
리넨 원단 (연갈색) ─ 15×15cm

09
DMC 25번 자수실
　470 (그린), 930 (블루), ECRU (내츄럴) ─ 각 적당량
리넨 원단 (그린) ─ 15×15cm

공통
펠트 (베이지) ─ 5×5cm
싸개 단추 파츠 (3.5cm) ─ 1개
고무 머리끈 (블랙) ─ 18cm
바느질 실 (60수・내츄럴) ─ 적당량

SIZE 지름 3.5cm

사용하는 도구

기본 도구 (P.67) / 접착제

실물 크기 자수 도안

※ 지정된 것 이외의 자수실은 3가닥
※ 프렌치 노트S는 2번 휘감기
※ 09는 도안이 끊기지 않도록 바깥쪽까지 수놓는다.

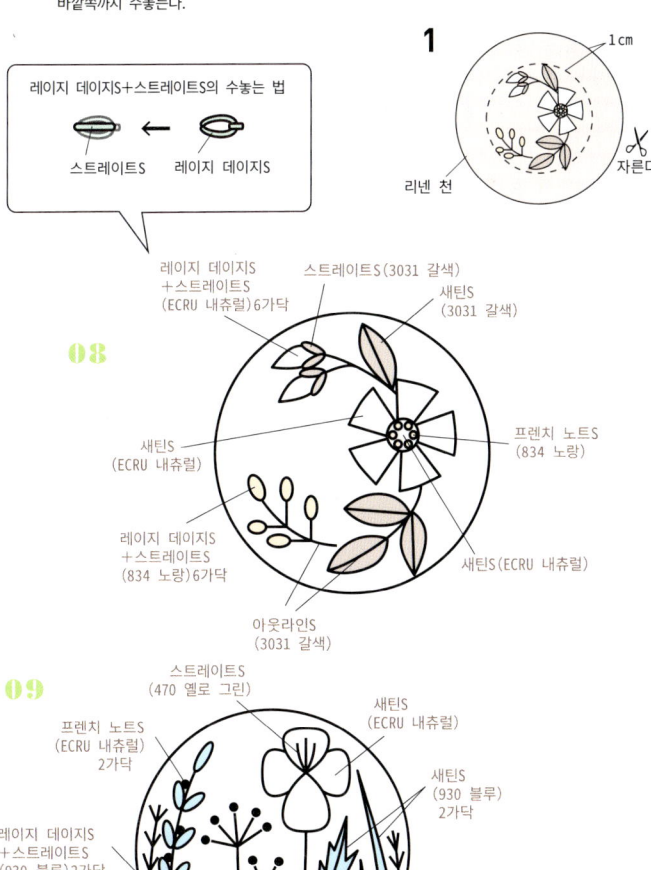

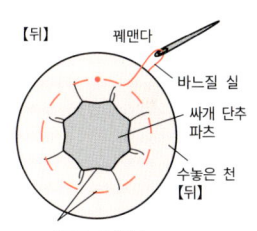

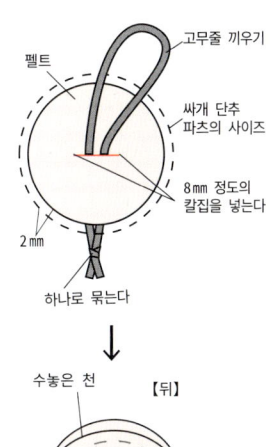

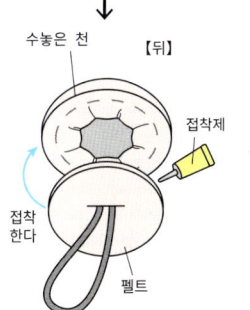

BOTANICAL MOTIF

화초 지퍼 파우치

작품 페이지 ➞ P.26

10

SIZE 세로 13 × 가로 18cm

사용하는 도구

기본 도구 (P.67)

【만드는 법】 (➞ P.84 지퍼 파우치 만드는 방법 참조)

1. 리넨 원단 앞 부분에 도안을 옮겨 수를 놓고, 1cm 시접을 남기고 천의 테두리를 자른다.
2. 뒷면 1장, 안감 2장을 1과 같은 크기로 자른다.
3. 수놓은 천과 안감 천 1장을 겹쳐 지퍼를 사이에 끼운 후 꿰맨다.
4. 같은 방법으로 지퍼의 반대편도 뒷면과 안감 천을 겹쳐 꿰맨다.
5. 앞면과 뒷면, 안감끼리 겹치게 맞추고, 창구멍을 남긴 후 가장자리를 꿰맨다. 이때 지퍼는 반쯤 열어둔다.
6. 삼각형으로 네 모서리를 자르고 창구멍으로 뒤집은 후 창구멍을 공그르기로 닫아준다. 가죽끈을 지퍼에 묶는다.

【재료】

- DMC 25번 자수실
  - 930 (블루), ECRU (내츄럴) —— 각 적당량
- 리넨 원단 (빨강), 안감용 면 원단 —— 각 30 × 20cm
- 지퍼 (18cm・네이비) —— 1개
- 바느질 실 (60수・핑크) —— 적당량
- 가죽 끈 (3mm폭) —— 20cm

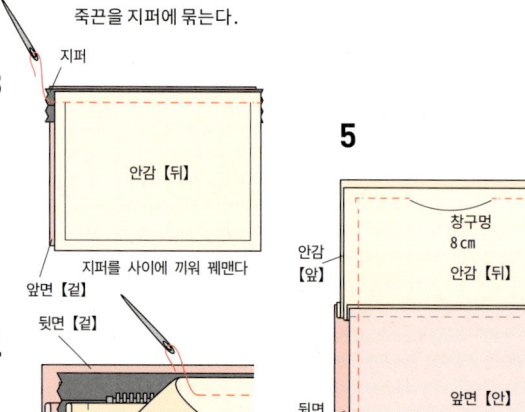

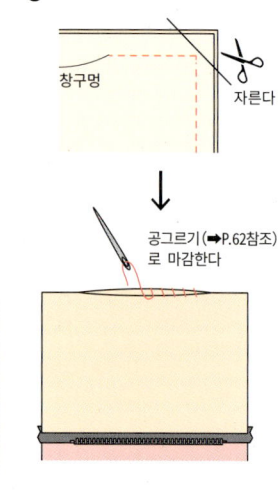

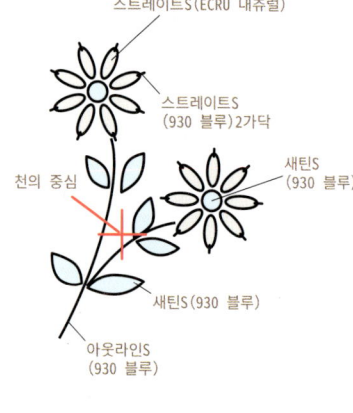

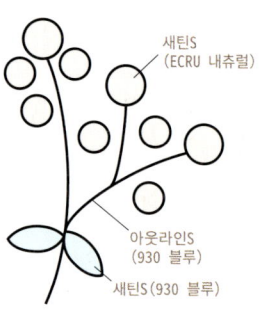

실물 크기 자수 도안

※ 지정된 것 이외의 자수실은 3가닥

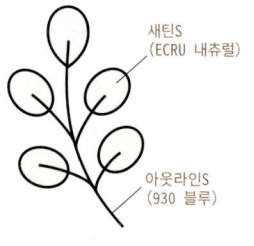

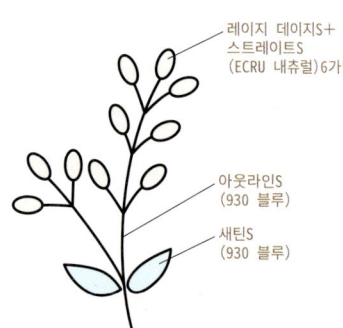

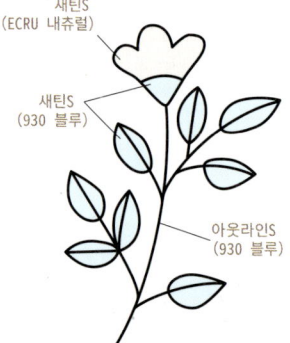

Part 02

[소나기·가랑비] 브로치

작품 페이지 ➜ P.26

【만드는 법】
1 천에 도안을 옮겨 수를 놓고 P.113의 **1~5**와 같은 방법으로 브로치를 만든다.
（➡ P.86 브로치 만드는 방법 참조）

【재료】
06
DMC 25번 자수실
　733（카키）, 927（블루 그레이）,
　3023（그레이）, 3033（내츄럴） ── 각 적당량
리넨 원단（블루） ──── 15×15cm

07
DMC 25번 자수실
　927（블루 그레이）, 3023（그레이）,
　ECRU（내츄럴） ──── 각 적당량
리넨 원단（겨자） ──── 15×15cm

공통
가죽（베이지） ──── 5×5cm
브로치 키트（타원형 45mm） ──── 1개
브로치 핀대（3cm·골드） ──── 1개
바느질 실（60수·내츄럴） ──── 적당량

SIZE 세로 3.5×가로 4.5cm

사용하는 도구
기본 도구 (P.67) / 접착제

실물 크기 자수 도안
※ 지정된 것 이외의 자수실은 3가닥
※ 프렌치 노트S는 2번 휘감기
※ 도안이 끊기지 않도록 바깥쪽까지 수놓는다

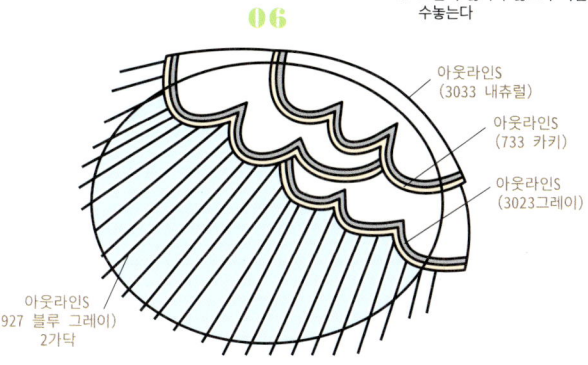
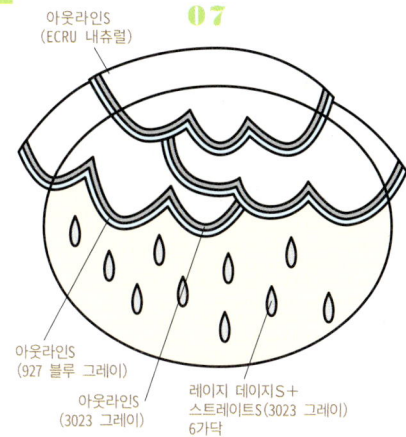

화초 코스터

작품 페이지 ➜ P.27

【만드는 법】 만드는 방법은 14 작품으로 설명
1 리넨 천에 도안을 옮겨 수를 놓고, 1cm 시접을 남기고 천의 테두리를 자른다.

2 리넨 천 앞면과 같은 크기로 안감을 자른 후, 창구멍만 남기고 **1**과 겹쳐 테두리를 꿰맨다.

3 네 모서리를 자른 후, 겉으로 뒤집어 창구멍을 공그르기（➡ P.62 참조）로 닫고, 다리미로 모양을 정리한다.

【재료】
13
DMC 25번 자수실
　927（블루 그레이）, ECRU（내츄럴） ─ 각 적당량
리넨 원단（카키） ──── 30×15cm
바느질 실（60수·카키） ──── 적당량

14
DMC 25번 자수실
　832（카키）, ECRU（내츄럴） ─ 각 적당량
리넨 원단（갈색） ──── 30×15cm
바느질 실（60수·갈색） ──── 적당량

SIZE 세로 10×가로 10cm

사용하는 도구
기본 도구 (P.67)

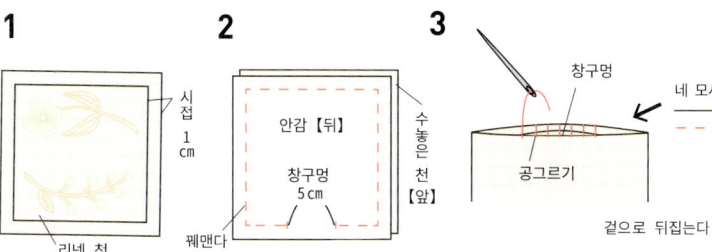

BOTANICAL MOTIF

Part 02

화초 안경 케이스

작품 페이지 → P.27

【만드는 법】 만드는 방법은 **12** 작품으로 설명

1. 리넨 천에 도안을 옮겨 수를 놓고, 1cm 시접을 남기고 천 테두리를 자른다.
2. 시접 1cm를 남기고 입구 천을 자른 후, 좌우로 시접을 접고, 한 번 더 반으로 접는다.
3. 안감 면 원단과 퀼트 솜은 리넨 원단과 같은 크기로 자르고 1과 입구 천과 퀼트 솜을 겹쳐 입구 쪽을 꿰맨다.
4. 안감 원단끼리 맞대어 접고, 창구멍을 남기고 가장자리를 꿰맨다.
5. 겉으로 뒤집어 창구멍을 공그르기(➡P.62참조)로 닫고 바네 프레임을 끼운 후 나사를 조인다.

【재료】

11
DMC 25번 자수실
　223 (핑크), 939 (딥네이비),
　3033 (연회색) ─── 각 적당량
리넨 원단 (와인) ─── 55 × 15cm
바느질 실 (60수・와인) ─── 적당량

12
DMC 25번 자수실
　832 (카키), 3033 (연회색),
　3346 (그린) ─── 각 적당량
리넨 원단 (청록) ─── 55 × 15cm
바느질 실 (60수・청록) ─── 적당량

공통
안감용 면 원단, 퀼팅솜 ─── 각 50 × 15cm
바네 프레임 (폭 8cm) ─── 1개

SIZE 세로 8.5 × 가로 18cm

SIZE 세로 18 × 가로 8.5cm

사용하는 도구

기본 도구 (P.67) / 접착제

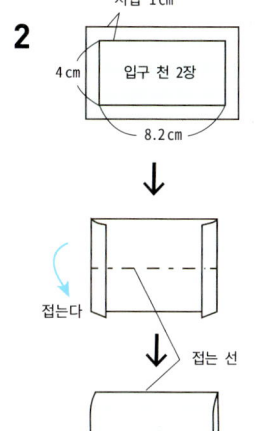

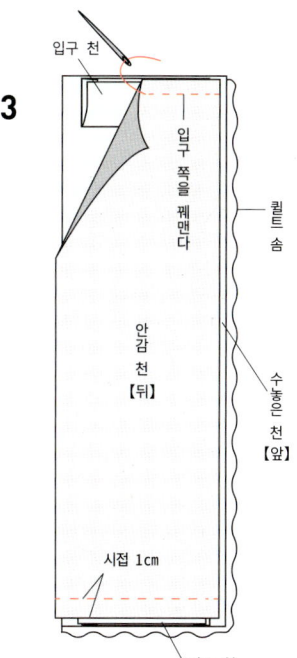

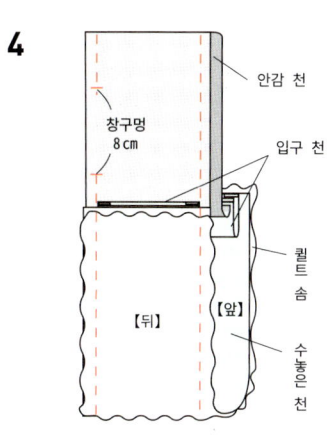

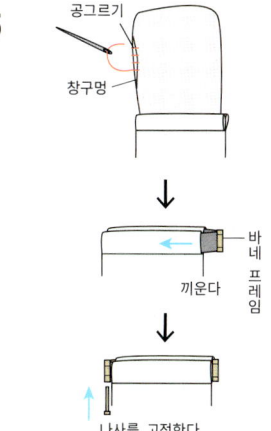

실물 크기 자수 도안

※ 지정된 것 이외의 자수실은 3가닥
※ 프렌치 노트S는 2번 휘감기

11

12

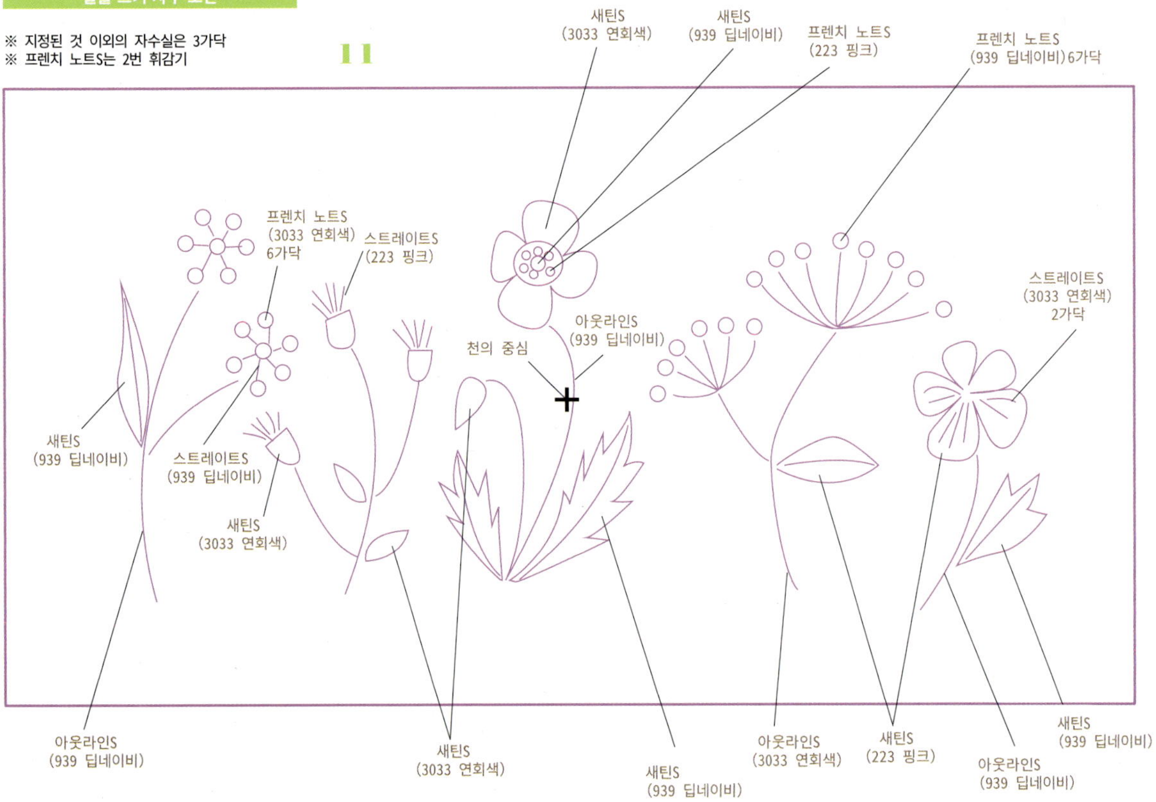

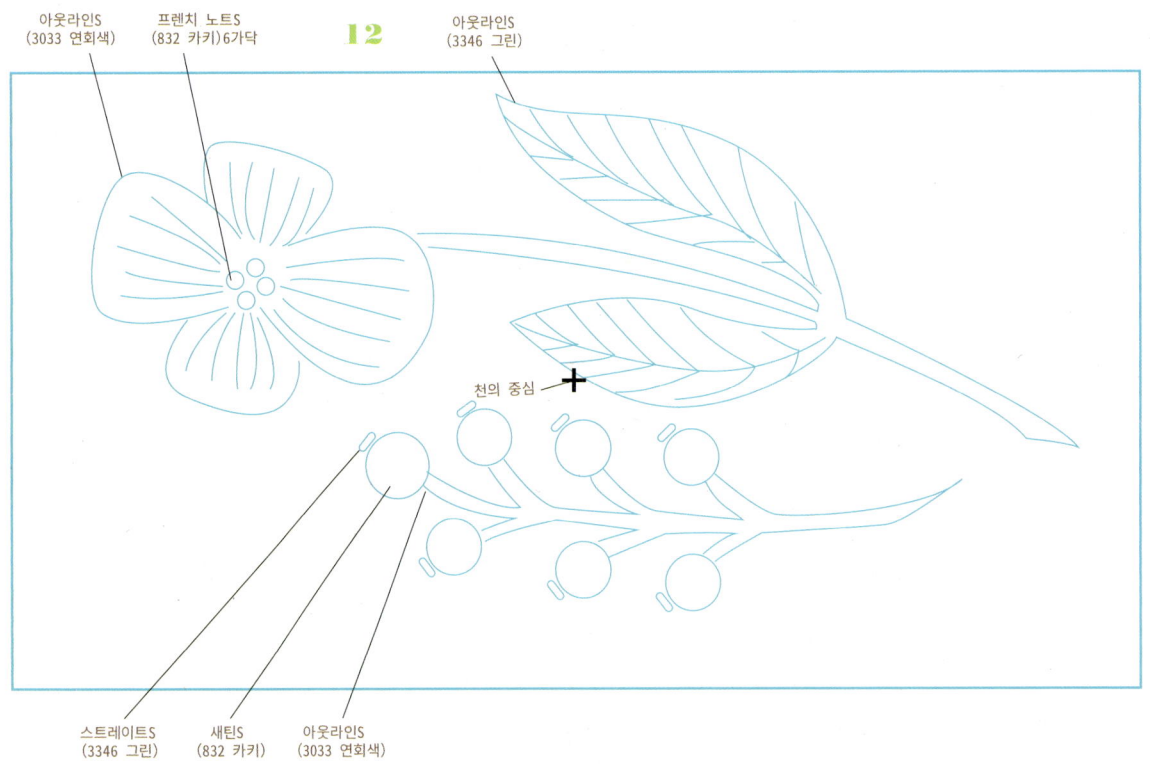

Part 02

화이트 꽃 목걸이

작품 페이지 ⟶ P.28

15

【만드는 법】

1. 면 원단에 도안을 옮겨 수를 놓는다.
2. 자수실 2가닥으로 비즈를 고정한다.
3. 수놓은 천은 여분을 주어 크게 자르고, 뒷면은 합성 피혁을 접착제로 붙인 후 완전히 말린다.
4. 수놓은 부분 주위 1mm를 남기고 가장자리를 자른다.
5. 자수실을 피해 송곳으로 구멍을 뚫고 삼각링을 단다.
6. 체인에 SR 장식과 마감 링을 달고, 5의 삼각링을 오링으로 연결한다.

【재 료】

- DMC 25번 자수실
  - 726 (노랑), ECRU (내츄럴) ── 각 적당량
- 면 원단 (내츄럴) ──────────── 15×15cm
- 진주 비즈 (6mm·화이트) ──────── 2개
- 진주 비즈 (3mm·화이트) ──────── 2개
- 글래스 비즈 (주판·3mm·투명) ───── 4개
- 글래스 비즈 (주판·3mm·베이지) ──── 4개
- 오링 (2.5mm·골드) ──────────── 4개
- 삼각 링 (5mm·골드) ──────────── 2개
- SR장식 (골드), 마감 링 (골드) ───── 각 1개
- 체인 (골드) ─────────────── 25cm×2本
- 합성 피혁 ─────────────── 10×5cm

SIZE 모티브 세로4.5×가로9.5cm

사용하는 도구

기본 도구 (P.67) / 접착제 / 평집게

1
① 새틴S 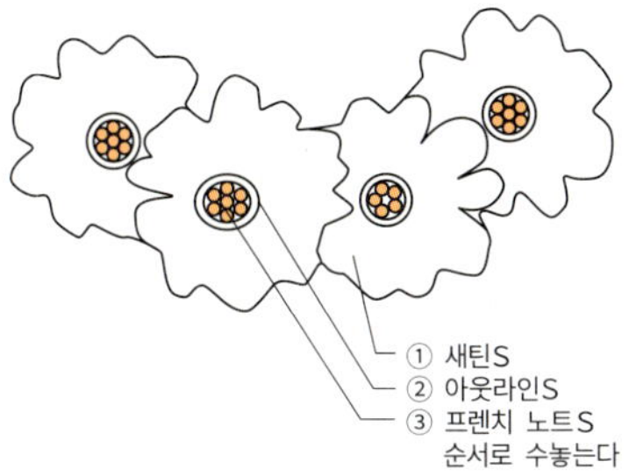
② 아웃라인S
③ 프렌치 노트S
순서로 수놓는다

2 비즈를 고정한다
(726 노랑) 2가닥

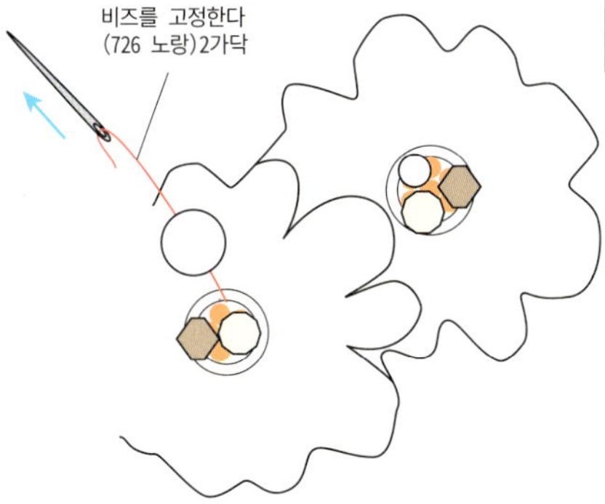

3 합성 피혁 / 접착제
수놓은 천을 여유분을 두어 넉넉하게 자른다

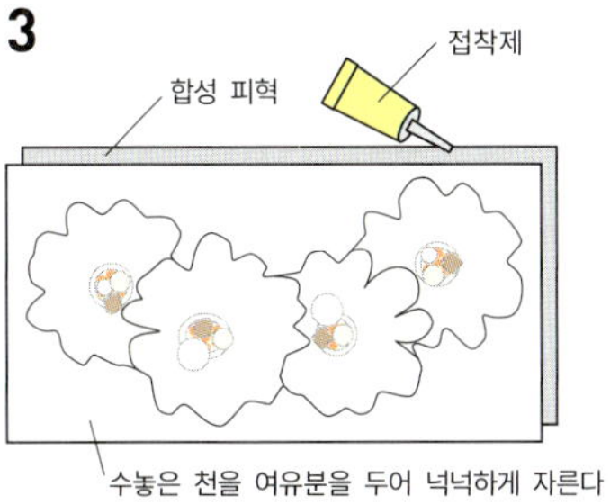

4 1mm
자른다

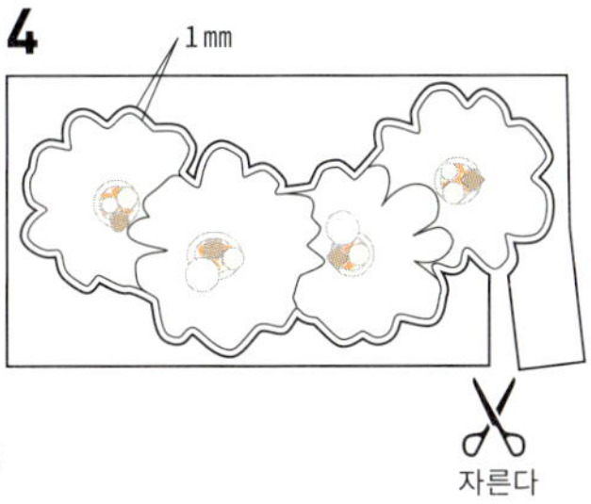

5 삼각링
모티브의 왼쪽, 오른쪽에 수놓은 부분을 피해 송곳으로 구멍을 뚫는다

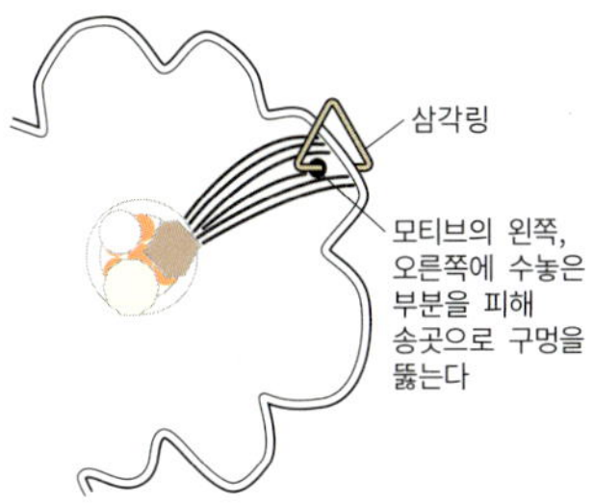

6 오링 / 마감 링 / 오링 / SR 장식 / 체인 / 오링 / 삼각링

실물 크기 자수 도안

※ 자수실은 모두 2가닥으로
※ 프렌치 노트S는 2번 휘감기

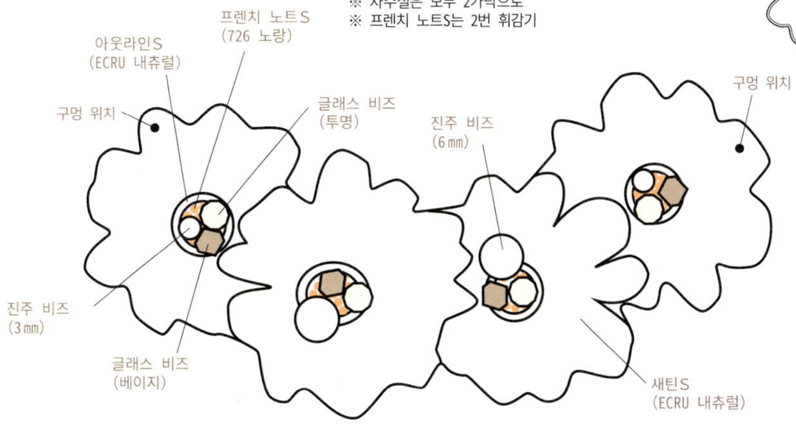

- 아웃라인S (ECRU 내츄럴)
- 프렌치 노트S (726 노랑)
- 구멍 위치
- 글래스 비즈 (투명)
- 진주 비즈 (6mm)
- 구멍 위치
- 진주 비즈 (3mm)
- 글래스 비즈 (베이지)
- 새틴S (ECRU 내츄럴)

BOTANICAL MOTIF

[연그린・연핑크] 귀찌

작품 페이지 → P.29

SIZE 세로 2.2×가로 2.2cm

사용하는 도구
기본 도구 (P.67) / 접착제

【만드는 법】 만드는 방법은 **16** 작품으로 설명
1. P.121의 **1**~**4**과 같은 방법으로 면 원단에 도안을 옮겨 수를 놓고, 자수실(베이지) 2가닥으로 비즈를 고정한다. 뒷면에 펠트를 접착제로 접착한다. 완전히 건조한 후 수놓은 부분에서 1mm남기고 가장자리를 자른다.
2. 새틴 리본을 고정한다.
3. 귀찌를 **2**의 뒤에 접착제로 붙인다.

【재료】
16
DMC 25번 자수실
　966 (모스 그린), 3821 (베이지)— 각 적당량
17
DMC 25번 자수실
　761 (페일 핑크), 3821 (베이지)— 각 적당량
공통
면 원단 (내츄럴) ──────── 15×15cm
특소 비즈 (화이트) ──────── 12개
귀찌 (원터치형・골드) ──────── 1세트
새틴 리본 (3mm・내츄럴) ──── 7cm×2개
펠트 (그레이) ──────── 10×5cm

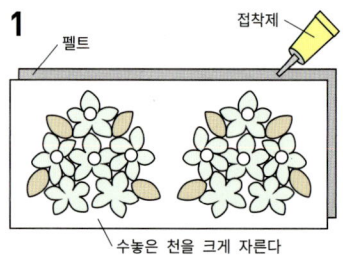

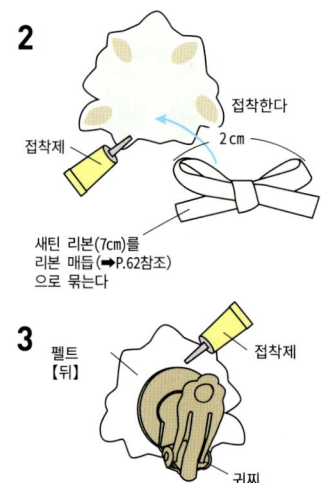

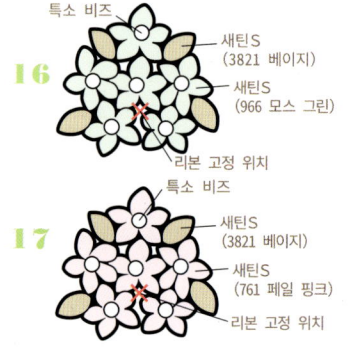

[딥블루 꽃・컬러풀 꽃] 목걸이

작품 페이지 → P.29

SIZE 모티브 세로1×가로4.2cm

사용하는 도구
기본 도구 (P.67) / 접착제 / 평집게

【만드는 법】 만드는 방법은 **18** 작품으로 설명
1. 면 원단에 도안을 옮겨 수를 놓고, 수놓은 천은 여분을 주어 크게 자르고, 뒷면은 펠트를 접착제로 붙인 후 완전히 말린다.
2. P.121의 **1**~**4**과 같은 방법으로 수놓은 부분에서 1mm 남기고 가장자리를 자른다. 모티브 양끝에 오링을 단다 체인에 SR장식과 마감 링을 달고, C링과 오링을 연결한다.

【재료】
18
DMC 25번 자수실
　368 (모스 그린), 791 (네이비), 3855 (노랑),
　3827 (베이지) ──────── 각 적당량
19
DMC 25번 자수실
　554 (연보라), 581 (연그린), 727 (레몬 옐로),
　955 (민트 그린), 3708 (핑크),
　3761 (하늘), 3855 (노랑) ──── 각 적당량
공통
면 원단 (내츄럴) ──────── 15×15cm
오링 (2.5mm・골드) ──────── 2개
오링 (4mm・골드) ──────── 2개
C링 (3.5×2.5mm・골드) ──── 2개
SR장식 (골드), 마감 링 (골드) ── 각1개
체인 (골드) ──────── 20cm×2개
펠트 (그레이) ──────── 10×5cm

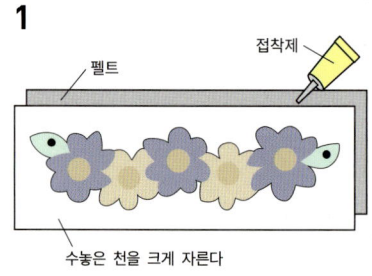

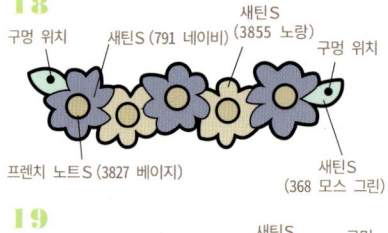

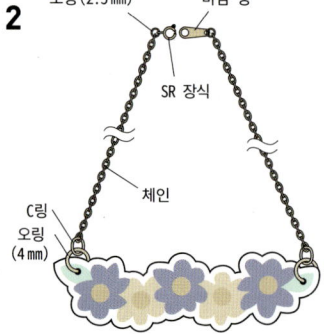

Part 02

[나무·비올라 꽃] 브로치

작품 페이지 → P.30

【만드는 법】 만드는 방법은 **20** 작품으로 설명

1. 천에 도안을 옮겨 수를 놓는다. 바느질 실로 비즈를 꿰맨다.
2. 가장자리에 시접을 1.5㎝ 남기고 천을 자른다.
3. 수놓은 천 테두리를 바느질 실로 시침질한 후, 브로치 키트의 금속판에 씌운 후 실을 잡아당겨 매듭을 묶는다.
4. 브로치 키트의 금속판 보다 2㎜ 작게 가죽을 자른 후 브로치 핀대를 고정한다.
5. **4**를 **3**에 접착한다. (➡ P.86 브로치 만드는 방법 참조)

【재료】

20
DMC 25번 자수실
  746 (내츄럴), 783 (겨자), 3781 (진갈색),
  3829 (연갈색), 3865 (화이트) — 각 적당량
델리카 비즈 (실버) ——————— 13개
면마혼방 원단 (네이비) ——————— 15×15㎝

21
DMC 25번 자수실
  469 (그린), 743 (노랑), 937 (딥그린),
  3803 (자주), ECRU (내츄럴) — 각 적당량
면마혼방 원단 (겨자) ——————— 15×15㎝

공통
브로치 키트 (타원형·45㎜) ——————— 1개
브로치 핀대 (2.5㎝·실버) ——————— 1개
가죽 (갈색) ——————— 5×4㎝
바느질 실 (60수·내츄럴) ——————— 적당량

20

SIZE 세로 3.5×가로 4.5㎝

21

SIZE 세로 4.5×가로 3.5㎝

사용하는 도구

기본 도구 (P.67) / 접착제

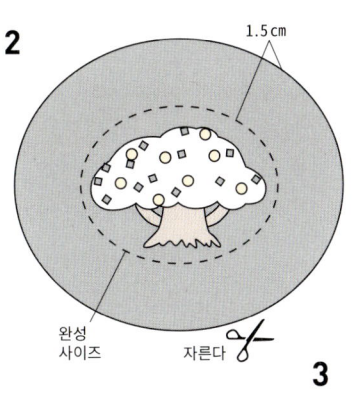

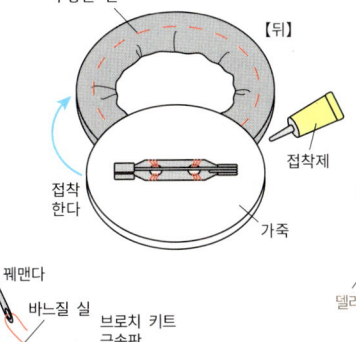

실물 크기 자수 도안

※ 지정된 것 이외의 자수실은 3가닥
※ 프렌치 노트S는 2번 휘감기

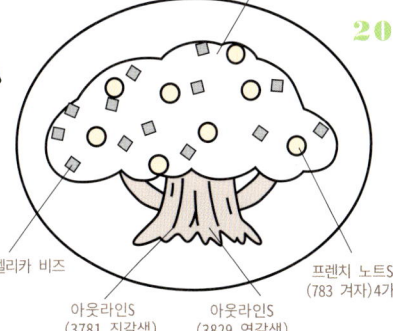

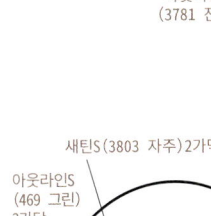

POINT! 브로치 키트가 없는 경우는, 도안과 같은 크기의 두꺼운 종이에 퀼트 솜을 2장 겹쳐 수놓은 천을 덮는다. 퀼트 솜은 두꺼운 종이보다 각각 3㎜씩 테두리를 작게 잘라 겹친다.

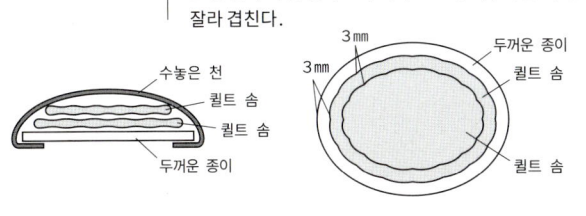

BOTANICAL MOTIF

[꽃다발 자수・무스카리 꽃] 고무 머리끈

작품 페이지 → P.30, P.31

22 P.30
SIZE 세로 3.5 × 가로 4.5cm

23 P.30
SIZE 세로 3.5 × 가로 4.5cm

29 P.31
SIZE 지름 3.5cm

사용하는 도구
기본 도구 (P.67)

【만드는 법】 만드는 방법은 22 작품으로 설명

1. 천에 도안을 옮겨 수를 놓고, 가장자리에 시접을 1.5cm 남기고 천을 자른다.

2. 수놓은 천 테두리를 시침질 한 후 고무 머리끈 키트의 금속판 (**29**싸개 단추 키트의 윗 파츠)에 씌운 후 실을 잡아당겨 매듭을 묶는다.

3. 뒷면 파츠(**29**은 싸개 단추 키트의 뒷 파츠)를 끼우고 고무 머리끈을 끼워 묶는다.

【재료】

22
DMC 25번 자수실
 310 (블랙), 3829 (연갈색) ─── 각 적당량
델리카 비즈 (골드) ─────────── 16개
면마혼방 원단 (내츄럴) ───────── 15 × 15cm
고무 머리끈 키트 (타원형 45mm) ─── 1개

23
DMC 25번 자수실
 310 (블랙), 3829 (연갈색) ─── 각 적당량
델리카 비즈 (골드) ─────────── 21개
면마혼방 원단 (내츄럴) ───────── 15 × 15cm
고무 머리끈 키트 (타원형 45mm) ─── 1개

29
DMC 25번 자수실
 550 (보라), 522 (그린), 524 (연그린),
 3861 (연보라), ECRU (내츄럴) ─── 각 적당량
면마혼방 원단 (연보라) ───────── 15 × 15cm
싸개 단추 키트 (지름 3.5cm) ───── 1개

공통
고무 머리끈 (갈색) ───────────── 18cm
바느질 실 (60수・내츄럴) ───────── 적당량

실물 크기 자수 도안
※ 자수실은 모두 3가닥으로
※ 프렌치 노트S는 2번 휘감기

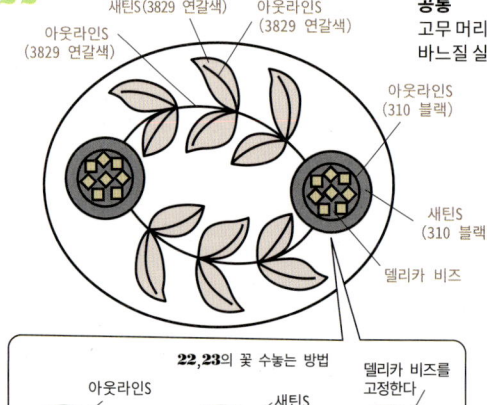

22
아웃라인S (3829 연갈색)
새틴S (3829 연갈색)
아웃라인S (310 블랙)
새틴S (310 블랙)
델리카 비즈

22,23의 꽃 수놓는 방법
아웃라인S → 새틴S → 델리카 비즈를 고정한다
아웃라인S를 수놓고 새틴S를 수놓아 볼륨감을 살려준다

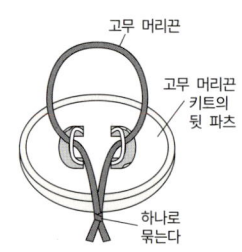

22,23
고무 머리끈
고무 머리끈 키트의 뒷 파츠
하나로 묶는다

1
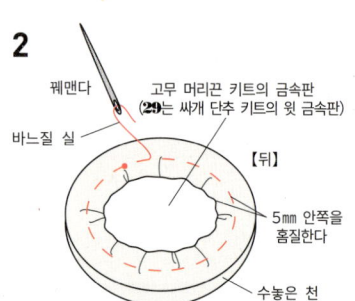
완성 사이즈
1.5cm
수놓은 천
자른다

2
꿰맨다
바느질 실
고무 머리끈 키트의 금속판 (**29**는 싸개 단추 키트의 윗 금속판)
【뒤】
5mm 안쪽을 홈질한다
수놓은 천

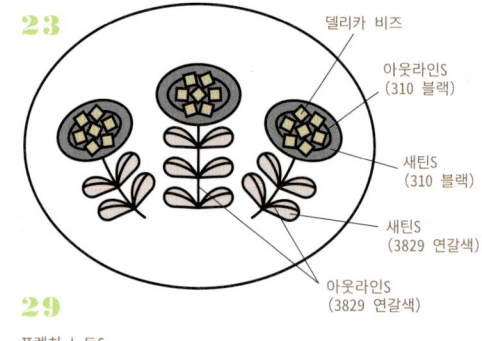

23
델리카 비즈
아웃라인S (310 블랙)
새틴S (310 블랙)
새틴S (3829 연갈색)
아웃라인S (3829 연갈색)

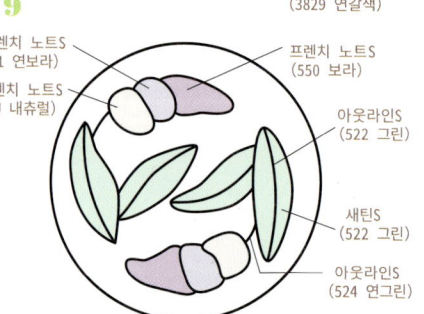

29
프렌치 노트S (3861 연보라)
프렌치 노트S (ECRU 내츄럴)
프렌치 노트S (550 보라)
아웃라인S (522 그린)
새틴S (522 그린)
아웃라인S (524 연그린)

29
고무 머리끈
하나로 묶는다
싸개 단추 키트의 뒷 파츠

Part 02

엘립스 꽃 브로치

작품 페이지 → P.31

【만드는 법】 만드는 방법은 **24** 작품으로 설명

1. 천에 도안을 옮겨 수를 놓고, 가장자리에 시접 1.5cm를 남기고 천을 자른다.
2. 수놓은 천 테두리를 바느질 실로 시침질한 후, 싸개 단추 키트의 금속판에 씌운 후 실을 잡아 당겨 매듭을 묶는다.
3. 싸개 단추 키트의 금속판 보다 2mm 작게 가죽을 자른 후 브로치 핀대를 고정하고 **2**에 붙인다.

【재료】

24
DMC 25번 자수실
　317 (진회색), 783 (겨자) ── 각 적당량

25
DMC 25번 자수실
　796 (네이비), 832 (황토색) ── 각 적당량

26
DMC 25번 자수실
　317 (진회색), 321 (빨강) ── 각 적당량

27
DMC 25번 자수실
　414 (그레이), 904 (그린) ── 각 적당량

28
DMC 25번 자수실
　218 (자주), 414 (그레이) ── 각 적당량

공통

델리카 비즈 (골드) ── 약 19개
체코 비즈 (스퀘어·6×6mm·골드) ── 1개
면마혼방 원단 (내츄럴) ── 15×15cm
가죽 (베이지) ── 5×5cm
브로치 핀대 (2cm·실버) ── 1개
싸개 단추 키트 (지름3.5cm) ── 1개
바느질 실 (60수·내츄럴) ── 적당량

SIZE 지름 3.5cm

사용하는 도구

기본 도구 (P.67) / 접착제

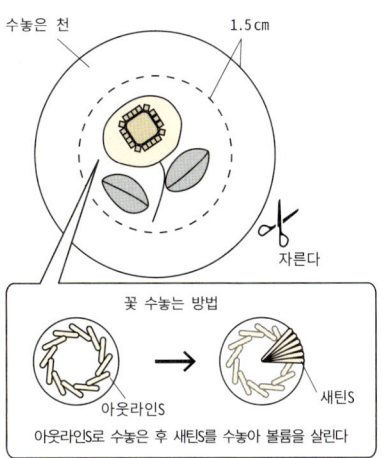

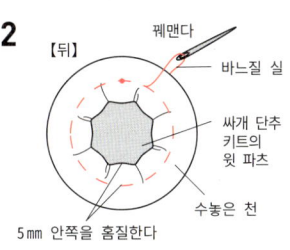

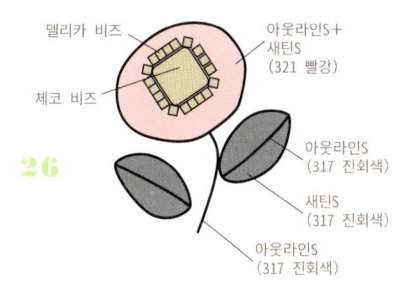

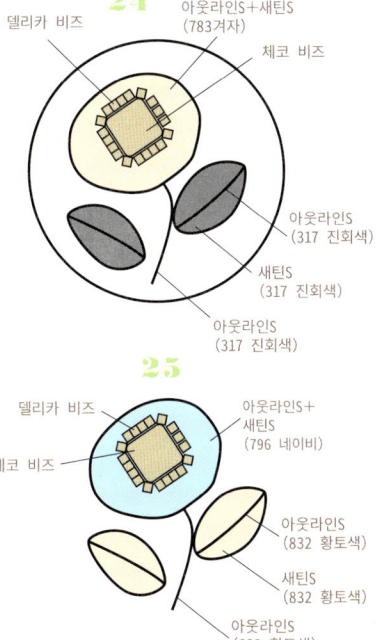

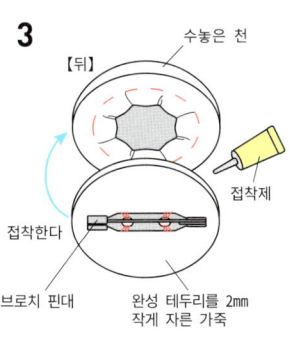

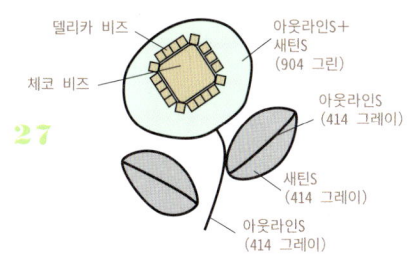

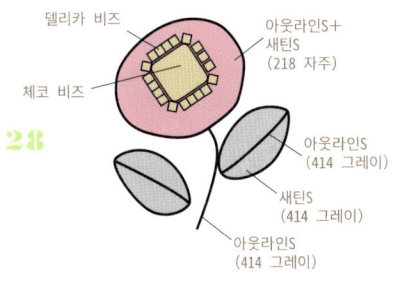

BOTANICAL MOTIF

화이트 꽃 벽 장식

작품 페이지 → P.33

32

SIZE 세로 10 × 가로 13.5cm

사용하는 도구
기본 도구 (P.67) / 양면 테이프

【만드는 법】
1. 천에 도안을 옮겨 수를 놓고 가장자리 1cm를 남기고 천을 자른다.
2. 뒷면에 접착 심지를 붙인 후 프레임 뒤판과 같은 크기로 자른다.
3. 뒷면에 양면테이프를 붙인다.
4. 프레임의 뒤판과 같은 크기의 두꺼운 종이로 붙여 프레임에 넣는다.

【재료】
DMC 25번 자수실
317 (진회색), 414 (그레이), 831 (갈색), 937 (그린), 3865 (화이트) —— 각 적당량
면마혼방 원단 (내츄럴), 접착 심지 —————— 각 15 × 20cm
두꺼운 종이 ————————————— 9 × 12.5cm
프레임 (외각 10 × 13.5cm) ———————— 1개

POINT! 같은 크기의 프레임이 없는 경우, 프레임에 맞춰 취향에 따라 도안을 확대·축소한다. (80~120%정도 추천)

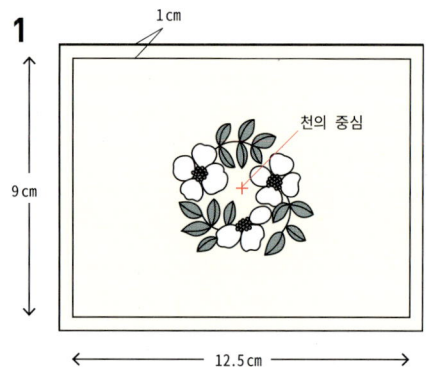

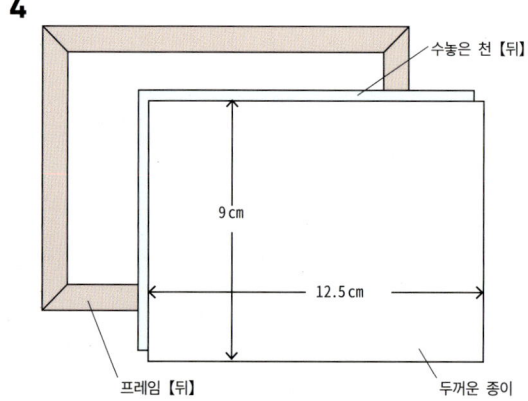

실물 크기 자수 도안

※ 지정된 것 이외의 자수실은 2가닥
※ 프렌치 노트S는 2번 휘감기

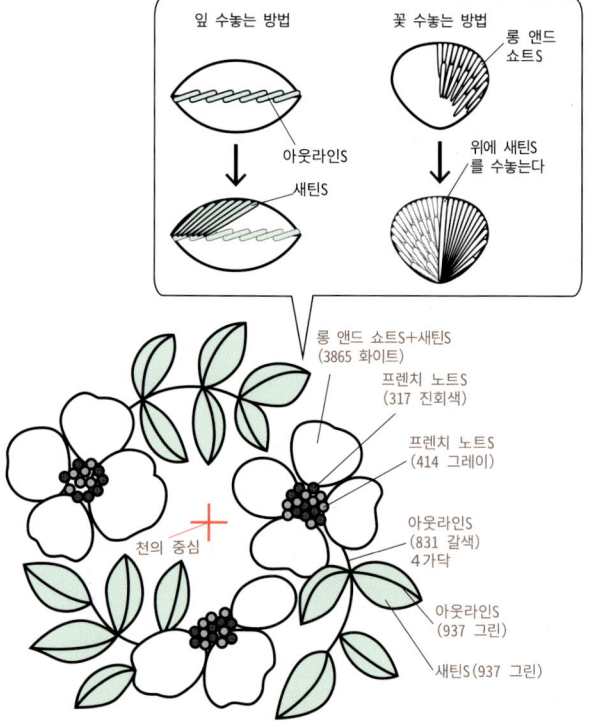

126

Part 02

[아네모네・그레이 플라워] 파우치

작품 페이지 → P.32

【만드는 법】

1. 천 앞면에 도안을 옮겨 수를 놓고 1cm 시접을 남기고 천 테두리를 자른다.
2. 뒷면 1장, 안감 2장을 **1**과 같은 크기로 자른다.
3. 수놓은 천과 안감 천 1장을 맞대어 지퍼를 끼워 꿰맨다. 마찬가지로 지퍼의 반대쪽도 뒷면과 안감 천을 맞대어 꿰맨다.
4. 앞면과 뒷면, 안감끼리 맞대어 창구멍을 남기고 가장자리를 꿰맨다. 이때 지퍼는 반쯤 열어 놓는다.
5. 네 모서리를 삼각형으로 자르고, 밖으로 뒤집어 창구멍을 꿰맨다.(➡ P.84 지퍼 파우치 만드는 방법 참조)

【재료】

30
DMC 태피스트리 울사
　7127 (빨강), 7396 (그린), ECRU (내츄럴),
　NOIR (블랙) ─── 각 적당량
두꺼운 면 원단 (내츄럴), 안감용 새틴 천
─── 각 40×30cm
지퍼 (22cm・베이지) ─── 1개
바느질 실 (60수・내츄럴) ─── 적당량

31
DMC 25번 자수실
　844 (진회색), 3866 (화이트) ─── 각 적당량
DMC 태피스트리 울사
　7127 (빨강), 7626 (진회색) ─── 각 적당량
체코 비즈 (3mm・골드) ─── 약 30개
두꺼운 울 천 (그레이), 안감용 새틴 천
─── 각 35×25cm
지퍼 (18cm・베이지) ─── 1개
바느질 실 (60수・그레이) ─── 적당량

30
SIZE 세로 16 × 가로 24cm

31
SIZE 세로 14 × 가로 19cm

사용하는 도구

기본 도구 (P.67)

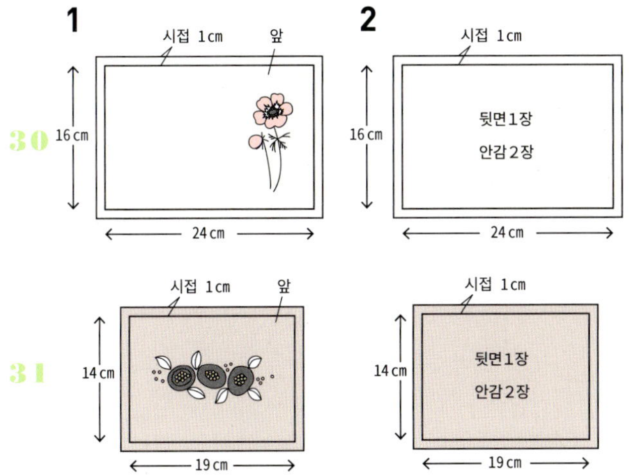

1
시접 1cm / 앞
30 / 16cm × 24cm

2
시접 1cm
뒷면 1장, 안감 2장
16cm × 24cm

1 (31)
시접 1cm / 앞
14cm × 19cm

2 (31)
시접 1cm
뒷면 1장, 안감 2장
14cm × 19cm

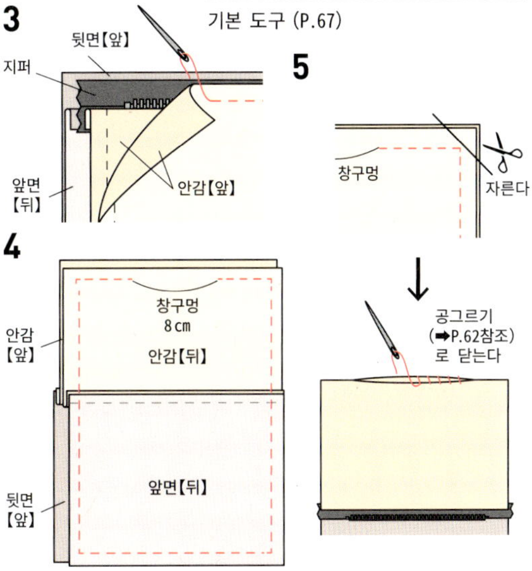

3
뒷면【앞】 / 지퍼 / 앞면【뒤】 / 안감【앞】

4
안감【앞】 / 창구멍 8cm / 안감【뒤】 / 뒷면【앞】 / 앞면【뒤】

5
창구멍 / 자른다
공그르기 (➡ P.62 참조)로 닫는다

실물 크기 자수 도안

※ 지정된 것 이외의 자수실은 3가닥
※ 프렌치 노트S는 2번 휘감기

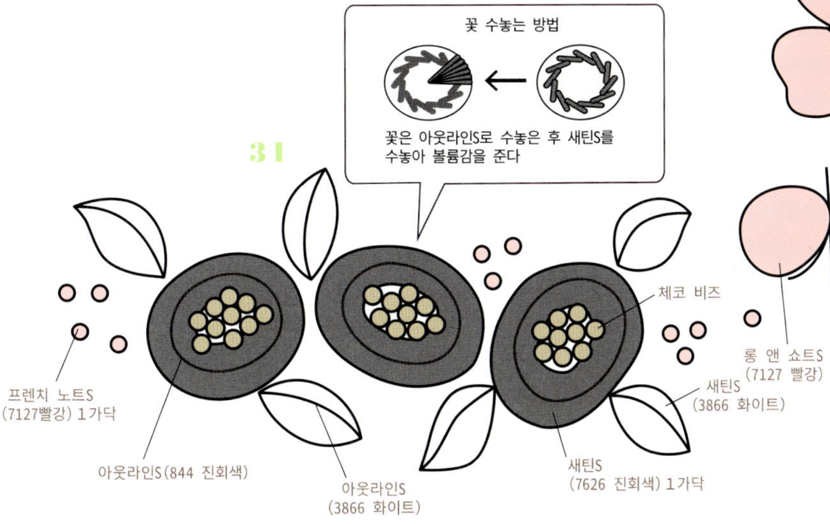

꽃 수놓는 방법
꽃은 아웃라인S로 수놓은 후 새틴S를 수놓아 볼륨감을 준다

31
- 프렌치 노트S (7127 빨강) 1가닥
- 아웃라인S (844 진회색)
- 아웃라인S (3866 화이트)
- 새틴S (7626 진회색) 1가닥
- 체코 비즈
- 롱 앤 쇼트S (7127 빨강)
- 새틴S (3866 화이트)

30
- 롱 앤 쇼트S (7127 빨강)
- 롱 앤 쇼트S (ECRU 내츄럴)
- 새틴S (NOIR 블랙)
- 프렌치 노트S (NOIR 블랙)
- 아웃라인S (7396 그린)

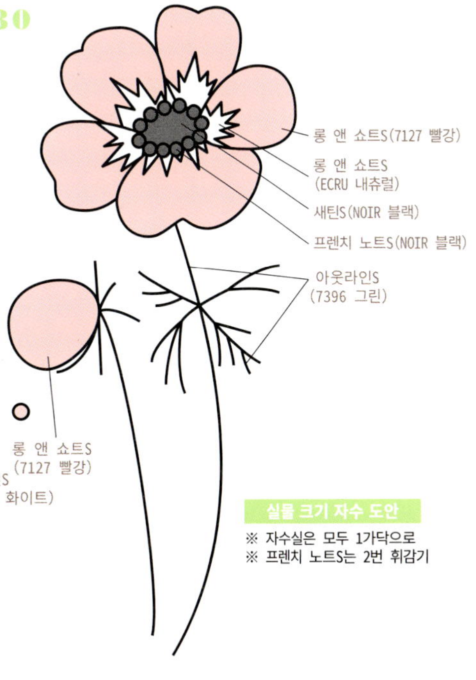

실물 크기 자수 도안

※ 자수실은 모두 1가닥으로
※ 프렌치 노트S는 2번 휘감기

BOTANICAL MOTIF

[라인 꽃자수・꽃과 리본・은방울 라인 꽃자수] 손수건

작품 페이지 ➡ P.34, P.35

【만드는 법】 만드는 방법은 **34** 작품으로 설명
1. 천을 자른 후 가장자리를 5mm씩 세 번 접고 재봉틀로 박음질한다.
2. 천에 도안을 옮겨 수를 놓는다.

POINT!

손 바느질로 할 경우, 세 번 접은 후 바느질실(60수)로 공그르기 (➡ P.62 참조) 한다.

【재료】

33
DMC 25번 자수실
210 (보라), 963 (연핑크),
964 (민트 그린), 3354 (핑크), 3760 (블루),
3823 (크림), 967 (라이트 오렌지),
3866 (내츄럴) ──── 각 적당량
DMC 라이트 이펙트사
E168 (실버) ──── 적당량
면 원단 (핑크 스트라이프) ──── 36×36cm

34
DMC 25번 자수실
18 (노랑), 554 (보라), 369 (그린),
603 (핑크), 819 (연핑크),
3341 (살몬 핑크), 3706 (코랄 핑크), 3811 (하늘), 3827 (노랑), BLANC (화이트)
──── 각 적당량
면 원단 (베이지 스트라이프) ──── 36×36cm

36
DMC 25번 자수실
993 (그린), BLANC (화이트) ──── 각 적당량
면 원단 (민트 그린) ──── 36×36cm

공통
재봉실 (60수・핑크・베이지・민트 그린)
──── 각 적당량

33 P.34

34 P.34

36 P.35

SIZE 세로 35×가로 35cm

사용하는 도구

기본 도구 (P.67) / 재봉틀

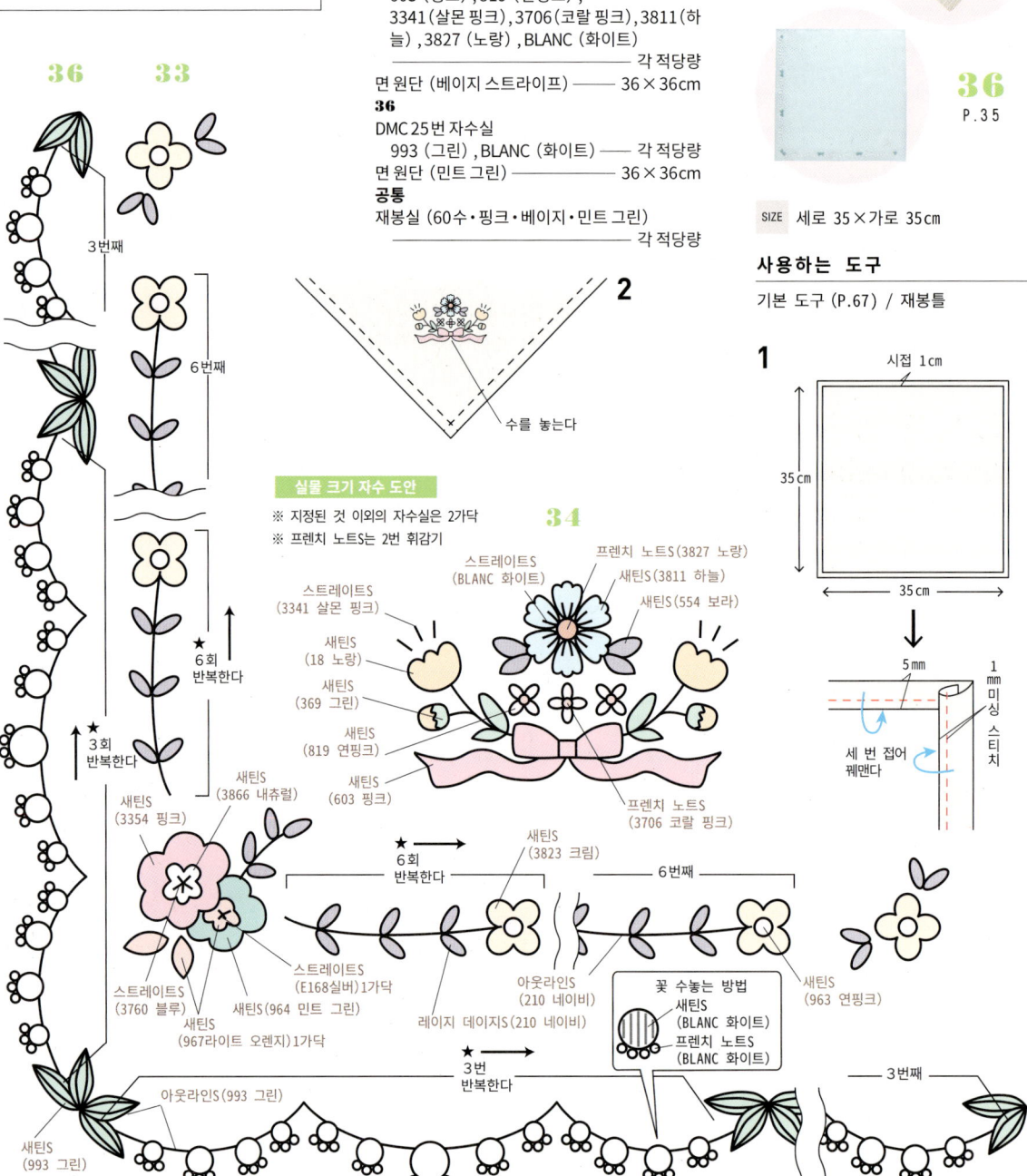

Part 02

작은 꽃무늬 지퍼 파우치

작품 페이지 → P.34

【만드는 법】

1. 면 원단 앞면에 도안을 옮겨 수를 놓고, 가장자리에 시접을 남기고 천을 자른다. 뒷면 1장, 안감 2장을 같은 크기로 자른다.
2. 앞과 뒷에 접착 퀼팅 솜을 다리미로 접착한다.
3. 앞면과 뒷면에 지퍼를 단다.
4. 앞과 뒤를 맞대어 지퍼를 반쯤 연 다음 가장자리를 꿰맨 후 겉으로 뒤집는다.
5. 안감을 맞대어 주머니 모양으로 꿰맨다.
6. 안감을 4에 넣고 지퍼를 감침질(➡ P.62 참조)로 마감한다.

【재료】

DMC 25번 자수실
　211 (연보라), 957 (핑크),
　964 (민트 그린), ECRU (내츄럴) ──── 각 적당량

면 원단 (연핑크 스트라이프, 안감용 면 원단,
　접착 퀼팅 솜) ──── 각 35×15cm
지퍼 (12cm・베이지) ──── 1개
바느질 실 (60수・베이지) ──── 적당량

SIZE 세로 8.5×가로 13cm

사용하는 도구

기본 도구 (P.67)

1

시접 5mm, 중심
앞면
8.5cm
수놓은 천
시접 1cm
13cm

2

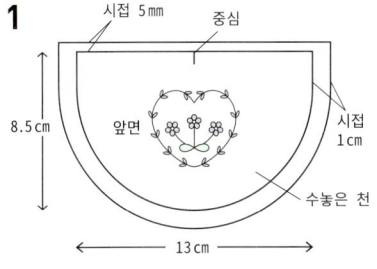

앞면【뒤】 접착 퀼팅 솜 (시접 없음)
뒷면【뒤】 접착 퀼팅 솜 (시접 없음)
다리미로 접착한다

3

앞면【뒤】
5mm
5mm
뒷면【뒤】
지퍼
입구 쪽에 지퍼를 놓고 꿰맨다

4

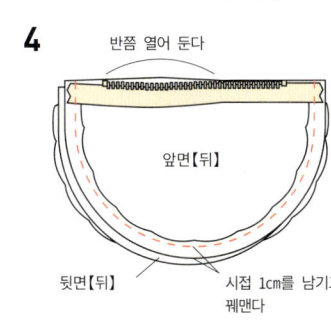

반쯤 열어 둔다
앞면【뒤】
뒷면【뒤】
시접 1cm를 남기고 꿰맨다

5

5mm 접는다
안감【뒤】
시접 1cm를 남기고 꿰맨다

6

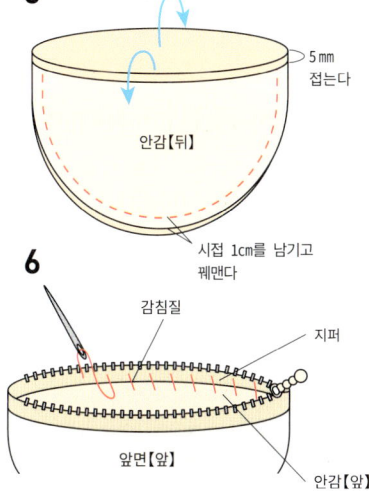

감침질
지퍼
앞면【앞】
안감【앞】

실물 크기 자수 도안

※ 자수실은 모두 2가닥으로　　※ 프렌치 노트S는 3번 휘감기

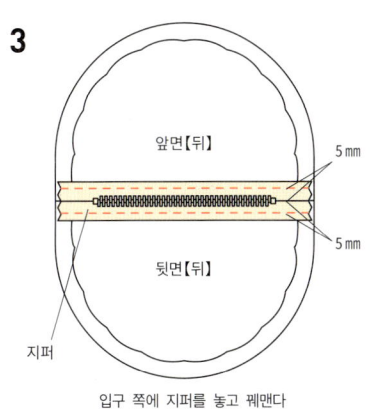

중심
백S (957 핑크)
새틴S (211 연보라)
프렌치 노트S (ECRU 내츄럴)
아웃라인S (964 민트 그린)
새틴S (964 민트 그린)
새틴S (957 핑크)

BOTANICAL MOTIF

[골드 플라워·실버 플라워] 브로치

작품 페이지 → P.36

SIZE 세로 4.5 × 가로 4.5cm

사용하는 도구

기본 도구(P.67) / 접착제 /
천 전용 양면 테이프

【만드는 법】 만드는 방법은 **39** 작품으로 설명

1 오건디에 도안을 옮긴 후, 특소 비즈를 원형 수놓기(➡P.78참조)하고 꽃잎 바깥 둘레에 극소 비즈와 진주 비즈(2mm)를 연속 수놓기(➡P.77참조)로 고정한다.
2 스팽글을 연속 수놓기(➡P.79참조)한다.
3 그림과 같이 막대 비즈, 진주 비즈(3mm)를 고정한다.
4 극소 비즈와 특소 비즈를 번갈아 랜덤으로 달아 꽃잎을 채운다.
5 진주 비즈를(8mm)을 중심에 고정하고, 진주 비즈(타원형)+극소 비즈를 방사형으로 고정한 후, 막대 비즈 2개+진주 비즈(2mm)를 고정한다.
6 오건디 뒷면에 천 전용 양면테이프를 붙이고, 수놓은 곳보다 6mm 크게 테두리를 잘라 가윗밥을 넣은 후 뒷면으로 접는다.
7 6에 접착 펠트를 붙이고, 6의 가장자리를 따라 자른다. 6과 같은 크기로 자른 가죽에 브로치 핀대를 바느질 실로 고정한 후 접착제로 붙인다.

【재료】

38
극소 비즈 (골드) ─ 약 130개

39
극소 비즈 (실버) ─ 약 130개

공통
특소 비즈 (내츄럴) ─ 약 80개
막대 비즈 (3mm·실버) ─ 40개
진주 비즈 (8mm·화이트) ─ 1개
진주 비즈 (3mm·화이트) ─ 14개
진주 비즈 (2mm·화이트) ─ 약 30개
진주 비즈 (타원형·3×6mm·화이트) ─ 3개
스팽글 (육각형·5mm·화이트) ─ 약 25개
오건디 (내츄럴) ─ 15×15cm
브로치 핀대 (3.5mm·실버) ─ 1개
접착 펠트 (화이트), 가죽 (내츄럴) - 각 5×5cm
바느질 실 (내츄럴) ─ 적당량

실물 크기 자수 도안

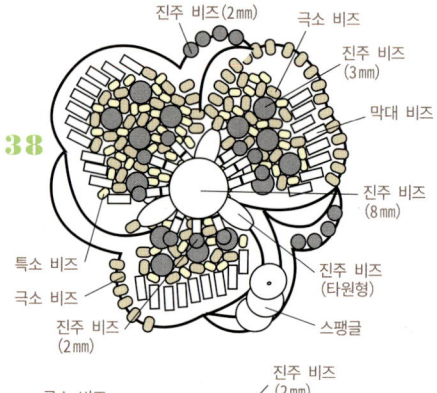

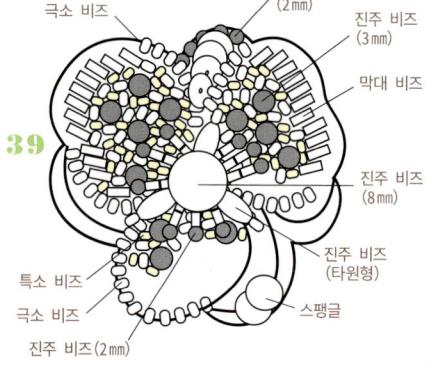

1
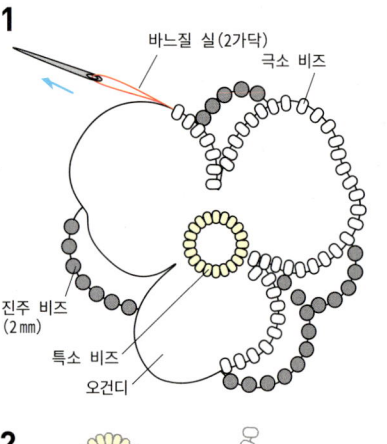

2

3
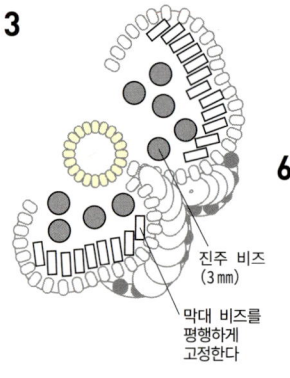

4

방향은 랜덤으로 고정하며 채운다

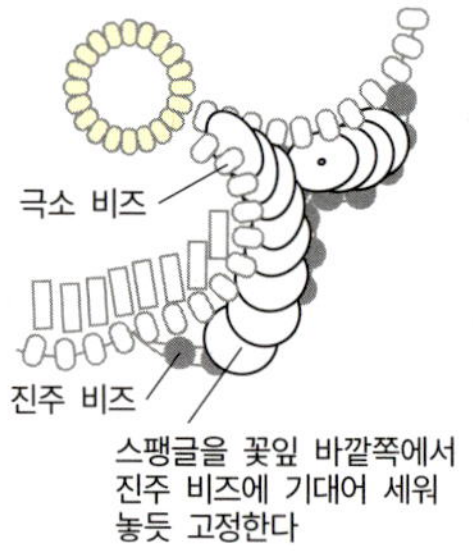

5
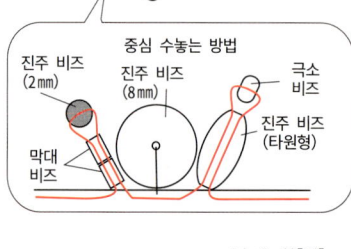

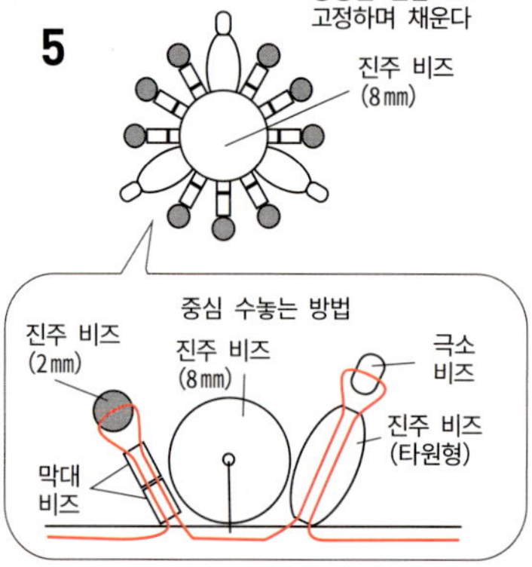

중심 수놓는 방법

6
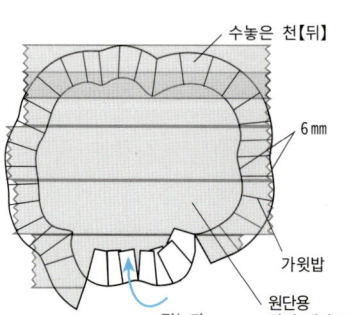

7
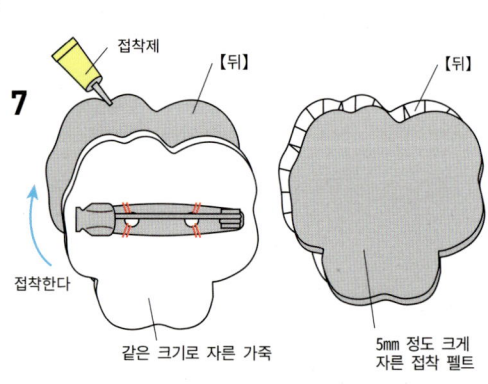

Part 02

오트쿠튀르 비즈 파우치

작품 페이지 ⟶ p.36

【만드는 법】

1. 리넨 원단 뒷면에 접착 심지를 붙이고 도안을 옮긴다. 새틴S, 체인S를 하고, 체인S 위에 진주 비즈(2mm)를 고정한다.
2. 스팽글(5mm) 9개를 원형 수놓기(➡P.79참조) 하고 진주 비즈(3mm)를 중심에 고정한다.
3. 선 위에 진주 비즈(2mm)로 수놓아 중심 꽃을 만든다.
4. 중심 꽃 테두리와 좌우의 꽃 바깥쪽에 스팽글 연속 수놓기(➡P.79참조) 특소 비즈 연속 수놓기(➡P.77참조)로 고정한다. 라인 스톤, 진주 비즈(타원형)와 극소 비즈를 고정한다.
5. 가장자리 1cm 시접을 남기고 천을 자르고, 뒷면 천과 안감 천도 같은 크기로 자른다.
6. 수놓은 천과 안감 1장을 맞대어 지퍼를 끼우고 꿰맨다.
7. 같은 방법으로 지퍼 반대쪽도 뒷 면과 안감을 맞대어 꿰맨다.
8. 앞면과 뒷면, 안감끼리 맞대어, 창구멍을 남기고 가장자리를 꿰맨다. 이때 지퍼는 반쯤 열어 둔다.
9. 창구멍을 통해 겉으로 뒤집고 창구멍은 공그르기(➡P.62참조)로 마무리한다.

【재료】

DMC 라이트 이펙트 자수실
　E168(실버), E3852(골드) ── 각 적당량
특소 비즈(화이트) ──────── 162개
극소 비즈(골드) ───────── 18개
진주 비즈(2mm・화이트) ───── 84개
진주 비즈(3mm・화이트) ───── 8개
진주 비즈(타원형・3×6mm・화이트) ── 18개
스팽글(육각형・4mm・골드) ──── 약 180개
스팽글(육각형・5mm・화이트) ─── 72개
라인 스톤(6mm・투명) ────── 3개
라인 스톤(물방울형・4×6mm・투명) ── 2개
리넨 원단(내츄럴), 안감용 면 원단(내츄럴),
　접착 심지 ─────── 각 55×25cm
지퍼(16cm・베이지) ─────── 1개
바느질 실(60수・내츄럴) ───── 적당량

SIZE 세로 15×가로 17.5cm

사용하는 도구

기본 도구 (P.67)

BOTANICAL MOTIF

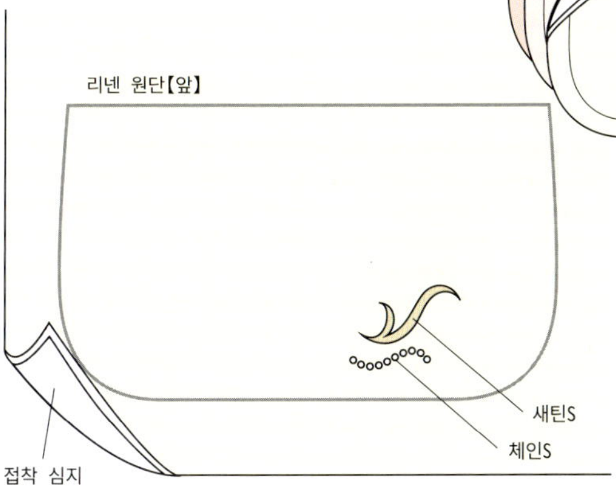

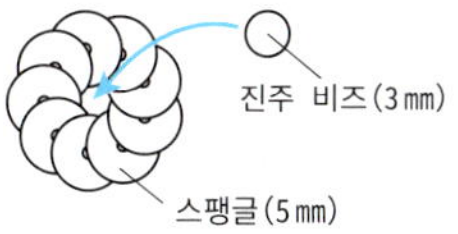

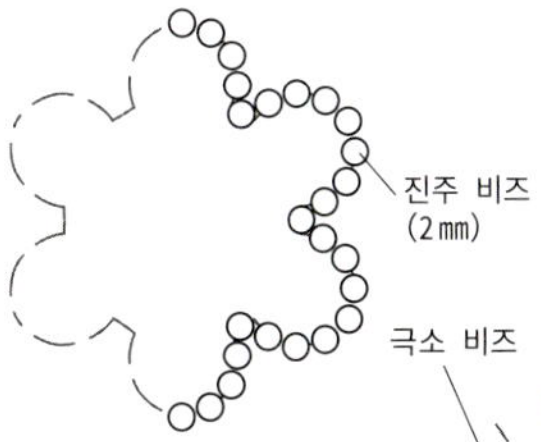

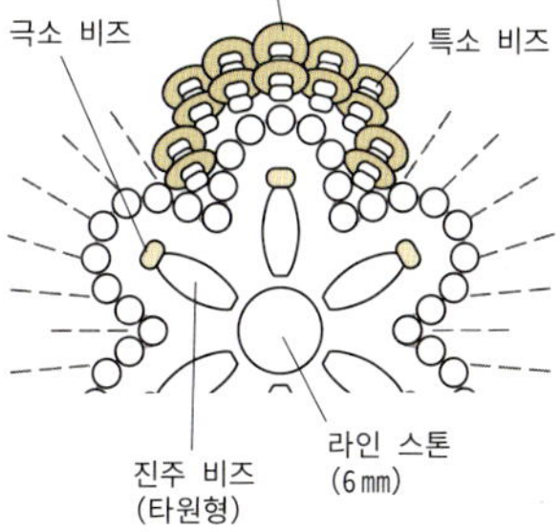

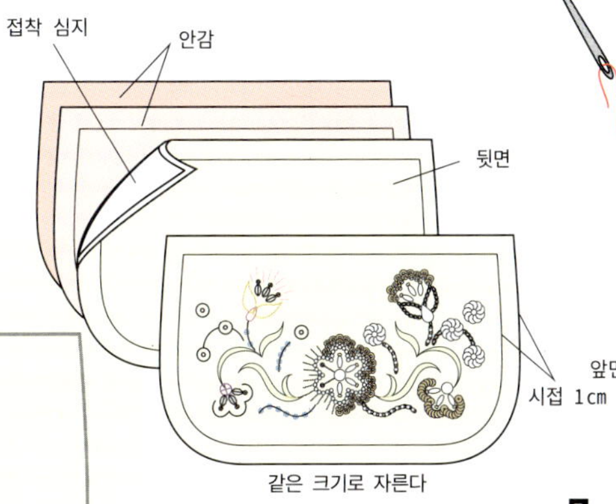

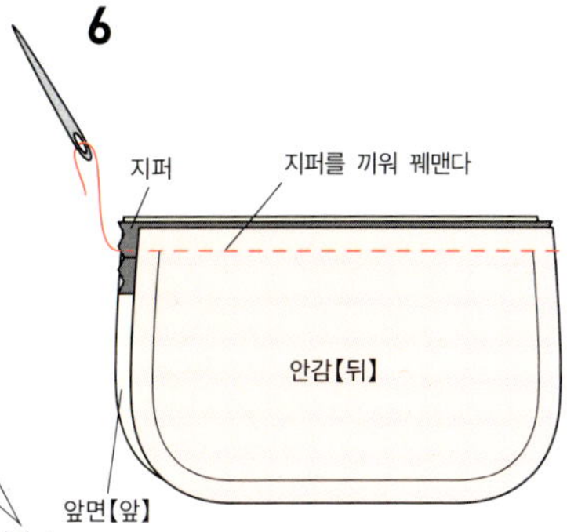

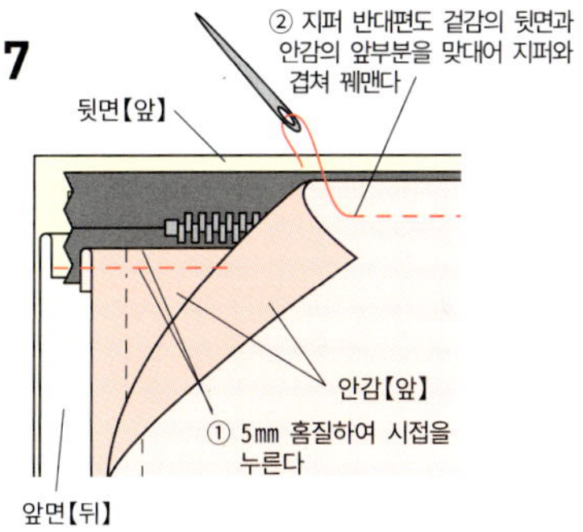

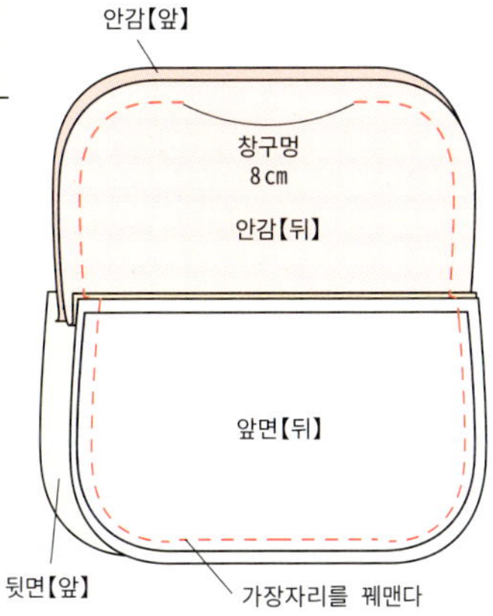

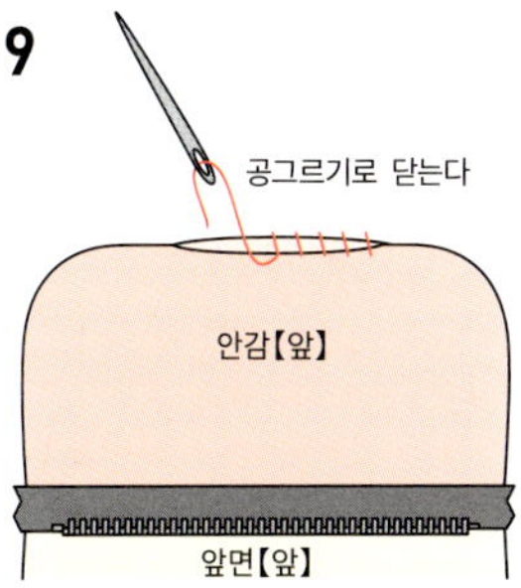

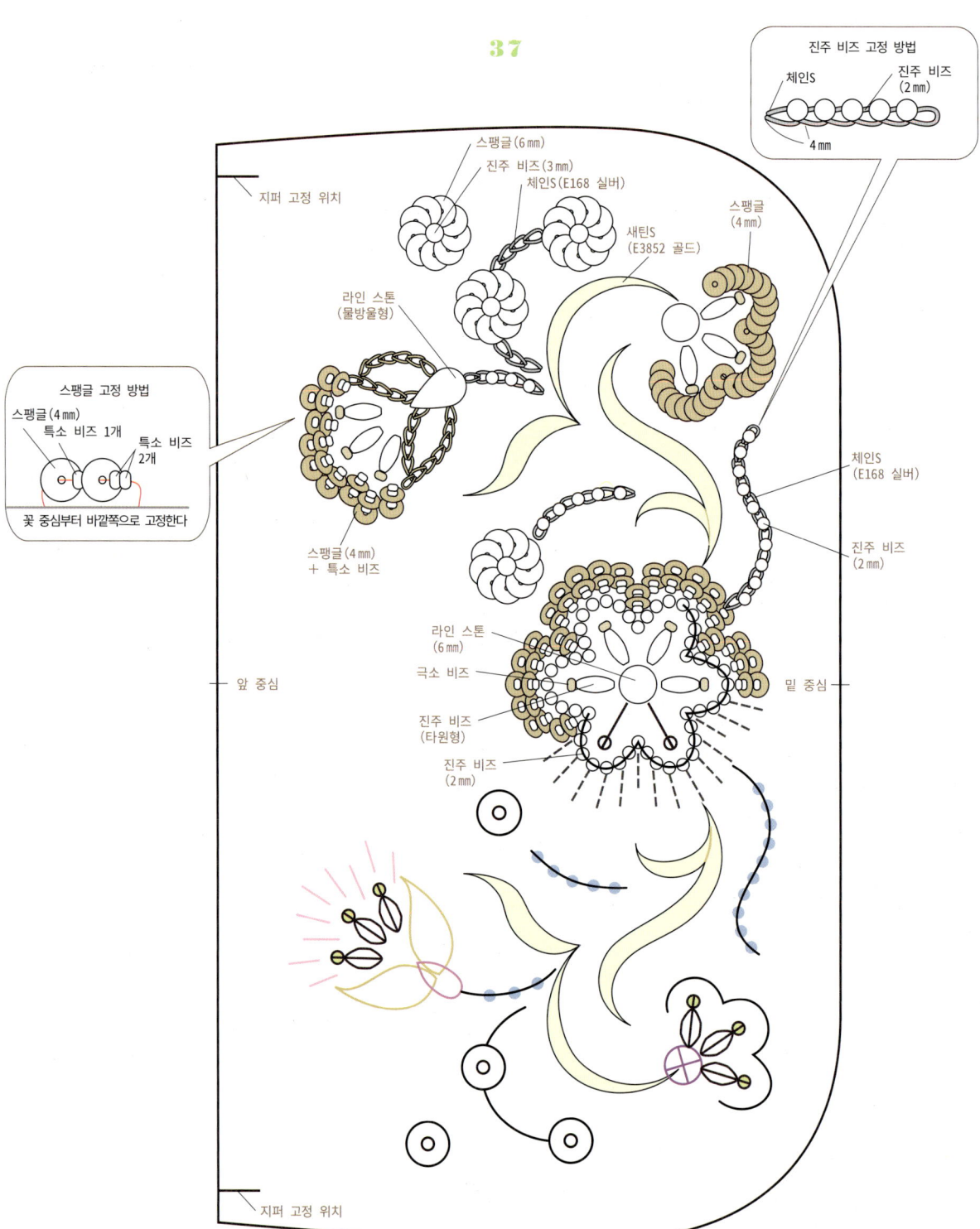

Part 02

작은 꽃무늬 동그라미 파우치

작품 페이지 ➡ P.37

【만드는 법】

1. 면 원단 앞면에 도안을 옮긴 후 비즈와 스팽글을 고정한다. 시접을 8mm 남기고 자른다.
2. 면 원단의 뒷면 1장, 안감 2장, 옆면 1장을 각각 시접 8mm를 남기고 자른다.
3. 앞면과 뒷면, 옆면의 뒤에 같은 크기의 퀼팅솜을 반 고정한다.
4. 옆면과 안감을 맞대고 지퍼를 끼워 꿰매 링 형태로 만든다.
5. 옆면과 앞면, 뒷면을 맞대어 반고정하고, 바이어스 테이프를 두른 후 가장자리를 둥글게 꿰맨다. 이때 지퍼는 반쯤 열어둔다.
6. 바이어스 테이프로 시접을 감싸고 공그르기로 (➡P.62참조) 로 마무리한다.

【재 료】

- 극소 비즈 (노랑) ——— 12개
- 쓰리컷 비즈 (블랙) ——— 68개
- 진주 비즈 (3mm·화이트) ——— 9개
- 스팽글 (꽃모양·5mm·화이트) ——— 80개
- 스팽글 (육각형·4mm·하늘) ——— 72개
- 스팽글 (평판형·4mm·핑크) ——— 108개
- 면 원단 (연보라), 안감용 면 원단 (내츄럴), 퀼팅솜 ——— 각 35×20cm
- 지퍼 (20cm·화이트) ——— 1개
- 바이어스 테이프 (양면·18mm·내츄럴) ——— 85cm
- 바느질 실 (60수·화이트) ——— 적당량

SIZE 지름 11cm

사용하는 도구

기본 도구 (P.67)

BOTANICAL MOTIF

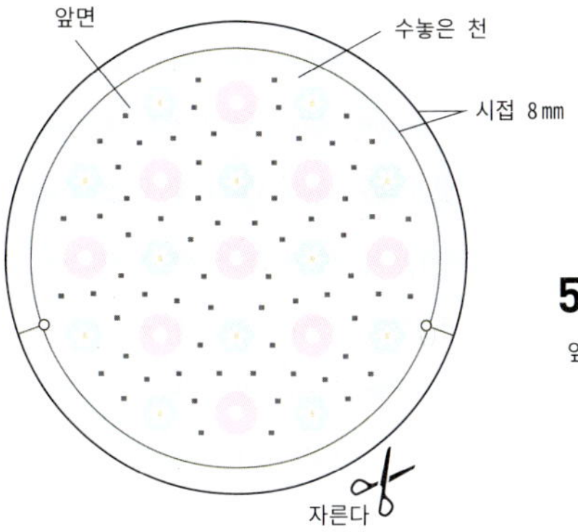

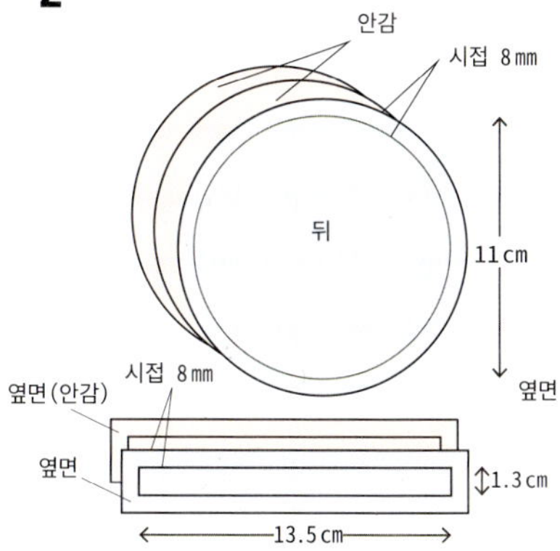

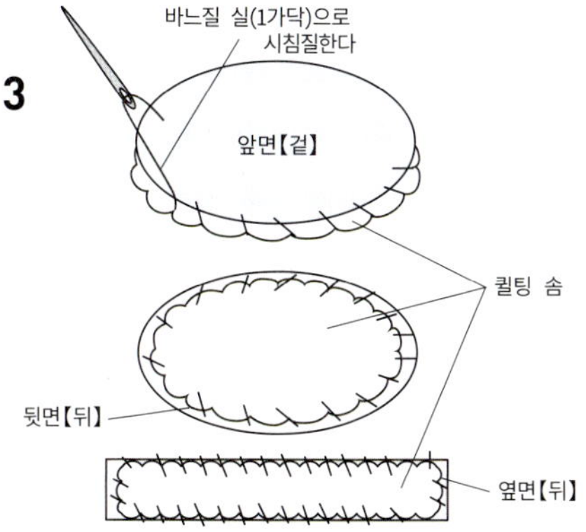

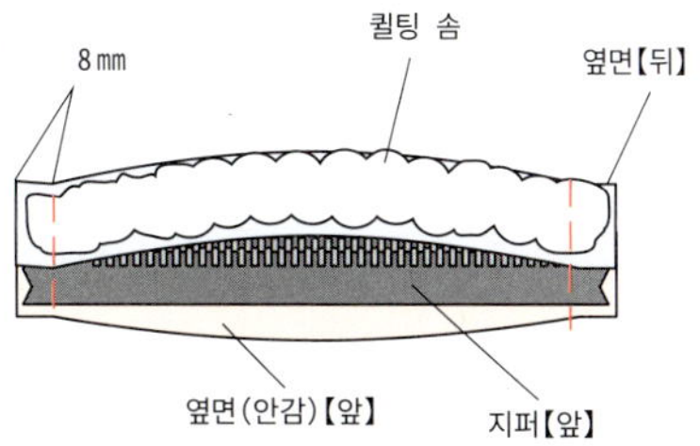

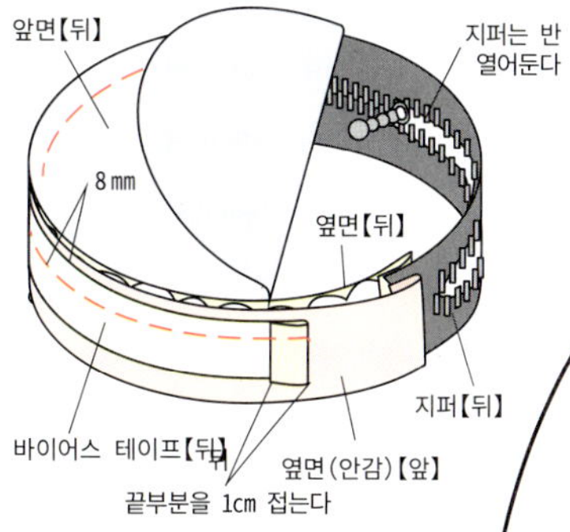

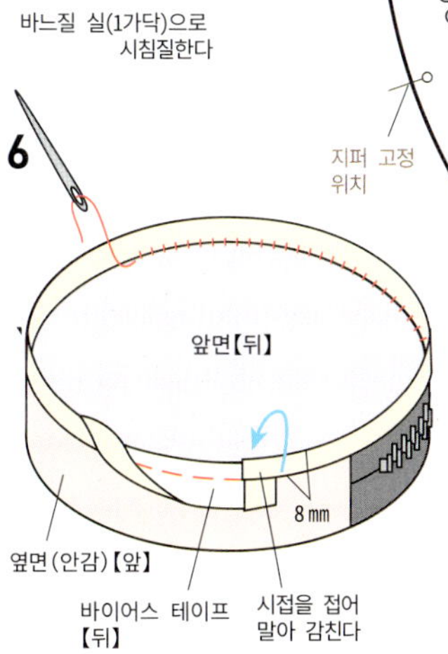

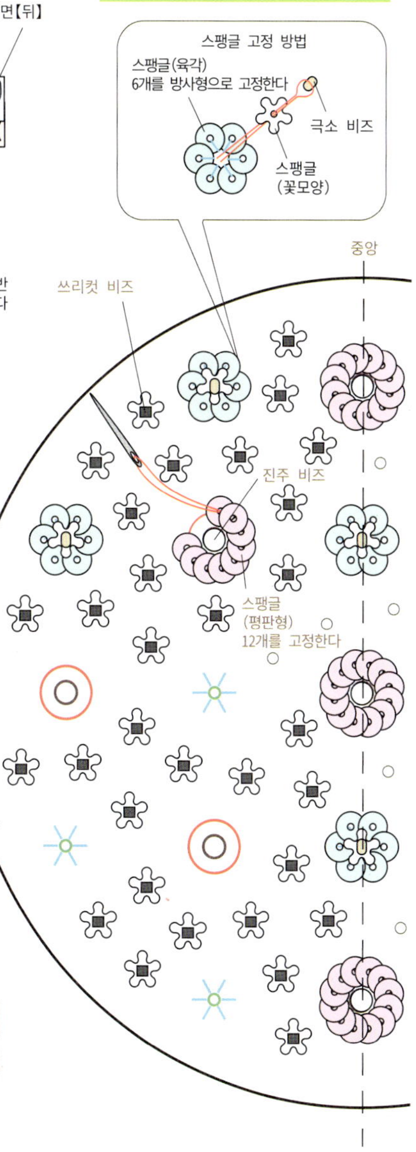

스팽글 꽃 빗핀

작품 페이지 → P.37

40

SIZE 모티브 세로 2.5×가로 7cm

사용하는 도구
기본 도구 (P.67)

【만드는 법】
1. 오건디에 도안을 옮겨 바느질 실로 비즈와 스팽글을 고정한다. 위아래에 시접을 8mm 남기고 자른다.
2. 위아래를 뒤로 접어서 뒤집고, 13cm로 자른 그로그랭 리본을 뒷면에 감침질(➡ P.62참조) 한다.
3. 좌우 끝을 가운데로 맞대어 접고, 양 끝단 5mm을 가름솔하여 꿰맨다.
4. 6cm로 자른 그로그랭 리본을 공그르기로 고정한다.
5. 그로그랭 리본에 머리 빗 핀을 고정한다.
6. 그로그랭 리본을 둘러 감아 붙인 후 1cm 안쪽으로 접어 공그르기 한다.

【재료】
극소 비즈 (노랑)	10개
쓰리컷 비즈 (블랙)	12개
진주 비즈 (3mm・화이트)	10개
스팽글 (꽃모양・5mm・화이트)	22개
스팽글 (육각형・4mm・그린)	60개
스팽글 (평판형・4mm・블루)	120개
오건디 (내츄럴)	20×15cm
그로그랭 리본 (15mm・연회색)	19cm
머리 빗 핀 (37×40mm・실버)	1개
바느질 실 (60수・화이트)	적당량

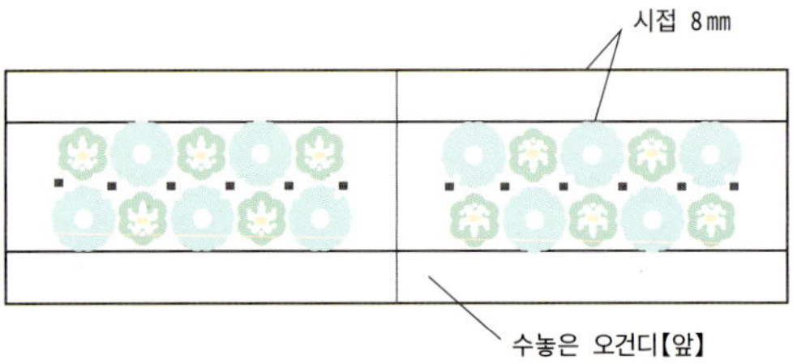

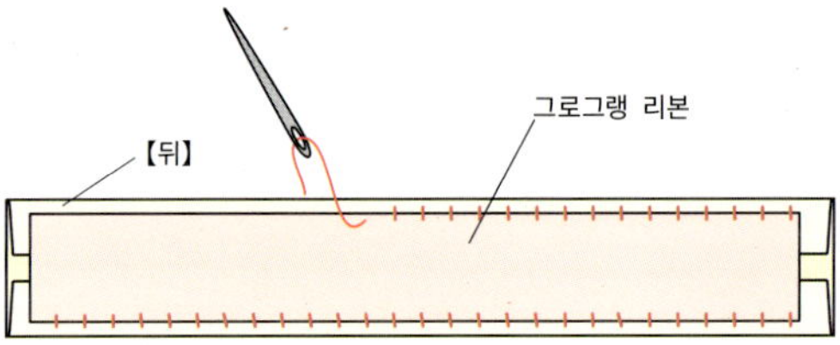

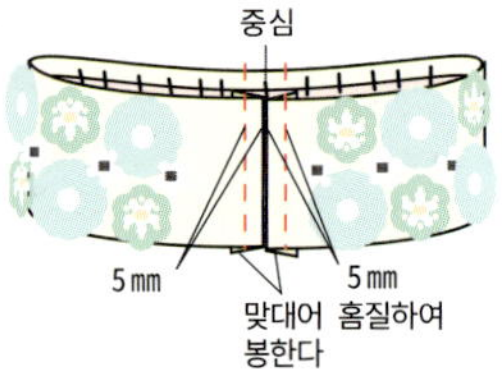

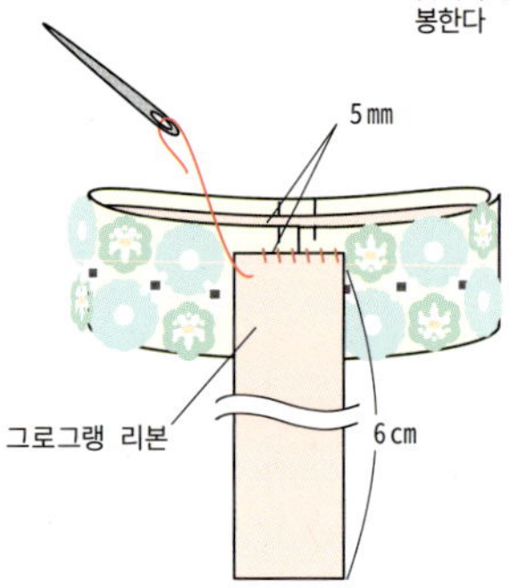

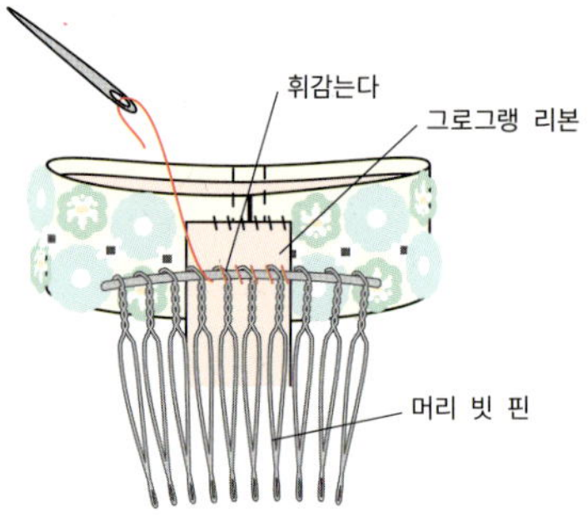

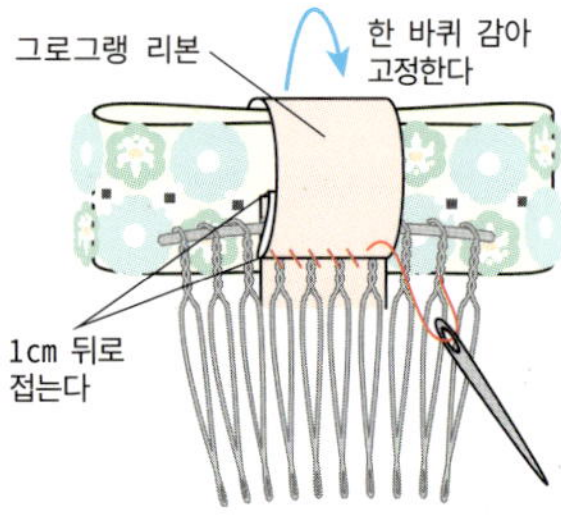

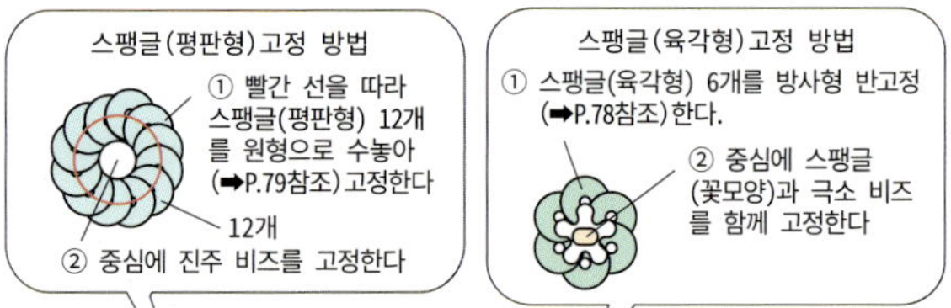

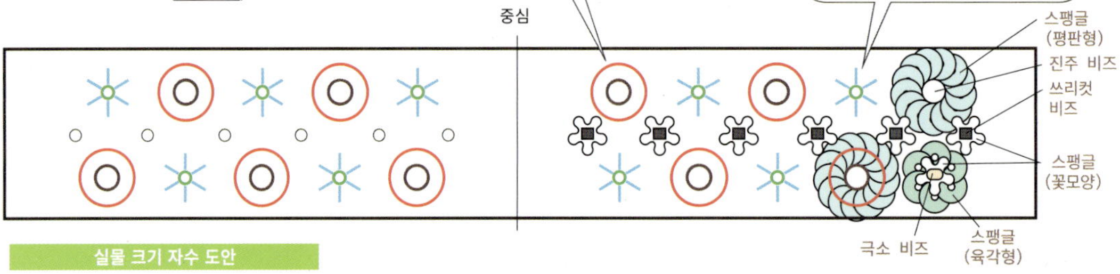

[원형 들꽃・나비와 들꽃] 샘플러

Part 02

작품 페이지 ⟶ P.38, P.39

1/2 축소 도안

※ 200% 확대 복사해서 사용한다
※ 지정된 것 이외의 자수실은 2가닥
※ 프렌치 노트S는 2번 휘감기

42 P.38

- 아웃라인S (502 그린)
- 아웃라인S (3768 진녹색)
- 프렌치 노트S (832 카키) 6가닥
- 새틴S (3768 진녹색)
- 아웃라인S (3722 빨강)
- 아웃라인S (3042 연보라)
- 새틴S (3809 청록)
- 아웃라인S (524 연회색)
- 플라이S (502 그린)
- 중심
- 아웃라인S (832 카키)
- 아웃라인S (414 그레이)
- 새틴S (3768 진녹색)
- 아웃라인S (502 그린)
- 플라이S (3768 진녹색)
- 아웃라인S (524 연회색)

레이지 데이지S + 스트레이트S 수놓는 방법

레이지 데이지S → 스트레이트S

레이지 데이지S + 스트레이트S (3809 청록)

43 P.39

- 새틴S (3809 청록)
- 아웃라인S (154 진보라)
- 프렌치 노트S (ECRU 내츄럴)
- 아웃라인S (ECRU 내츄럴)
- 새틴S (3042 연보라)
- 새틴S (ECRU 내츄럴)
- 프렌치 노트S (733 카키)
- 아웃라인S (ECRU 내츄럴)
- 새틴S (733 카키)
- 프렌치 노트S (3042 연보라)
- 새틴S (3809 청록)
- 중심
- 아웃라인S (524 연회색)
- 프렌치 노트S (915 자주)
- 플라이S (ECRU 내츄럴)
- 스트레이트S (3042 연보라)
- 새틴S (524 연회색)
- 아웃라인S (3348 모스 그린)
- 아웃라인S (524 연회색)
- 아웃라인S (524 연회색)

꽃잎 수놓는 방법

- 스트레이트S (154 진보라)
- 새틴S (915 자주)
- 새틴S (3042 연보라)
- 새틴S (ECRU 내츄럴)

BOTANICAL MOTIF

[블랙 시바견·브라운 시바견] 귀걸이

작품 페이지 → P.43

SIZE 세로 1.7×가로 1.5cm

사용하는 도구
기본 도구(P.67) / 접착제 / 이쑤시개

【만드는 법】
만드는 방법은 **01** 작품으로 설명

1. 천에 도안을 옮긴 후, 눈·코·입 부분부터 수를 놓고 새틴S 방향 그림을 참고하여 얼굴을 수놓는다.
2. 윤곽선을 재봉실로 백S 한다.
3. 가장자리에 5mm의 시접을 남긴 후 천을 자르고 가윗밥을 넣는다.
4. 접착제를 바른 후, 시접을 이쑤시개를 사용하여 뒤로 접어 넣는다.
5. 완성 사이즈와 같은 크기로 펠트를 자르고, 중심에 송곳으로 구멍을 뚫어 귀걸이 포스트를 붙인 후 4의 뒤에 접착한다.

【재료】
01
- DMC 25번 자수실
  310 (블랙), 535 (그레이), 892 (핑크), 3779 (연핑크), 3827 (베이지), 3865 (화이트) ── 각 적당량
- 펠트 (갈색) ── 5×3cm
- 재봉실 (90수·블랙) ── 적당량

02
- DMC 25번 자수실
  310 (블랙), 451(그레이 브라운), 535 (그레이), 892 (핑크), 3827 (베이지), 3865 (화이트) ── 각 적당량
- 펠트 (화이트) ── 5×3cm
- 재봉실 (90수·갈색) ── 적당량

공통
- 면 원단 (화이트) ── 15×15cm
- 귀걸이 포스트 (침형·실버) ── 1세트

POINT!
도안이 너무 작아 어려울 때는 각자 만들기 쉬운 크기로 확대하여 만든다.

새틴 S 방향

확대 그림
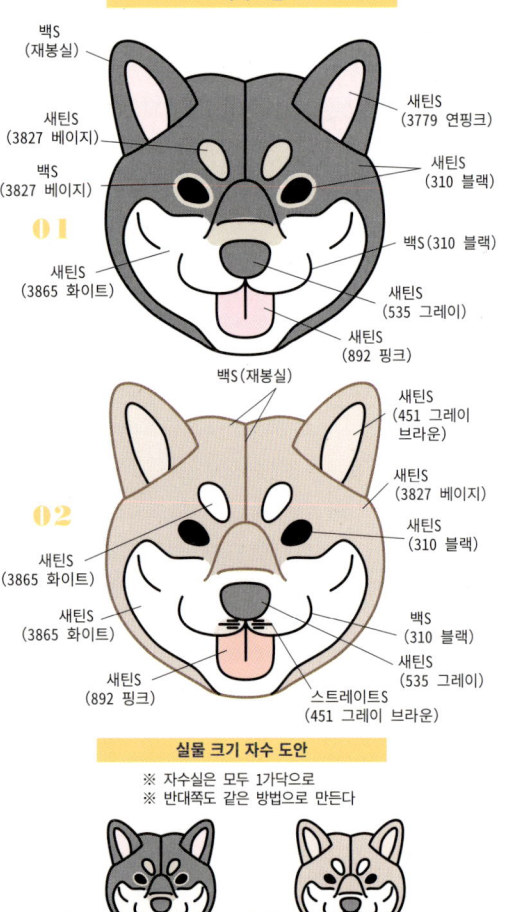

실물 크기 자수 도안
※ 자수실은 모두 1가닥으로
※ 반대쪽도 같은 방법으로 만든다

눈·코·입 부터 자수한다

재봉실(1가닥)로 윤곽선을 백S로 수놓는다

5mm
천을 자르고 가윗밥을 넣는다

뒷면으로 접어 넣는다

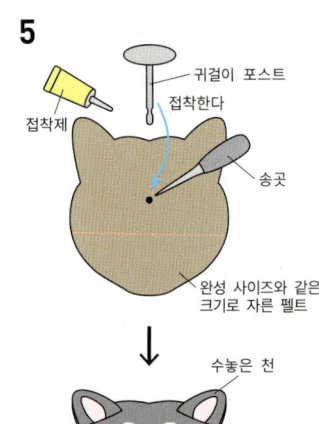
귀걸이 포스트
접착한다
송곳
완성 사이즈와 같은 크기로 자른 펠트

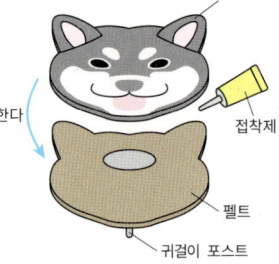
수놓은 천
접착한다
펠트
귀걸이 포스트

Part 03

[프렌치·블랙 프렌치] 불독 귀걸이

작품 페이지 ▶ P.43

【만드는 법】

1. 천에 도안을 옮긴 후, 눈 코 입 부분부터 수를 놓고 새틴S 방향 그림을 참고하여 얼굴을 수 놓는다. 자수의 마무리로 윤곽선을 얼굴색에 맞춘 컬러의 재봉실로 백S한다.
2. P.136의 **3~5**과 같은 방법으로 귀걸이를 만든다.

【재료】

03
DMC 25번 자수실
 310 (블랙), 355 (빨강), 433 (갈색),
 451 (그레이), 543 (크림), 605 (핑크),
 3799 (진회색), BLANC (화이트) – 각 적당량
재봉실 (90수·갈색) ─── 적당량

04
DMC 25번 자수실
 152 (핑크), 225 (연핑크), 310 (블랙),
 535 (그레이), BLANC (화이트) ─ 각 적당량
재봉실 (90수·블랙, 그레이) ─── 각 적당량

공통
면 원단 (화이트) ─── 15×15cm
펠트 (갈색) ─── 5×3cm
귀걸이 포스트 (침형·실버) ─── 1세트

03

04

SIZE 세로 2×가로 2cm

사용하는 도구

기본 도구(P.67) / 접착제 / 이쑤시개

새틴 S 방향

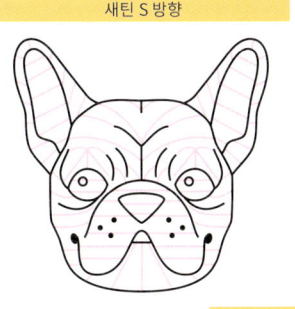

확대 그림

03
- 새틴S (451 그레이)
- 새틴S (605 핑크)
- 새틴S (310 블랙)
- 새틴S (355 빨강)
- 프렌치 노트S (3799 진회색)
- 백S (재봉실 갈색)
- 프렌치 노트 (BLANC 화이트)
- 백S (433 갈색)
- 새틴S (451 그레이)
- 새틴S (543 크림)

04
- 백S (재봉실 블랙)
- 새틴S (152 핑크)
- 백S (225 연핑크)
- 새틴S (310 블랙)
- 백S (재봉실 그레이)
- 프렌치 노트S (535 그레이)
- 새틴S (535 그레이)
- 새틴S (535 그레이)
- 프렌치 노트S (BLANC 화이트)
- 새틴S (BLANC 화이트)
- 새틴S (225 연핑크)

실물 크기 자수 도안
※ 자수실은 모두 1가닥으로
※ 반대쪽도 같은 방법으로 만든다

03   04

토이푸들 귀걸이

작품 페이지 ▶ P.43

【만드는 법】

1. 천에 도안을 옮긴 후, 프렌치 노트S로 머리와 얼굴 주위 윤곽선에 수를 놓고, 프렌치 노트S 로 안쪽을 채운다. 새틴S 방향 그림을 참고하여 새틴S로 귀와 그 외 부분을 수 놓고, 마지막으로 프렌치 노트S로 눈과 코를 수놓는다.
2. P.136의 **3~5**과 같은 방법으로 귀걸이를 만든다.

【재료】

DMC 25번 자수실
 310 (블랙), 435 (연갈색), 437 (베이지),
 632 (적갈색), 3031 (진갈색) ─ 각 적당량
면 원단 (화이트) ─── 15×15cm
펠트 (갈색) ─── 5×3cm
귀걸이 포스트 (침형·실버) ─── 1세트

05

SIZE 세로 1.4×가로 2cm

사용하는 도구

기본 도구(P.67) / 접착제 / 이쑤시개

실물 크기 자수 도안
※ 자수실은 모두 1가닥으로
※ 프렌치 노트S는 2번 휘감기
※ 반대쪽도 같은 방법으로 만든다

확대 그림

- 프렌치 노트S (437 베이지)
- 새틴S (435 연갈색)
- 프렌치 노트S (435 연갈색)
- 프렌치 노트S (310 블랙)
- 새틴S (3031 진갈색)
- 새틴S (632 적갈색)
- 프렌치 노트S (437 베이지)
- 새틴S (437 베이지)
- 백S (310 블랙)
- 새틴S (310 블랙)

새틴 S 방향

ANIMAL MOTIF

삼색 고양이 브로치

작품 페이지 ⟶ P.44

06

SIZE 세로 4.2×가로 4.2cm

사용하는 도구
기본 도구(P.67) / 접착제 / 이쑤시개

【만드는 법】
1. 천에 도안을 옮기고 눈·코·입 부분부터 수를 놓고 얼굴은 새틴S 방향 그림을 참고하여 수놓는다. 자수 마무리로 윤곽선을 얼굴색에 맞춘 컬러의 재봉실로 백S한다.
2. P.136의 **3**~**4**과 같은 방법으로 시접을 뒷면으로 접어 넣는다.
3. 완성 사이즈와 같은 크기로 펠트를 잘라 재봉실(갈색)로 브로치 핀대를 꿰매어 **2**의 뒷면에 붙인다.

【재료】
DMC 25번 자수실
310 (블랙), 402 (오렌지), 451 (그레이), 632 (적갈색), 842 (연갈색), 934 (딥그린), 3031 (갈색), 3326 (핑크), 3712 (진핑크), 3799 (진회색), 3820 (노랑), 3865 (화이트), BLANC (화이트), ECRU (내츄럴) - 각 적당량

DMC 라이트 이펙트 자수실
E168 (실버) ——— 적당량
재봉실 (90수·블랙, 연갈색, 갈색) — 각 적당량
면 원단 (화이트) ——— 15×15cm
펠트 (갈색) ——— 5×5cm
브로치 핀대 (2.5cm·실버) ——— 1개

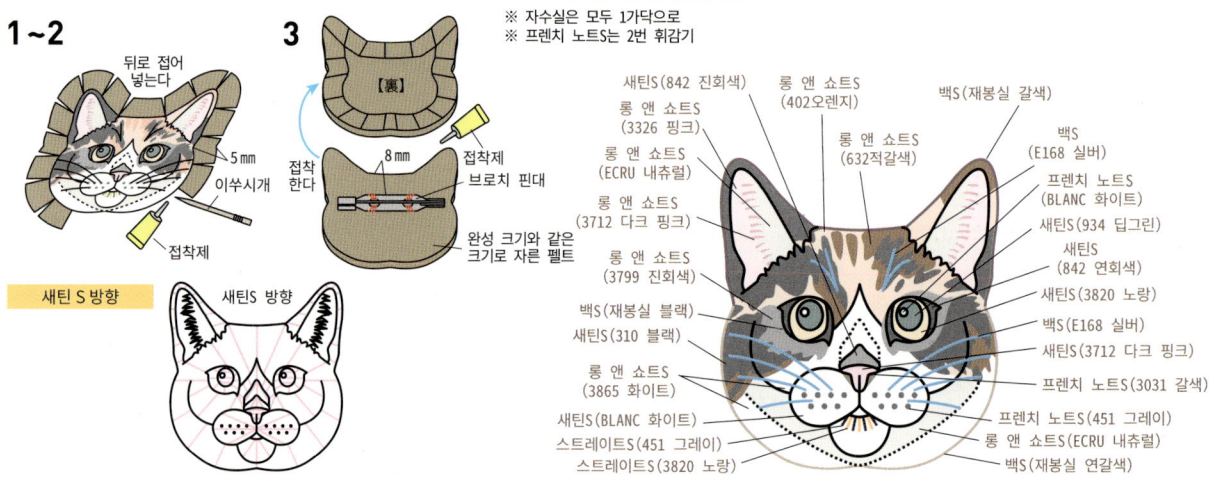

실물 크기 자수 도안
※ 자수실은 모두 1가닥으로
※ 프렌치 노트S는 2번 휘감기

주황색 얼룩무늬 고양이 브로치

작품 페이지 ⟶ P.44

07

SIZE 세로 4.2×가로 4.2cm

사용하는 도구
기본 도구(P.67) / 접착제 / 이쑤시개

【만드는 법】
1. 천에 도안을 옮기고 눈·코·입 부분부터 수를 놓고, 얼굴은 새틴S 방향 그림을 참고하여 수놓는다. 자수 마무리로 윤곽선을 얼굴색에 맞춘 컬러의 재봉실로 백S한다.
2. P.136의 **3**~**4**과 같은 방법으로 시접 부분을 뒷면으로 접어 넣는다.
3. 페이지 위의 [삼색 고양이 브로치] **3**과 같은 방법으로, 완성 사이즈와 같은 크기로 펠트를 잘라 재봉실로 브로치 핀대를 꿰맨 후 **2**의 뒷면에 붙인다.

【재료】
06
DMC 25번 자수실
355 (자주), 402 (오렌지), 435 (연갈색), 543 (연회색), 632 (적갈색), 712 (아이보리), 745 (크림), 761 (핑크), 892 (다크 핑크), 934 (딥그린), 3894 (옐로 그린), BLANC (화이트) ——— 각 적당량

DMC 라이트 이펙트 자수실
E168 (실버) ——— 적당량
재봉실 (90수·갈색, 연갈색, 진갈색) - 각 적당량
면 원단 (화이트) ——— 15×15cm
펠트 (갈색) ——— 5×4cm
브로치 핀대 (2.5cm·실버) ——— 1개

실물 크기 자수 도안
※ 자수실은 모두 1가닥으로
※ 프렌치 노트S는 2번 휘감기

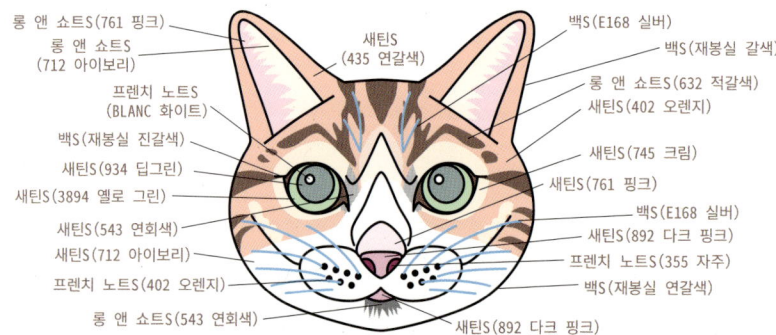

새틴 S 방향

Part 03

[레드·블루] 엑조틱 쇼트헤어 싱글 귀걸이

작품 페이지 → P.44

【만드는 법】 만드는 방법은 **09** 작품으로 설명

1. 천에 도안을 옮기고 눈·코·입 부분부터 수를 놓고 얼굴은 새틴S의 방향 그림을 참고하여 수놓는다. 자수 마무리에 윤곽선을 재봉실로 백S 한다.
2. P.136의 3~5와 같은 방법으로 귀걸이를 만든다.
3. 접착제가 완전히 마르면 진주 비즈와 방울을 재봉실로 꿰맨다.

【재료】

08
DMC 25번 자수실
　355 (적갈색), 435 (갈색), 745 (노랑),
　818 (연핑크), 892 (핑크), 3827 (오렌지),
　3894 (옐로 그린), BLANC (화이트),
　ECRU (내츄럴) ──────── 각 적당량
재봉실 (90수·갈색·진갈색) ──────── 적당량

09
DMC 25번 자수실
　152 (핑크), 311 (블루), 317 (그레이),
　415 (연회색), 934 (딥그린), 939 (딥네이비),
　3799 (진회색), 3802 (자주),
　3820 (노랑) ──────── 각 적당량
재봉실 (90수·그레이) ──────── 적당량

공통
진주 비즈 (1.8mm·화이트) ──────── 8개
방울 (5mm·골드) ──────── 1개
면 원단 (화이트) ──────── 15×15cm
펠트 (화이트) ──────── 5×3cm
귀걸이 포스트 (침형·실버) ──────── 1개

SIZE 세로 2.5×가로 2cm

사용하는 도구
기본 도구 (P.67) / 접착제 / 이쑤시개

새틴 S 방향

실물 크기 자수 도안
※ 지정된 것 이외의 자수실은 2가닥
※ 프렌치 노트S는 2번 휘감기

1

눈·코·입 부터 수놓는다
재봉실(1가닥)로 윤곽선을 백S 한다

2
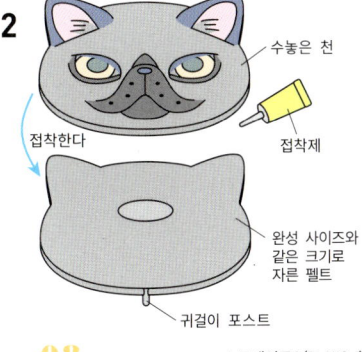
수놓은 천
접착제
접착한다
완성 사이즈와 같은 크기로 자른 펠트
귀걸이 포스트

3
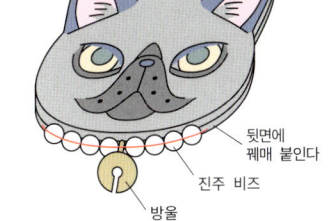
뒷면에 꿰매 붙인다
진주 비즈
방울

확대 그림

08

스트레이트S (BLANC 화이트)
새틴S (818 연핑크)
백S (재봉실 진갈색)
새틴S (3827 오렌지)
백S (435 갈색)
프렌치 노트S (3827 오렌지)
백S (재봉실 갈색)
새틴S (BLANC 화이트)
새틴S (435 갈색)
새틴S (355 적갈색)
새틴S (3894 옐로 그린)
새틴S (745 노랑)
새틴S (ECRU 내츄럴)
프렌치 노트S (892 핑크) 2가닥

09
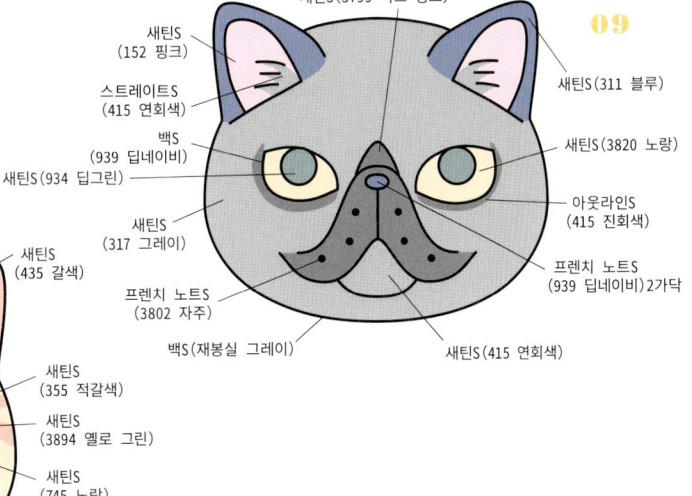
새틴S (3799 다크 핑크)
새틴S (152 핑크)
스트레이트S (415 연회색)
백S (939 딥네이비)
새틴S (934 딥그린)
새틴S (317 그레이)
프렌치 노트S (3802 자주)
백S (재봉실 그레이)
새틴S (311 블루)
새틴S (3820 노랑)
아웃라인S (415 진회색)
프렌치 노트S (939 딥네이비) 2가닥
새틴S (415 연회색)

ANIMAL MOTIF

카발리에 브로치

작품 페이지 → P.45

SIZE 세로 4×가로 5cm

사용하는 도구
기본 도구(P.67) / 접착제 / 이쑤시개

1~2

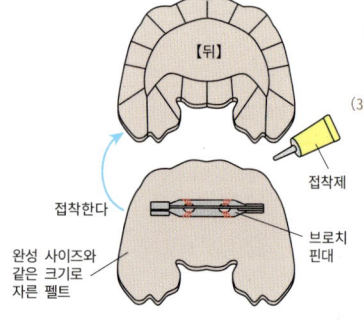

【만드는 법】
1. P.136의 **1**~**4**과 같은 방법으로 수를 놓고 가장자리를 뒷면으로 접어 넣는다.
2. 완성 사이즈와 같은 크기로 펠트를 자르고, 재봉실(갈색)로 브로치 핀대를 꿰매 **1**의 뒷면에 붙인다.

【재료】
DMC 25번 자수실
　225 (연핑크), 310 (블랙), 433 (적갈색),
　435 (연갈색), 437 (베이지), 451 (연회색),
　632 (갈색), 712 (아이보리), 3031 (진갈색),
　3799 (진회색), 3865 (화이트) — 각 적당량
재봉실 (90수·블랙, 연갈색, 갈색) — 각 적당량
면 원단 (화이트) ── 15×15cm
펠트 (갈색) ── 10×5cm
브로치 핀대 (2.5cm·실버) ── 1개

실물 크기 자수 도안
※ 지정된 것 이외의 자수실은 1가닥

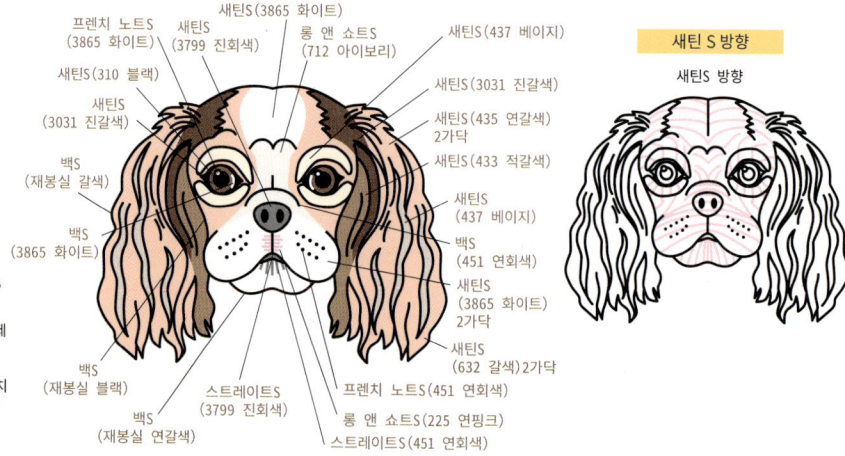

시베리안 허스키 귀걸이

작품 페이지 → P.45

SIZE 세로 2×가로 1.6cm

사용하는 도구
기본 도구(P.67) / 접착제 / 이쑤시개

1~2

【만드는 법】
1. 천에 도안을 옮기고 눈·코·입 부분부터 수를 놓고 얼굴은 수놓는 방향 그림을 참고하여 수를 놓는다. 자수 마무리에 윤곽선을 재봉실로 백S한다.
2. P.136의 **3**~**5**과 같은 방법으로 귀걸이를 만든다.

실물 크기 자수 도안

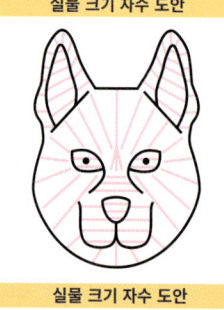

※ 자수실은 모두 1가닥으로
※ 프렌치 노트S는 2번 휘감기
※ 반대쪽도 같은 방법으로 만든다

【재료】
DMC 25번 자수실
　152 (핑크), 310 (블랙), 414 (그레이),
　598 (하늘), 3799 (진회색), BLANC (화이트)
　─ 각 적당량
재봉실 (90수·블랙) ── 적당량
면 원단 (화이트) ── 15×15cm
펠트 (화이트) ── 5×3cm
귀걸이 포스트 (침형·실버) ── 1세트

확대 그림

Part 03

가면 올빼미 브로치

작품 페이지 ⟶ P.46

【만드는 법】

1. 천에 도안을 옮기고, 윤곽선을 비딩실로 체인 S를 한다. 수를 놓은 후 비딩실로 비즈를 꿰매어 고정한다.
2. 뒷면에 다리미로 양면 접착심지를 접착한다. 8mm 시접을 가장자리에 남기고 자른다. 가윗밥을 넣고 뒷면 종이를 벗긴 후 접어 다리미로 붙인다.
3. 완성 사이즈보다 2mm 크게 합성피혁을 자르고 중심에 브로치 핀대를 비딩실로 꿰매어 고정한다.
4. 완성 사이즈보다 2mm 작게 펠트를 자르고, 2와 3의 겉 부분을 맞추고 펠트를 사이에 끼운 후 비딩실 1가닥으로 블랭킷S(➡P.62참조)로 고정한다.

【재 료】

DMC 25번 자수실
   822 (베이지), 842 (연베이지) — 각 적당량
DMC 라이트 이펙트 자수실
   E3852 (골드) — 적당량
비딩실 (화이트) — 적당량
특소 비즈 (화이트) — 9개
특소 비즈 (블랙) — 4개
원석 비즈 (칩형·밀크 화이트) — 5개
면 원단 (화이트) — 15×15cm
양면 접착심지 — 5×5cm
펠트 (화이트), 합성 피혁 (화이트) - 각 4×4cm
브로치 핀대 (2cm·골드) — 1개

SIZE 세로 3×가로 2.8cm

사용하는 도구

기본 도구 (P.67)

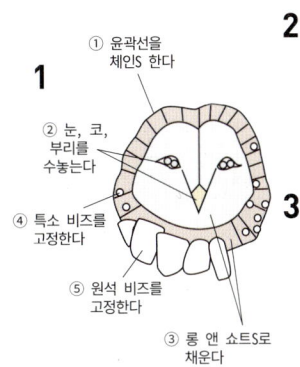
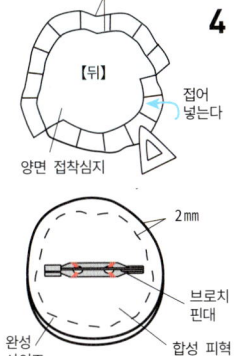
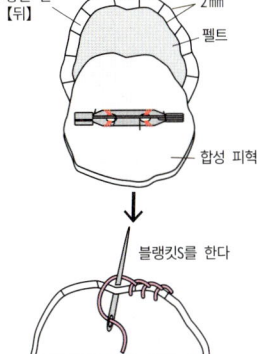
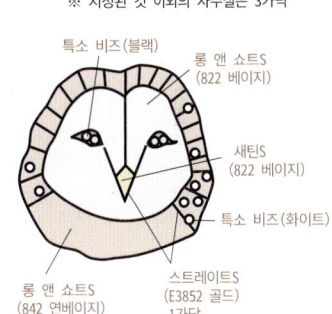

실물 크기 자수 도안
※ 지정된 것 이외의 자수실은 3가닥

작은 다람쥐 브로치

작품 페이지 ⟶ P.46

【만드는 법】

1. 천에 도안을 옮겨 윤곽선을 비딩실로 체인S 한다. 비딩실로 비즈를 꿰매어 고정하고 사이에 세우듯 스팽글을 반고정(➡P.78참조)으로 고정한다. 수를 놓는다.
2. E3852 (골드)실로 수염과 속눈썹을 단다.
3. 페이지 위에 소개된「가면 올빼미 브로치」만드는 방법 2~4와 같은 방법으로 브로치를 만든다.

【재 료】

DMC 펄코튼 5번 자수실
   433 (적갈색), 841 (베이지), ECRU (내츄럴) — 각 적당량
DMC 라이트 이펙트 자수실
   E3852 (골드) — 적당량
비딩실 (블랙, 화이트) — 각 적당량
특소 비즈 (블랙) — 약 10개
극소 비즈 (골드) — 약 50개
샬롯 비즈 (골드) — 약 20개
스팽글 (평판형·4mm·골드) — 8개
면 원단 (화이트) — 15×15cm
양면 접착심지 — 5×5cm
펠트 (화이트), 합성 피혁 (화이트) - 각 4×4cm
브로치 핀대 (2cm·골드) — 1개

SIZE 세로 4.4×가로 4.3cm

사용하는 도구

기본 도구 (P.67) / 매니큐어 (투명)

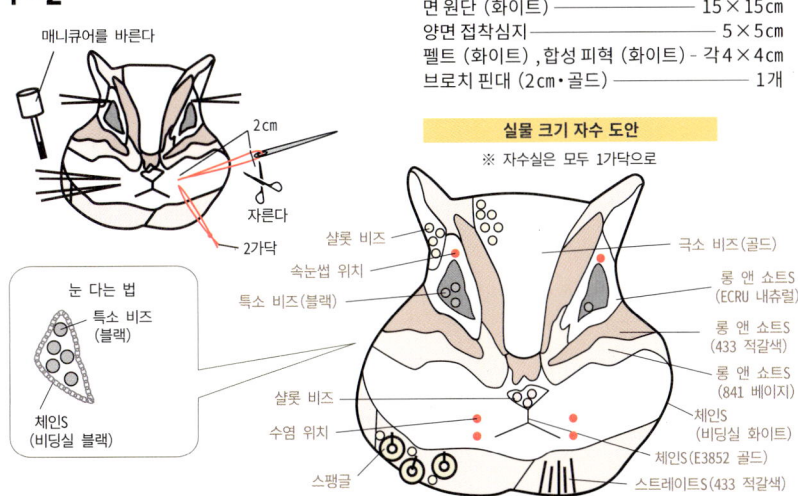

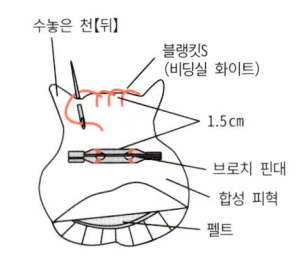

실물 크기 자수 도안
※ 자수실은 모두 1가닥으로

ANIMAL MOTIF

고슴도치 브로치

작품 페이지 → P.46

14

SIZE 세로 2.5×가로 3.5cm

사용하는 도구
기본 도구(P.67)

【만드는 법】
1. 천에 도안을 옮기고, 윤곽선을 비딩실로 체인S 한다. 비딩실로 특소 비즈를 꿰매어 고정한다. 수를 놓은 후, 스팽글과 진주 비즈를 꿰매어 고정한다.
2. P.141 위에 소개된 「가면 올빼미 브로치」 만드는 방법 2~4과 같은 방법으로 브로치를 만든다.

【재료】
DMC 25번 자수실
  453 (연회색) ,451 (그레이) —— 각 적당량
몰(mogol)실 (내츄럴) —— 적당량
비딩실 (화이트) —— 적당량
특소 비즈 (화이트) —— 약 100개
진주 비즈 (8mm·내츄럴) —— 2개
스팽글 (육각형·4mm·화이트) —— 6개
스팽글 (육각형·6mm·화이트) —— 5개
면 원단 (화이트) —— 15×15cm
양면 접착심지 —— 5×5cm
펠트 (화이트), 합성 피혁 (화이트) - 각 4×4cm
브로치 판대 (2cm·골드) —— 1개

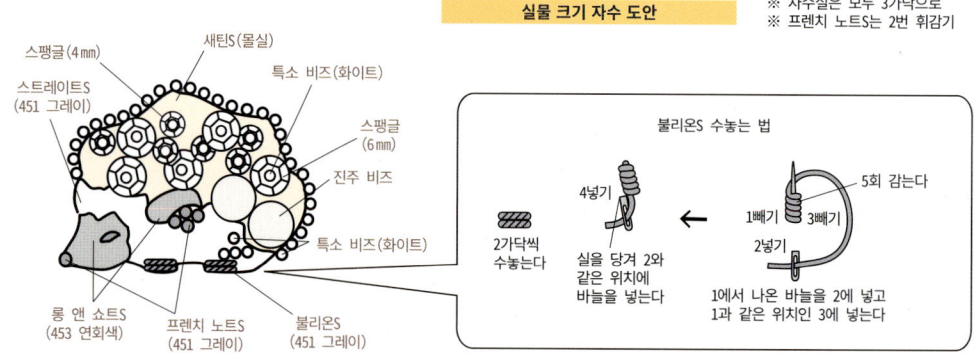

※ 자수실은 모두 3가닥으로
※ 프렌치 노트S는 2번 휘감기

블루 그레이 고양이 브로치

작품 페이지 → P.46

15

SIZE 세로 2.5×가로 3.2cm

사용하는 도구
기본 도구(P.67) / 매니큐어 (투명)

【만드는 법】
1. 천에 도안을 옮기고, 윤곽선을 비딩실로 체인S 한다. 비즈를 비딩실로 꿰매어 수를 놓는다. 몰실을 꿰매어 고정한다.
2. E3852 (골드)실로 수염을 붙인다.
3. P.141 위에 소개된 「가면 올빼미 브로치」 만드는 방법 2~4과 같은 방법으로 브로치를 만든다.

【재료】
DMC 25번 자수실
  169 (그레이) ,950 (핑크) —— 각 적당량
DMC 라이트 이펙트 자수실
  E3852 (골드) —— 적당량
털 몰(mogol)실 (그레이) —— 적당량
비딩실 (블랙,화이트) —— 각 적당량
특소 비즈 (그레이) —— 약 60개
특소 비즈 (블랙) —— 6개
극소 비즈 (실버) —— 약 25개
면 원단 (화이트) —— 15×15cm
양면 접착심지 —— 5×5cm
펠트 (화이트), 합성 피혁 (화이트) - 각 4×4cm
브로치 판대 (2cm·골드) —— 1개

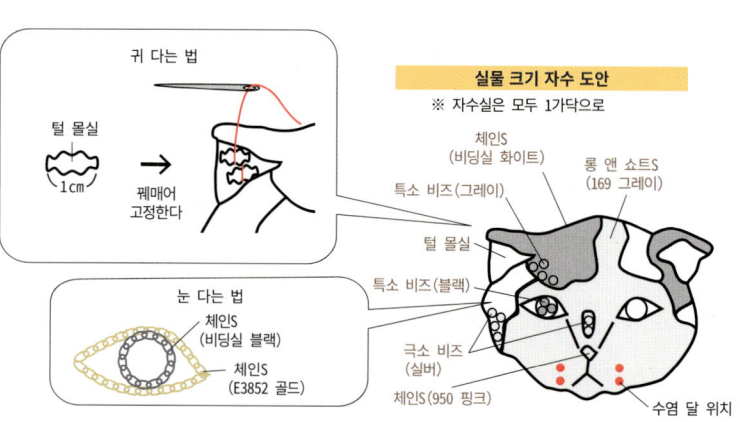

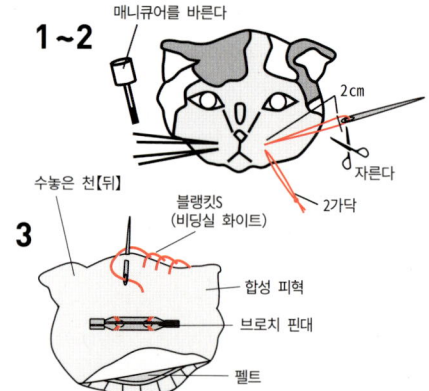

Part 03

얼룩소 무늬 머리핀

작품 페이지 ⟶ P.47

【만드는 법】

1. 천에 도안을 옮겨 윤곽선을 비딩실로 체인S 한다. 특소 비즈를 랜덤으로 비딩실(흰색)로 꿰매고, 변형 컵형 파츠, 진주 비즈, 특소 비즈(흰색)를 함께 수놓는다. 좌우에 스팽글을 비스듬히 반고정(➡P.78참조)하여 붙인다.
2. 양면 접착심지를 다리미로 뒷면에 접착한다. 가장자리 8mm 시접을 남겨 자른 후 가윗밥을 넣고 뒷면 종이를 벗겨 뒤로 접어 다리미로 붙인다.
3. 완성 사이즈와 같은 크기로 펠트를 잘라 머리핀을 비딩실(흰색)로 꿰맨다. 2를 겹쳐 비딩실(검정)로 블랭킷S(➡P.62참조) 한다.

【재료】

비딩실 (블랙, 화이트)	각 적당량
특소 비즈 (블랙)	약 300개
특소 비즈 (화이트)	약 250개
진주 비즈 (6mm·내츄럴)	2개
스팽글 (윗구멍 형·10mm·화이트)	4개
변형 컵형 파츠 (6mm·블랙)	2개
면 원단 (화이트)	15×15cm
양면 접착심지	4×8cm
펠트 (블랙)	3×8cm
머리핀 (4.7cm·실버)	1개

16

SIZE 세로 2.6×가로 5.7cm

사용하는 도구

기본 도구(P.67)

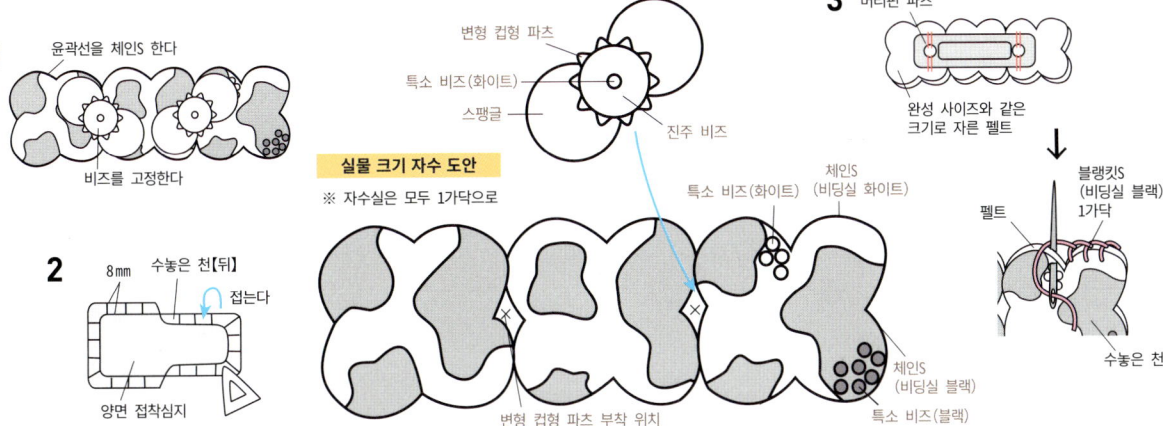

얼룩소 무늬 반지

작품 페이지 ⟶ P.47

【만드는 법】

1. 천에 도안을 옮겨 윤곽선을 비딩실로 체인S 한다. 랜덤으로 특소 비즈를 꿰매어 고정한다.
2. 면 접착심지를 다리미로 뒷면에 접착한 후 가장자리 8mm 시접을 남겨 자르고 가윗밥을 넣어, 뒷면 종이를 벗겨 뒤로 접어 다리미로 붙인다.
3. 완성 사이즈와 같은 크기로 펠트를 잘라 2와 겉면을 맞추어 가장자리를 비딩실로 블랭킷S (➡P.62참조) 한다. 반지대 파츠에 붙인다.

【재료】

비딩실 (블랙, 화이트)	각 적당량
특소 비즈 (블랙)	약 80개
특소 비즈 (화이트)	약 100개
면 원단 (화이트)	15×15cm
양면 접착심지	4×4cm
펠트 (블랙)	3×3cm
반지대 파츠 (평판형·11mm·실버)	1개

17

SIZE 모티브 세로 2×가로 2cm

사용하는 도구

기본 도구(P.67) / 접착제

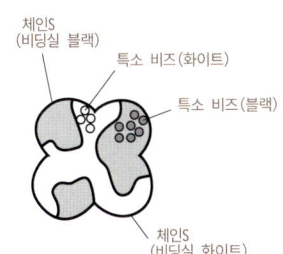
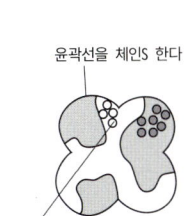
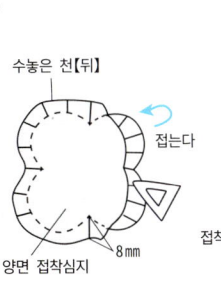
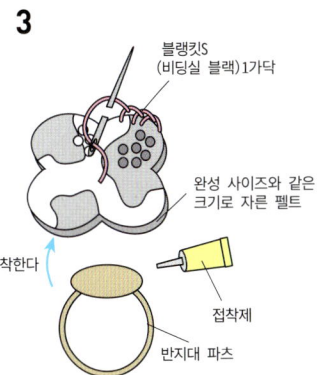

ANIMAL MOTIF

물고기 꼬리 모양 귀찌

작품 페이지 ➜ P.47

18

SIZE 모티브 세로 2.3×가로 4cm

사용하는 도구
기본 도구(P.67) / 접착제

【만드는 법】
1. 천에 지름 1.6cm의 원을 그리고 원 테두리에 샬롯 비즈를 꿰맨다. 에코안다리아를 묶어 리본을 만들고 좌우로 꿰맨다.
2. 지름 1.6cm의 펠트를 위에 겹쳐 감침질(➜P.62 참조)로 고정한다. 스팽글 흰색과 실버를 겹쳐 반고정(➜P.78참조)으로 달고 비즈를 꿰맨다.
3. 뒷면에 다리미로 양면 접착심지를 접착한다. 8mm 시접을 가장자리에 남기고 자른다. 가윗밥을 넣고 뒷면 종이를 벗긴 후 접어 다리미로 붙인다.
4. 지름 1.8cm로 합성 피혁을 자른 후, 칼집을 넣어 귀찌를 끼우고 3과 접착한다

【재료】
에코안다리아 (네이비)	70cm
에코안다리아 (블랙)	40cm
샬롯 비즈 (실버)	약 60개
산호 비즈 (칩형·빨강)	8개
원석 비즈 (칩형·밀크 화이트)	2개
스팽글 (윗구멍 타원형·5×8mm·화이트)	8개
스팽글 (윗구멍 타원형·5×8mm·실버)	8개
면 원단 (화이트)	15×15cm
양면 접착심지	5×4cm
펠트 (그레이), 합성 피혁 (화이트)	각 4×3cm
귀찌 (클립형·골드)	1세트
비딩실 (화이트)	적당량

실물 크기 자수 도안
※ 반대쪽은 좌우대칭으로 만든다

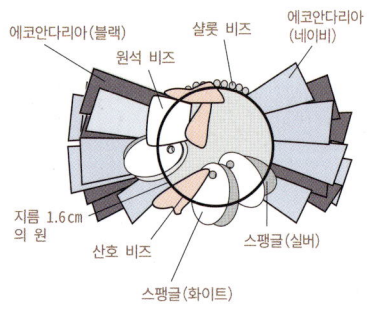

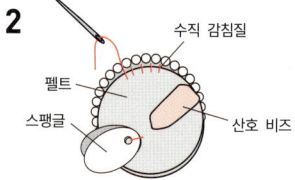

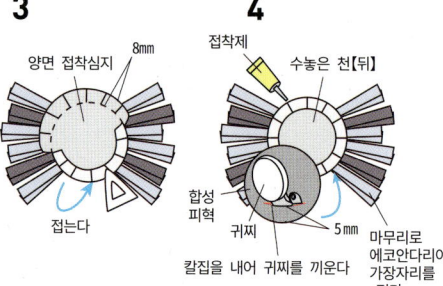

복슬복슬한 양 브로치

작품 페이지 ➜ P.47

19

SIZE 세로 4×가로 3cm

사용하는 도구
기본 도구(P.67)

【만드는 법】
1. 천에 크고 작은 타원의 도안을 옮기고, 바깥쪽 타원 가장자리에 샬롯 비즈를 꿰매어 고정한다. 안쪽 타원 안에 특소 비즈(골드)를 고정하고, 나머지를 극소 비즈(화이트)로 채운다.
2. ★부분에 스팽글을 반고정(➜P.78참조)으로 달고, 크고 작은 타원 사이에 몰실로 프렌치 노트S를 한다.
3. P.141 위에 소개된 「가면 올빼미 브로치」 만드는 방법 2~4와 같은 방법으로 브로치를 만든다.

【재료】
몰(mogol)실 (내츄럴)	적당량
특소 비즈 (화이트)	약 90개
극소 비즈 (골드)	10개
샬롯 비즈 (실버)	약 40개
스팽글 (윗구멍 타원형·지름 10mm·화이트)	3개
면 원단 (화이트)	15×15cm
양면 접착심지	5×4cm
펠트 (화이트), 합성 피혁 (화이트)	각 4×3cm
브로치 핀대 (4.7cm·실버)	1개
비딩실 (화이트)	적당량

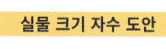

실물 크기 자수 도안
※ 자수실은 모두 1가닥으로
※ 프렌치 노트S는 2번 휘감기

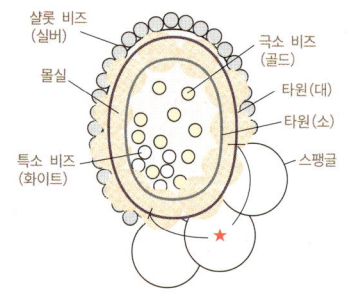

[딸기·레몬·키위] 브로치

작품 페이지 ➡ P.49

【만드는 법】

1. 바탕 부분이 될 펠트에 도안을 옮기고 (03은 막대 비즈 위치도 표시한다). 뒷면에 접착 심지를 붙이고 비즈 컬러에 맞춘 비딩실로 비즈를 고정한다 (02와 03은 수를 놓은 후 비즈를 단다).

2. 완성 사이즈로 자른다.

3. 바탕 부분이 될 펠트를 완성 사이즈보다 5mm 크게 자르고, 브로치 핀대를 비딩실로 꿰매어 고정한다.

4. 2와 3을 접착하고 완전히 마르면 2에 맞춰 뒤의 펠트를 자른다. 03은 가장자리를 휘감치기 (➡ P.62참조) 한다.

【재 료】

01
- 극소 비즈 (그린) ─── 약 45개
- 극소 비즈 (블랙) ─── 10개
- 쓰리컷 비즈 (빨강) ─── 약 100개
- 막대 비즈 (3mm·그린) ─── 4개
- 펠트 (빨강) ─── 15×15cm
- 브로치 핀대 (1.8cm·앤틱 골드) ─── 1개
- 비딩실 (빨강, 그린, 블랙) ─── 적당량

02
- DMC 25번 자수실
  822 (연회색), 3046 (베이지),
  E3852 (골드) ─── 각 적당량
- 특소 비즈 (크림) ─── 약 25개
- 특소 비즈 (골드) ─── 15개
- 특소 비즈 (노랑) ─── 16개
- 극소 비즈 (화이트) ─── 약 160개
- 극소 비즈 (노랑) ─── 약 60개
- 진주 비즈 (3mm·화이트) ─── 1개
- 펠트 (화이트) ─── 15×15cm
- 브로치 핀대 (2cm·실버) ─── 1개
- 비딩실 (화이트) ─── 적당량

03
- DMC 25번 자수실
  472 (페일 옐로그린), 581 (옐로 그린),
  829 (갈색), 3346 (그린) ─── 각 적당량
- 특소 비즈 (크림) ─── 7개
- 특소 비즈 (블랙) ─── 15개
- 막대 비즈 (옐로 그린) ─── 21개
- 펠트 (갈색) ─── 15×15cm
- 브로치 핀대 (2cm) ─── 1개
- 비딩실 (블랙·그린) ─── 각 적당량

공통
- 접착 심지 ─── 10×10cm

01
SIZE 세로 3×가로 2cm

02
SIZE 지름 3.5cm

03
SIZE 지름 3.5cm

사용하는 도구

기본 도구 (P.67) / 접착제

실물 크기 자수 도안
※ 자수실은 모두 2가닥으로

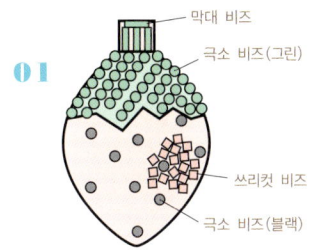

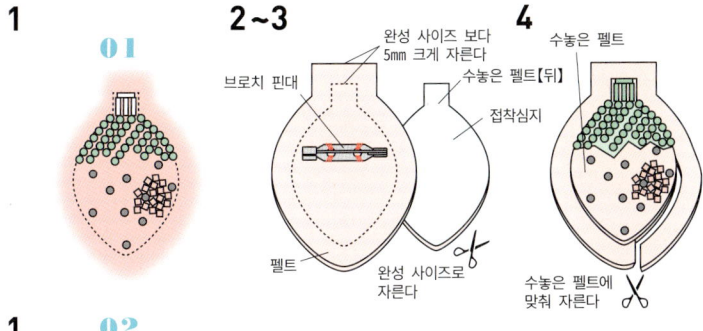

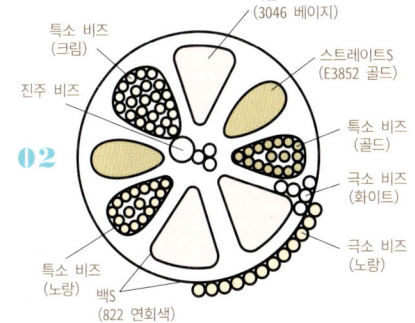

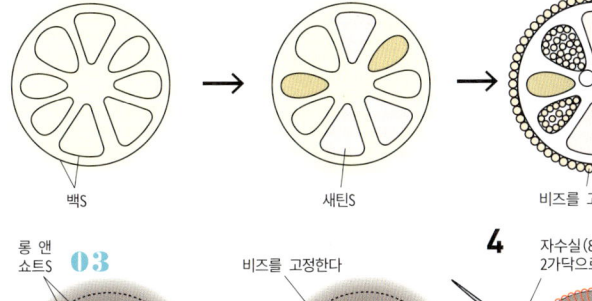

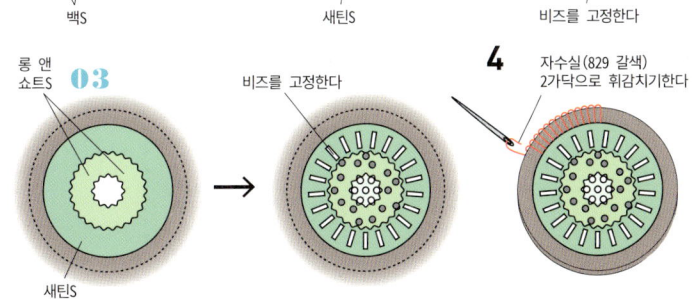

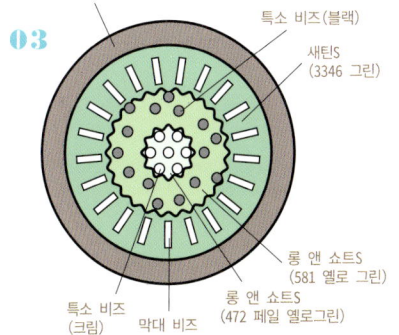

컵케이크 브로치

작품 페이지 → P.50

SIZE 세로 3.5 × 가로 3.7cm

【만드는 법】
1. 바탕 부분이 될 펠트에 도안을 옮긴다. 솜을 조금씩 넣으면서 아플리케를 하고 수를 놓는다. 아플리케를 한 것과 같은 색의 자수실로 비즈를 고정한다.(➡P.87 입체 아플리케 참조)
2. 가장자리를 2mm 남기고 자른다.
3. 바탕 부분이 될 펠트를 2보다 5mm 크게 자르고, 브로치 핀대를 꿰매어 고정한다.
4. 2와 3을 접착하고 완전히 마르면 2에 맞춰 뒤의 펠트를 자른다.

【재료】
DMC 25번 자수실
　727 (노랑), 951 (핑크), 955 (민트 그린),
　3712 (다크 핑크), 3828 (황토색), 3862 (갈색),
　BLANC (화이트) ─── 각 적당량
극소 비즈 (골드) ─── 5개
펠트 (민트 그린) ─── 15 × 15cm
펠트 (핑크) ─── 5 × 3cm
브로치 핀대 (2.5cm · 실버) ─── 1개
솜 ─── 적당량

사용하는 도구
기본 도구(P.67) / 접착제

1
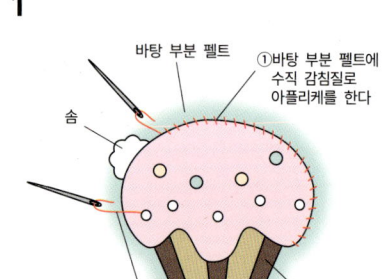

2
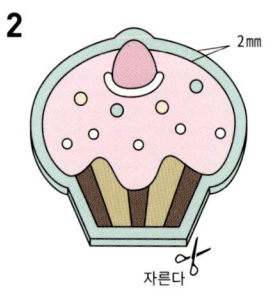

3
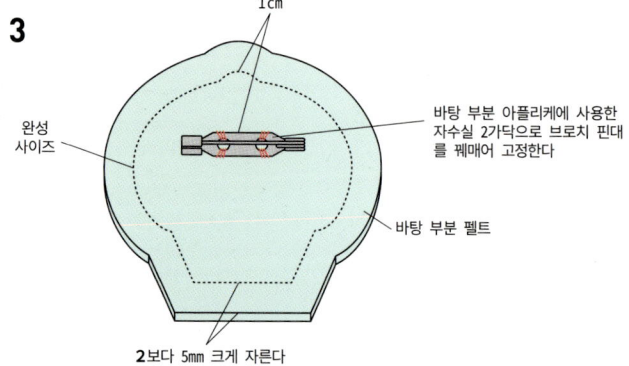

4
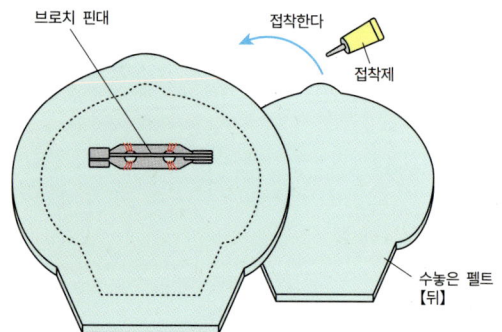

실물 크기 자수 도안
※ 지정된 것 이외의 자수실은 2가닥
※ 프렌치 노트S는 2번 휘감기

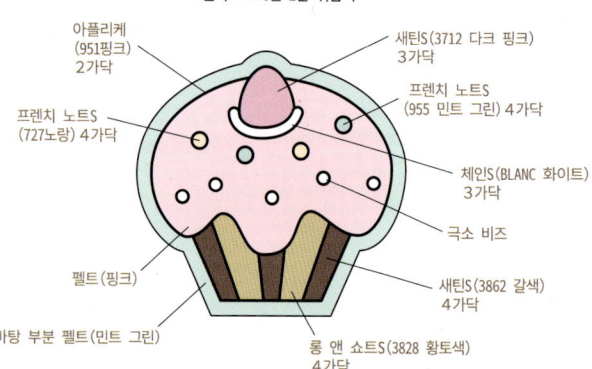

5

Part 04

[오렌지 젤리·쇼트케이크·푸딩] 브로치

작품 페이지 → P.50

【만드는 법】 만드는 방법은 **05**작품으로 설명

1. 바탕 부분이 될 펠트에 도안을 옮긴다. 솜을 조금씩 넣으면서 아플리케를 하고 수를 놓는다. 아플리케를 한 것과 같은 색의 자수실로 비즈를 고정한다.(➡P.87입체 아플리케 참조)

2. 가장자리를 2mm남기고 자른다.

3. 바탕 부분이 될 펠트를 **2**보다 5mm 크게 자르고, 브로치 핀대를 꿰매어 고정한다. **2**와 붙인다.

4. 완전히 마르면 **2**에 맞춰 뒤의 펠트를 자른다.

【재료】

05
DMC 25번 자수실
　553 (보라) , 725 (진노랑) , 744 (노랑) ,
　775 (하늘) , 3051 (그린) , 3832 (다크 핑크) ,
　BLANC (화이트) ──── 각 적당량
극소 비즈 (골드) ──── 5개
펠트 (민트 그린) ──── 15×15cm
펠트 (오렌지, 하늘) ──── 각 5×5cm

06
DMC 25번 자수실
　745 (크림) , 818 (핑크) , 3712 (다크 핑크) ,
　BLANC (화이트) ──── 각 적당량
특소 비즈 (골드) ──── 4개
극소 비즈 (실버) ──── 5개
펠트 (핑크) ──── 15×15cm
펠트 (화이트, 크림) ──── 각 5×3cm

07
DMC 25번 자수실
　745 (크림) , 818 (핑크) , 3051 (그린) , 3828
　(갈색) , 3832 (다크 핑크) , BLANC (화이트)
──── 각 적당량
특소 비즈 (골드) ──── 4개
극소 비즈 (실버) ──── 3개
펠트 (하늘) ──── 15×15cm
펠트 (갈색, 크림) ──── 각 5×3cm

공통
브로치 핀대 (2.5cm·실버) ──── 1개
솜 ──── 적당량

05
SIZE 세로 4×가로 3.5cm

06
SIZE 세로 3.5×가로 3.5cm

07
SIZE 세로 4.2×가로 4.2cm

사용하는 도구
기본 도구(P.67) / 접착제

실물 크기 자수 도안
※ 지정된 것 이외의 자수실은 2가닥
※ 프렌치 노트S는 2번 휘감기

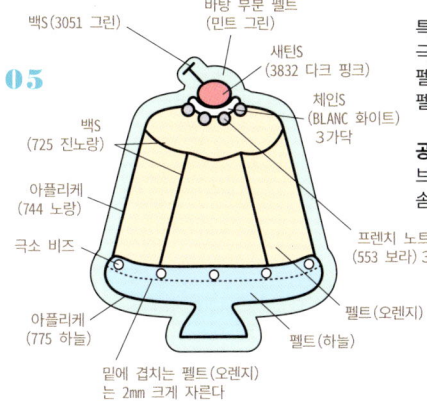

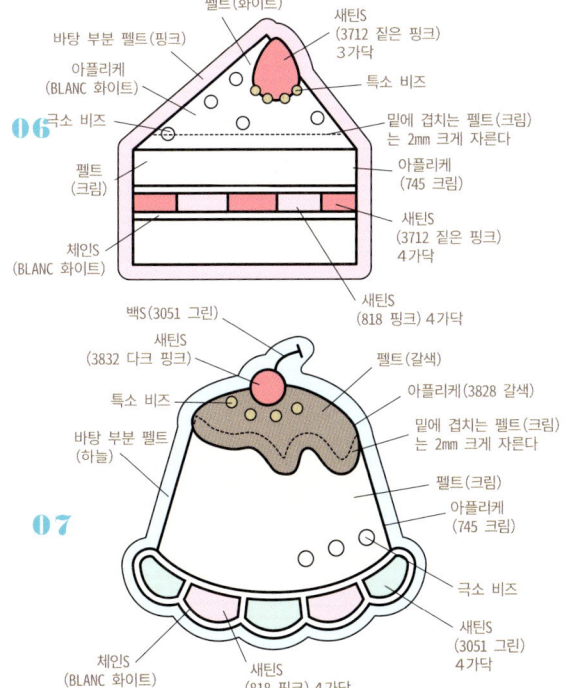

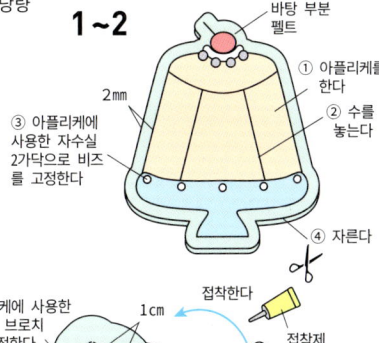

1~2

3

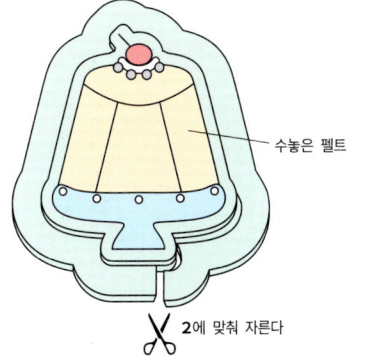

4

DAILY MOTIF

[마카롱·초콜렛 케이크] 브로치

작품 페이지 → P.50

08
SIZE 세로 3.8×가로 4cm

09
SIZE 세로 4.5×가로 3.8cm

【만드는 법】 만드는 방법은 **08** 작품으로 설명

1. 바탕 부분이 될 펠트에 도안을 옮긴다. 솜을 조금씩 넣으면서 아플리케를 하고 수를 놓는다. 아플리케를 한 것과 같은 색의 자수실로 비즈를 고정한다.(➡P.87 입체 아플리케 참조)

2. 가장자리를 2mm 남기고 자른다.

3. 바탕 부분이 될 펠트를 **2**보다 5mm 크게 자르고, 브로치 핀대를 꿰매어 고정한다. **2**와 붙인다.

4. 완전히 마르면 **2**에 맞춰 뒤의 펠트를 자른다.

【재료】

08
DMC 25번 자수실
　738 (연갈색), 951 (핑크), 988 (그린),
　3712 (다크 핑크) ─── 각 적당량
특소 비즈 (골드) ─── 4개
펠트 (연갈색) ─── 15×15cm
펠트 (핑크, 화이트) ─── 각 5×5cm

09
DMC 25번 자수실
　420 (갈색), 433 (진갈색), 738 (베이지),
　3712 (다크 핑크), 3828 (연갈색)
　─── 각 적당량
특소 비즈 (골드) ─── 5개
펠트 (하늘) ─── 15×15cm
펠트 (진갈색, 갈색) ─── 각 5×3cm

공통
브로치 핀대 (2.5cm·실버) ─── 1개
솜 ─── 적당량

사용하는 도구

기본 도구(P.67) / 접착제

1~2

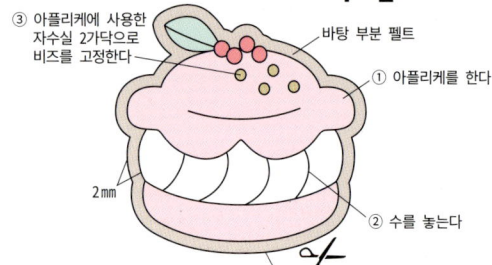

3

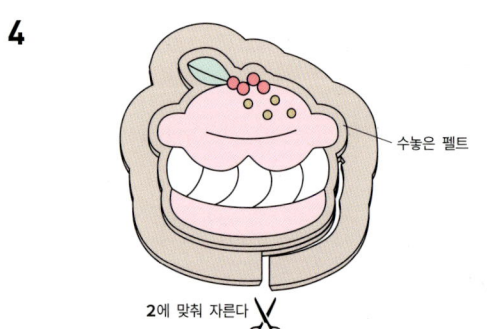

실물 크기 자수 도안

※ 지정된 것 이외의 자수실은 2가닥
※ 프렌치 노트S는 2번 휘감기

08

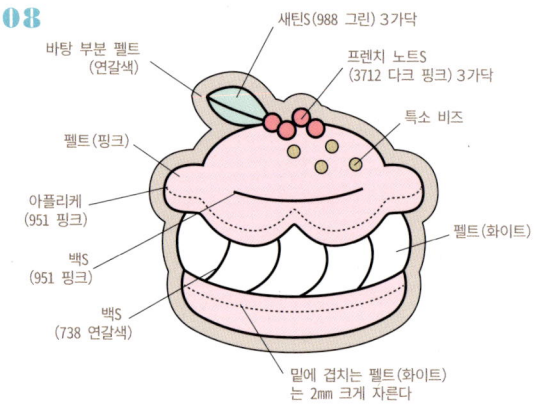

09

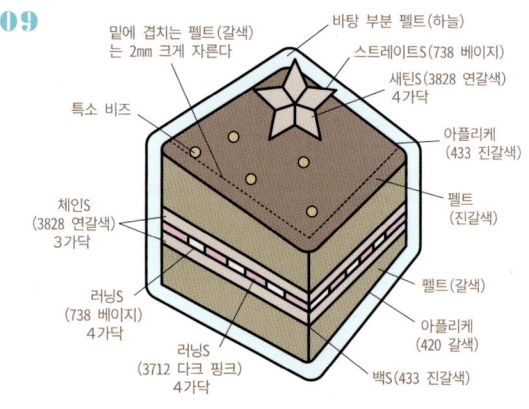

Part 04

[오렌지·키위·수박] 싱글 귀걸이

작품 페이지 ⟶ P.51

【만드는 법】 만드는 방법은 **14**작품으로 설명

1. 바탕 부분이 될 펠트에 도안을 옮긴다. 솜을 조금씩 넣으면서 아플리케를 하고 수를 놓는다. 아플리케를 한 것과 같은 색의 자수실로 비즈를 고정한다. (➡P.87 입체 아플리케 참조)

2. 가장자리를 2mm 남기고 자른다.

3. 바탕 부분이 될 펠트를 **2**보다 5mm 크게 자르고, 송곳으로 구멍을 뚫어 귀걸이 포스트를 붙인다.

4. **2**와 **3**을 접착하고 완전히 마르면 **2**에 맞춰 뒤의 펠트를 자른다.

【재료】

10
- 741 (오렌지), 744 (노랑), 3823 (베이지) ─── 각 적당량
- 특소 비즈 (실버) ─── 4개
- 펠트 (오렌지) ─── 3×3cm

11
- DMC 25번 자수실
- 420 (갈색), 955 (민트 그린), 3051 (다크 그린), 3823 (베이지) ─── 각 적당량
- 특소 비즈 (실버) ─── 5개
- 펠트 (민트 그린) ─── 3×3cm

14
- DMC 25번 자수실
- 470 (그린), 603 (핑크), 3823 (베이지) ─── 각 적당량
- 특소 비즈 (골드) ─── 5개
- 펠트 (핑크) ─── 3×3cm

공통
- 펠트 (화이트) ─── 15×15cm
- 귀걸이 포스트 (침형·골드) ─── 1개
- 솜 ─── 적당량

10

SIZE 세로 2.4 × 가로 1.5cm

11

SIZE 세로 2.4 × 가로 1.5cm

14

SIZE 세로 2.2 × 가로 2.5cm

사용하는 도구

기본 도구 (P.67) / 접착제

1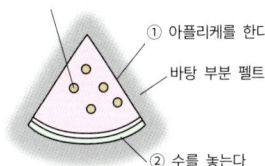

2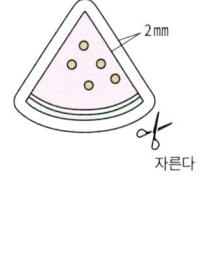

3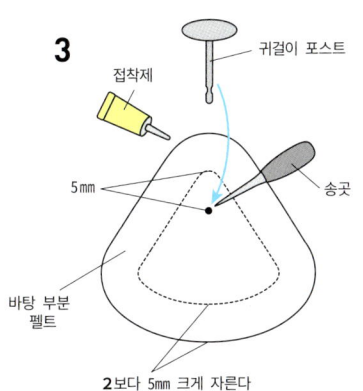

4

실물 크기 자수 도안
※ 자수실은 모두 1가닥으로
※ 프렌치 노트S는 2번 휘감기

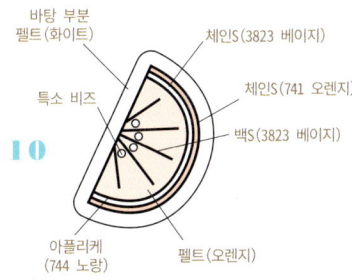

10

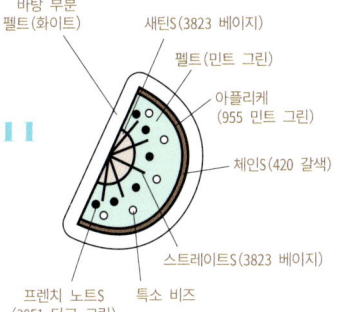

11

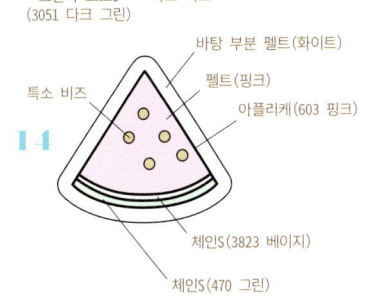

14

DAILY MOTIF

[파인애플·앵두] 싱글 귀걸이

작품 페이지 ➜ P.51

SIZE 세로 2×가로 1.5cm

SIZE 세로 2×가로 2cm

【만드는 법】 만드는 방법은 **12**작품으로 설명

1. P.149의 **1**~**2**와 같이 아플리케와 자수를 하고 비즈를 꿰매어 고정한다 (➜P.87입체 아플리케 참조). 가장자리를 2mm 남기고 자른다.
2. P.149의 **3**과 같이 바탕 부분이 될 펠트를 **2**보다 5mm 크게 자르고, 송곳으로 구멍을 뚫어 귀걸이 포스트를 붙인다.
3. 완전히 마르면 **1**에 맞춰 뒤의 펠트를 자른다.

【재료】
12
DMC 25번 자수실
471 (다크 그린), 728 (겨자), 744 (크림), 782 (갈색), 3051 (그린) ─── 각 적당량
특소 비즈 (골드) ─── 6개
펠트 (크림) ─── 각 3×3cm

13
603 (핑크), 730 (딥그린), 3828 (갈색) ─── 각 적당량
특소 비즈 (실버) ─── 3개
펠트 (핑크) ─── 3×3cm

공통
펠트 (화이트) ─── 15×15cm
귀걸이 포스트 (침형·골드) ─── 1개
솜 ─── 적당량

사용하는 도구
기본 도구(P.67) / 접착제

실물 크기 자수 도안
※ 자수실은 모두 2가닥으로

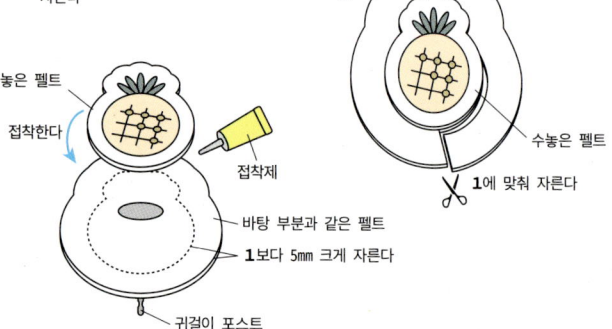

캔디 브로치

작품 페이지 ➜ P.51

SIZE 세로 2.4×가로 4.7cm

【만드는 법】
1. P.146의 **1**~**2**와 같이 아플리케와 자수를 하고 비즈를 꿰매어 고정한다 (➜P.87입체 아플리케 참조). 가장자리를 2mm 남기고 자른다.
2. P.148의 **3**과 같이 바탕 부분이 될 펠트에 브로치 판대를 달고 **1**과 붙인다.
3. 완전히 마르면 **1**에 맞춰 뒤의 펠트를 자른다.

【재료】
DMC 25번 자수실
598 (청록), 775 (하늘), 818 (핑크), 955 (민트 그린), BLANC (화이트) ─── 각 적당량
극소 비즈 (실버) ─── 3개
펠트 (연갈색) ─── 15×15cm
펠트 (하늘, 화이트) ─── 각 5×3cm
브로치 판대 (2.5cm·실버) ─── 1개
솜 ─── 적당량

사용하는 도구
기본 도구(P.67) / 접착제

실물 크기 자수 도안
※ 지정된 것 이외의 자수실은 2가닥
※ 프렌치 노트S는 2번 휘감기

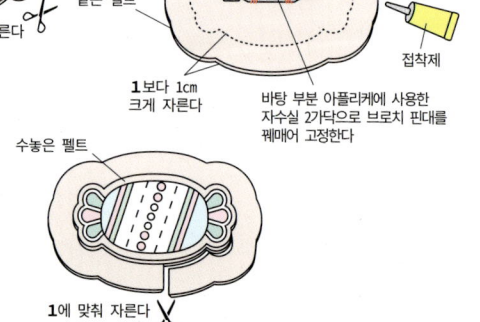

Part 04

[핑크·블루] 드레스 브로치

작품 페이지 → P.52

【재료】

16
- DMC 25번 자수실
  - 754 (핑크) — 적당량
- DMC 5번 펄코튼 자수실
  - 4100 (핑크 계열) — 적당량
- DMC 라이트 이펙트 자수실
  - E818 (핑크) — 적당량
- 특소 비즈 (핑크) — 약 20개
- 샬롯 비즈 (골드) — 약 160개
- 진주 비즈 (2mm·내츄럴) — 9개

17
- DMC 25번 자수실
  - 755 (하늘) — 적당량
- DMC 5번 펄코튼 자수실
  - 4020 (하늘색 계열) — 적당량
- DMC 라이트 이펙트 자수실
  - E747 (하늘) — 적당량
- 특소 비즈 (블루) — 약 20개
- 샬롯 비즈 (실버) — 약 160개
- 진주 비즈 (2mm·실버) — 9개

공통
- 특소 비즈 (내츄럴) — 약 60개
- 스팽글 (평판형·4mm·화이트) — 약 120개
- 오건디 (내츄럴) — 20×20cm
- 펠트 (갈색), 접착 심지 — 각 10×10cm
- 브로치 핀대 (3cm·골드) — 1개
- 비딩실 (화이트) — 적당량

【만드는 법】 만드는 방법은 16작품으로 설명

1. 오건디에 도안을 옮겨 수를 놓은 후, 스팽글을 비딩실로 연속 수놓기(➡P.79참조)하고 비즈를 고정한다.

2. 뒷면에 접착 심지를 붙인 후 8mm 시접을 남기고 자른다. 가윗밥을 내고 접착제를 바른 후 접어 넣는다.

3. 2의 크기보다 8mm 크게 자른 펠트를 접착제로 뒤에 붙인 후 2의 외곽선을 따라 자른다.

4. 3과 같은 크기로 자른 펠트에 브로치 핀대를 비딩실로 꿰매어 고정하고, 3의 뒤에 붙인다.

SIZE 세로 7.5 × 가로 4cm

사용하는 도구

기본 도구(P.67) / 접착제

실물 크기 자수 도안

※ 자수실은 모두 2가닥으로
※ 프렌치 노트S는 1번 휘감기

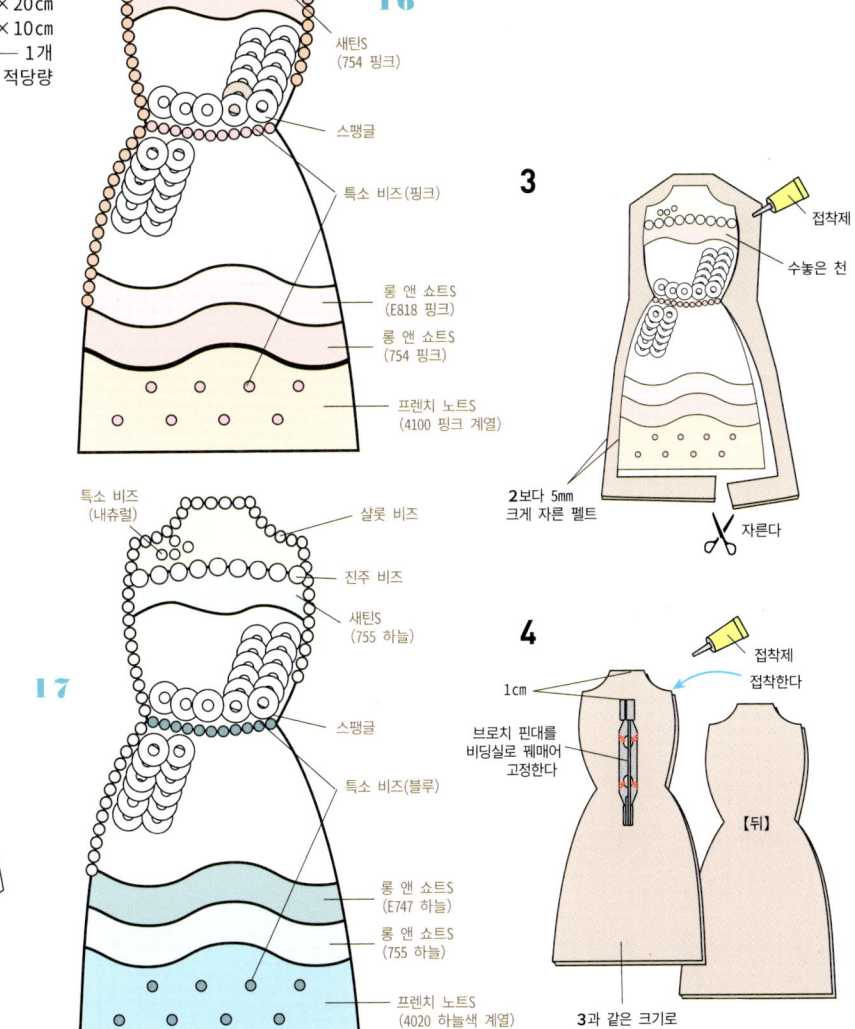

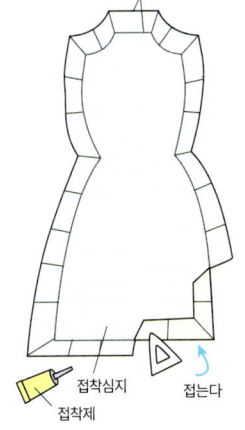

DAILY MOTIF

리본 보석 브로치

작품 페이지 → P.52

18

SIZE 세로 2×가로 6cm

사용하는 도구

기본 도구(P.67) / 접착제

【만드는 법】

1. 본체는 오건디에 도안을 옮긴 후, 가로 일직선으로 막대 비즈를 연속 수놓기(➡P.77참조) 하고 비즈를 고정한다.
2. 리본 고정 띠는 막대 비즈와 특소 비즈를 번갈아 열에 맞춰 수를 놓는다.
3. 본체와 리본 고정 띠의 뒤에 양면 접착심지를 붙이고, 위아래 1cm 시접을 남기고 자른다. 시접을 접어 넣는다.
4. 본체를 반으로 접고 다트를 겹쳐 꿰맨다.
5. 좌우 중심을 겉에서 맞춰 리본 모양으로 접고 뒤에서 ★과 ☆을 홈질한다.
6. 리본 고정 띠를 감아 뒤에서 감침질(➡P.62 참조)한 후 비즈 바로 옆을 꿰맨다.
7. 중심에 브로치 핀대를 달고, 리본의 긴 변을 공그르기(➡P.62참조)한다.

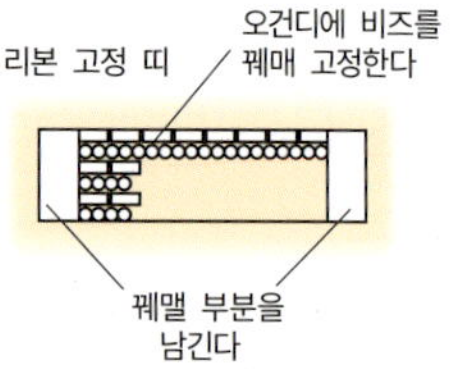

【재료】

특소 비즈 (내츄럴)	약 50개
막대 비즈 (3mm·내츄럴)	약 380개
진주 비즈 (2mm·화이트)	18개
스톤 (지름 4mm)	10개
오건디 (내츄럴)	15×15cm
양면 접착심지	15×15cm
브로치 핀대 (3cm·실버)	1개
비딩실 (화이트)	적당량

1 본체
- 오건디에 비즈와 스톤을 꿰매어 고정한다
- 꿰맬 부분을 남긴다

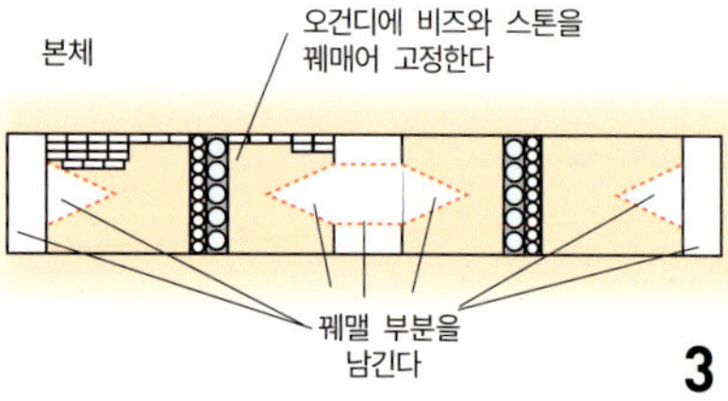

2 리본 고정 띠
- 오건디에 비즈를 꿰매 고정한다
- 꿰맬 부분을 남긴다

3 시접 1cm / 본체【뒤】 / 리본 고정 띠 / 시접 1cm
본체와 리본 고정 띠의 위아래에 1cm 시접을 넣어 오건디를 자르고 다리미로 시접을 접어 넣는다.

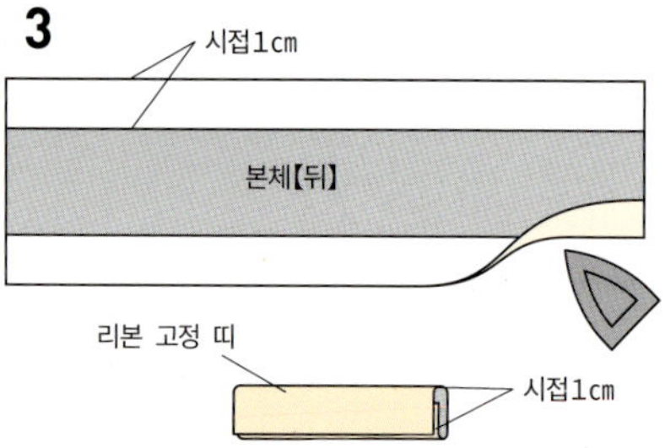

4 접는선 / 본체【뒤】 / 접어서 다트를 꿰맨다
리본 고정 띠

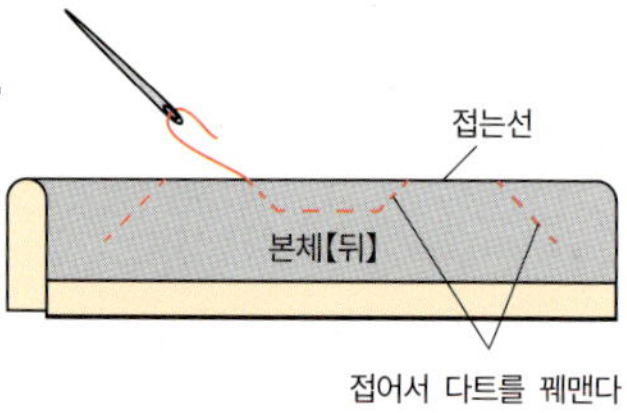

5 중심 / ☆ ★ / 다트
좌우 끝을 겉으로 중심에 맞춰 ★와★, ☆와☆를 홈질로 꿰맨다

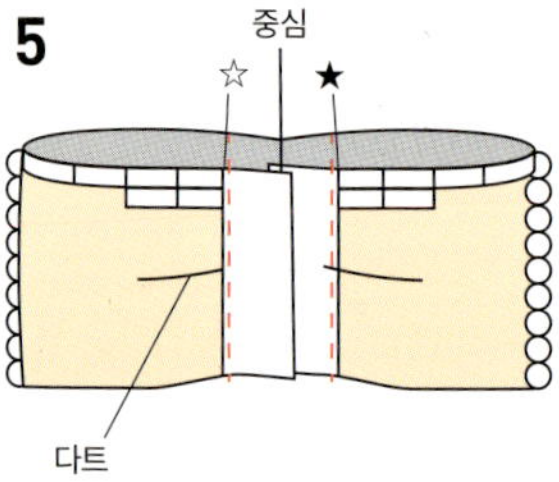

6 ②비즈 바로 옆을 꿰맨다 / 리본 고정 띠
① 리본 고정 띠를 둘러 감고 시접을 접어 감침질한다

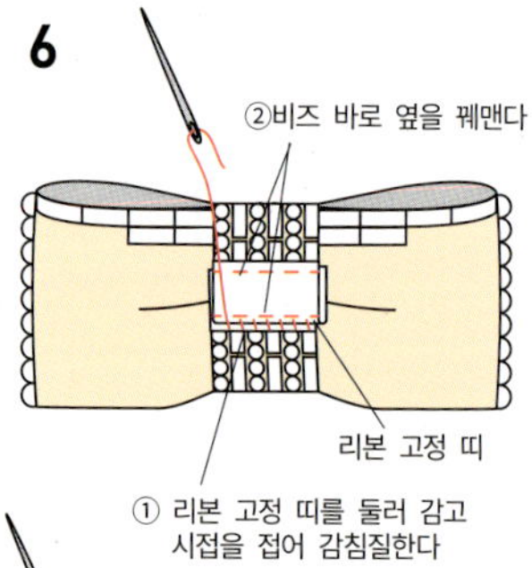

7 공그르기로 닫는다 / 브로치 핀대를 꿰매 고정한다

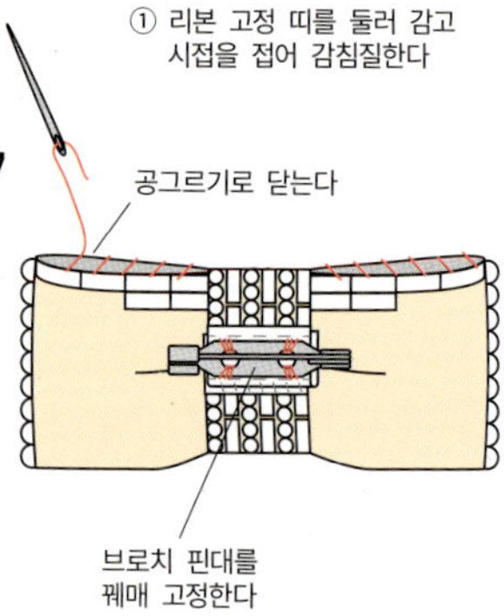

실물 크기 자수 도안

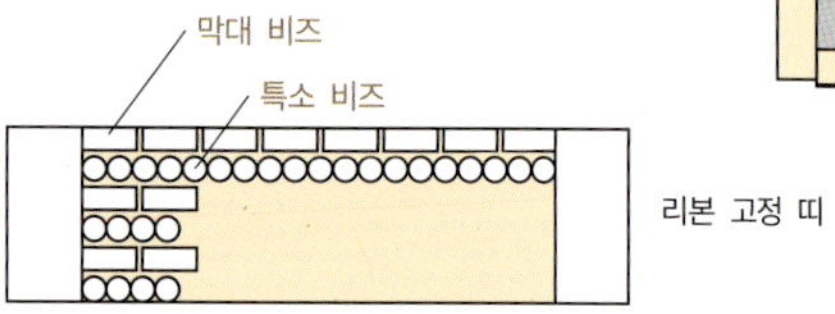

막대 비즈 / 특소 비즈 / 리본 고정 띠

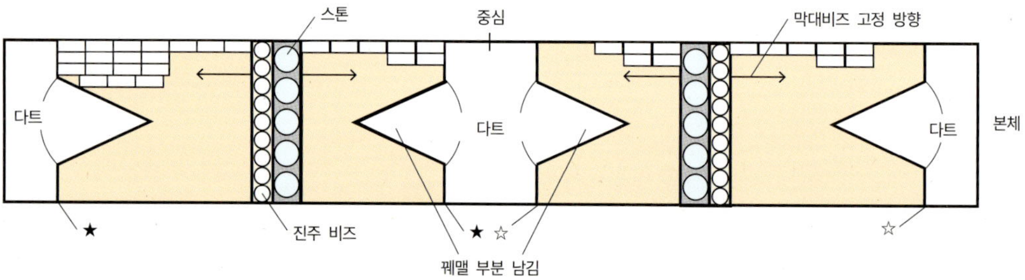

스톤 / 중심 / 막대비즈 고정 방향
다트 / 다트 / 다트 / 본체
★ / 진주 비즈 / ★ ☆ / 꿰맬 부분 남김 / ☆

[핑크·골드·화이트] 보석 브로치

작품 페이지 → P.52

【만드는 법】 만드는 방법은 **19**작품으로 설명

1. 오건디에 도안을 옮긴 후, 비딩실로 비즈를 고정한다.

2. 뒷면에 접착 심지를 붙인 후 8mm 시접을 남기고 자른다. 가윗밥을 내고 접착제를 바른 후 접어 넣는다.

3. P.151의 **3**과 같이 **2**의 크기보다 5mm 크게 자른 펠트를 접착제로 붙인 후 **2**의 외곽선을 따라 자른다. 뒤에 판형 링을 붙인다. 완성된 사이즈와 같은 크기로 자른 펠트에 브로치 핀대를 비딩실로 꿰매 뒷면에 붙인다.

4. 판형 링에 오링으로 스톤을 연결한다.

【재료】
19
특소 비즈 (브론즈) ─── 약 250개
특소 비즈 (핑크) ─── 약 400개
특소 비즈 (핑크 매트) ─── 약 120개
20
특소 비즈 (블랙) ─── 약 250개
특소 비즈 (브론즈) ─── 약 400개
특소 비즈 (골드) ─── 약 120개
21
특소 비즈 (브론즈) ─── 약 250개
특소 비즈 (내츄럴) ─── 약 400개
특소 비즈 (화이트) ─── 약 120개
공통
스톤 (고리형·8mm) ─── 1개
오링 (3mm·골드) ─── 1개
판형 링 (6mm·골드) ─── 1개
오건디 (내츄럴) ─── 15×15cm
펠트 (갈색), 접착 심지 ─── 각 10×5cm
브로치 핀대 (3cm·골드) ─── 1개
비딩실 (화이트) ─── 적당량

SIZE 모티브 세로 4.3×가로 5cm

사용하는 도구

기본 도구(P.67) / 접착제 / 평집게

실물 크기 자수 도안

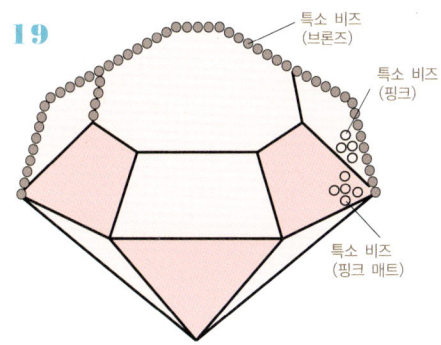

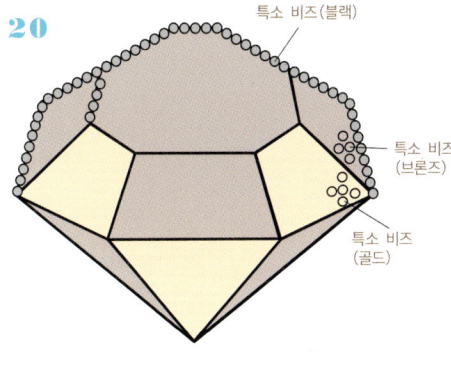

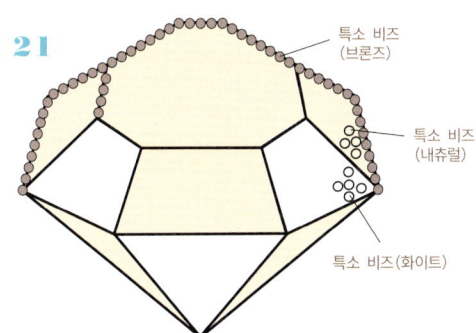

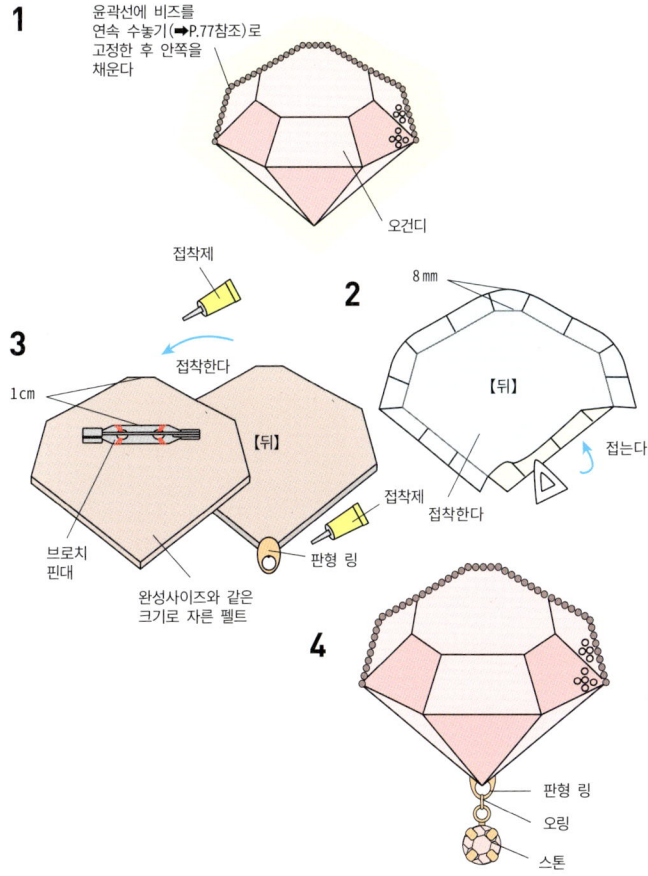

[샴페인·샴페인 잔] 브로치

작품 페이지 → P.53

22
SIZE 세로 8×가로 3.5cm

23
SIZE 세로 4.5×가로 2.2cm

【만드는 법】 만드는 방법은 **22**작품으로 설명

1 오건디에 도안을 옮긴 후, 비딩실로 비즈와 스톤을 고정한다. 샴페인은 자수실로 수놓고 스팽글은 비즈 고정하기(➡P.79참조)를 한다.

2 뒷면에 접착 심지를 붙인 후 8mm 시접을 남기고 자른다. 가윗밥을 내고 접착제를 바른 후 접어 넣는다.

3 P.151의 **2**∼**4**과 같은 방법으로 브로치를 만든다.

【재료】
22
DMC 25번 자수실
　E3852 (골드) ─── 적당량
DMC 5번 자수실
　BLANC (화이트) ─── 적당량
특소 비즈 (그린) ─── 약 320개
특소 비즈 (골드) ─── 약 200개
특소 비즈 (화이트) ─── 약 150개
특소 비즈 (브론즈) ─── 약 140개
특소 비즈 (블랙) ─── 약 20개
특소 비즈 (빨강) ─── 5개
특소 비즈 (실버) ─── 7개
스팽글 (꽃모양·4mm·화이트) ─── 1개
스톤 (지름 4mm) ─── 3개
브로치 핀대 (3cm·골드) ─── 1개

23
특소 비즈 (화이트) ─── 약 70개
특소 비즈 (브론즈) ─── 약 60개
샬롯 비즈 (실버) ─── 약 130개
샬롯 비즈 (골드) ─── 약 70개
진주 비즈 (2mm·화이트) ─── 1개
스톤 (지름 4mm) ─── 1개
브로치 핀대 (2cm·실버) ─── 1개

공통
오건디 (내츄럴) ─── 20×20cm
펠트 (갈색), 접착 심지 ─── 각 10×10cm
비딩실 (화이트) ─── 적당량

사용하는 도구
기본 도구(P.67) / 접착제

실물 크기 자수 도안
※ 자수실은 모두 1가닥으로
※ 프렌치 노트S는 2번 휘감기

1  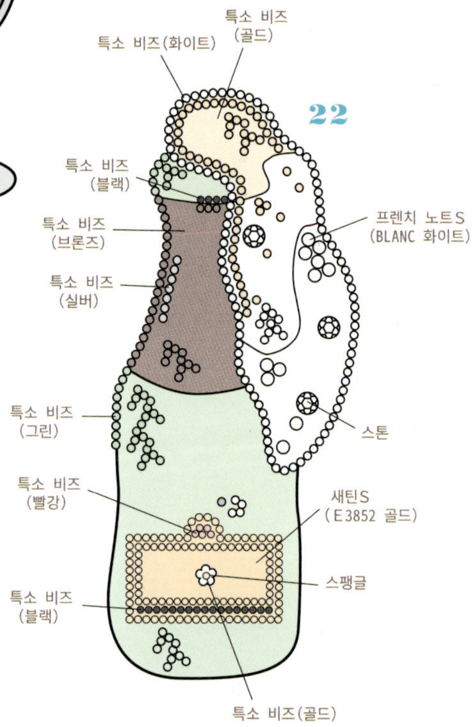
② 윤곽선→안쪽 순서로 비즈를 연속 수놓기 (➡P.77참조) 한다
① 스톤과 스팽글 (**23**은 진주 비즈) 꿰매어 고정한다
③ 수를 놓는다 (**23**은 자수 없음)
오건디

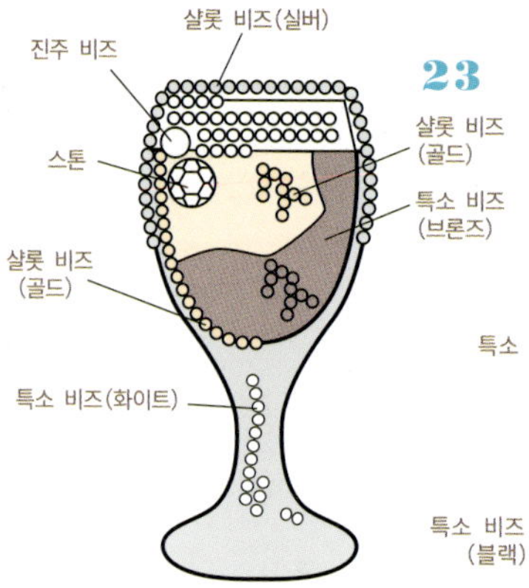

23
샬롯 비즈 (실버)
진주 비즈
스톤
샬롯 비즈 (골드)
특소 비즈 (화이트)
샬롯 비즈 (골드)
특소 비즈 (브론즈)

22
특소 비즈 (화이트)
특소 비즈 (골드)
특소 비즈 (블랙)
특소 비즈 (브론즈)
특소 비즈 (실버)
프렌치 노트S (BLANC 화이트)
특소 비즈 (그린)
스톤
특소 비즈 (빨강)
새틴S (E3852 골드)
특소 비즈 (블랙)
스팽글
특소 비즈 (골드)

2
3mm
1cm
브로치 핀대
완성 사이즈와 같은 크기로 자른 펠트
접착제
접착한다
【뒤】

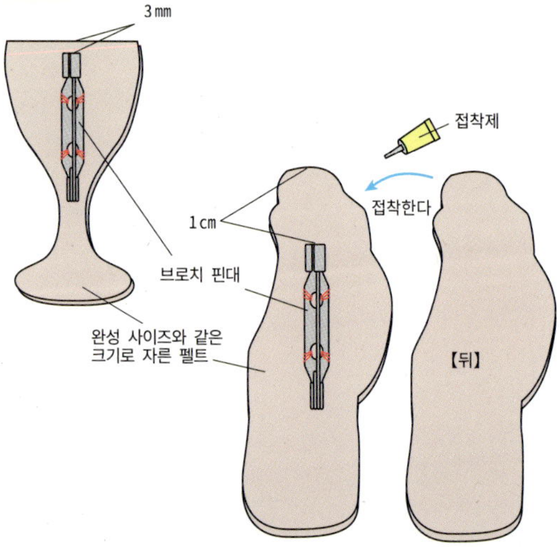

Part 04

빨간 립스틱 브로치

작품 페이지 → P.53

【만드는 법】

1 오건디에 도안을 옮긴 후 비즈 컬러에 맞춰 비딩실로 비즈와 스톤을 고정한다.

2 P.151의 **2~4**와 같은 방법으로 브로치를 만든다.

【재료】

DMC 5번 자수실
 310 (블랙) ─── 적당량
특소 비즈 (화이트) ─── 약 20개
특소 비즈 (골드) ─── 약 30개
특소 비즈 (브론즈) ─── 약 100개
특소 비즈 (블랙) ─── 약 100개
특소 비즈 (빨강) ─── 약 80개
진주 비즈 (2mm·화이트) ─── 6개
스톤 (지름 4mm) ─── 3개
오건디 (내츄럴) ─── 15×15cm
펠트 (갈색), 접착 심지 ─── 각 10×5cm
브로치 핀대 (3cm·골드) ─── 1개
비딩실 (블랙, 화이트, 갈색, 빨강)
 ─── 각 적당량

24

SIZE 세로 5×가로 1.8cm

사용하는 도구

기본 도구 (P.67) / 접착제

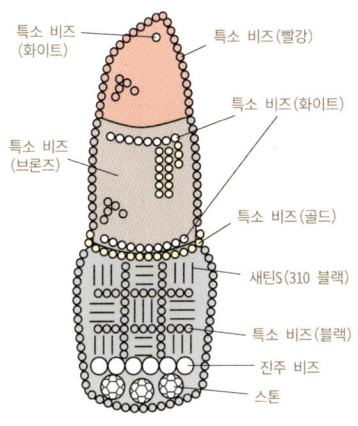

실물 크기 자수 도안
※ 자수실은 모두 1가닥으로

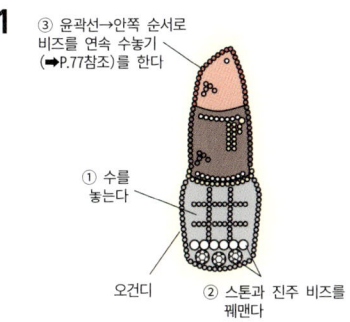

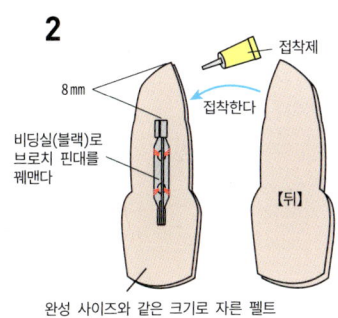

테디베어 브로치

작품 페이지 → P.53

【만드는 법】

1 오건디에 도안을 옮긴 후 비즈 컬러에 맞춰 비딩실로 비즈와 스톤을 고정한다. 수를 놓는다.

2 P.151의 **2~4**와 같은 방법으로 브로치를 만든다.

【재료】

DMC 25번 자수실
 310 (블랙), 422 (베이지), 801 (갈색)、
 ECRU (내츄럴) ─── 각 적당량
특소 비즈 (블랙) ─── 약 250개
특소 비즈 (빨강) ─── 약 20개
스톤 (지름 5mm) ─── 1개
오건디 (내츄럴) ─── 15×15cm
펠트 (갈색), 접착 심지 ─── 각 10×5cm
브로치 핀대 (3cm·골드) ─── 1개
비딩실 (블랙, 빨강) ─── 각 적당량

25

SIZE 세로 5.6×가로 4.5cm

사용하는 도구

기본 도구 (P.67) / 접착제

실물 크기 자수 도안
※ 자수실은 모두 1가닥으로
※ 프렌치 노트S는 2번 휘감기

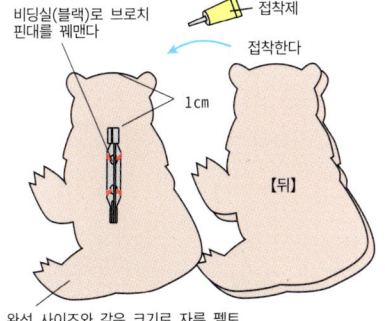

하이힐 브로치

작품 페이지 → P.53

【만드는 법】 만드는 방법은 **26** 작품으로 설명

1. 오건디에 도안을 옮긴 후 비즈 컬러에 맞춰 비딩실로 비즈와 스톤을 고정한다.
2. 뒷면에 접착 심지를 붙인 후 가장자리에 8mm 시접을 남기고 자른다. 가윗밥을 넣고 접착제를 발라 접어 넣는다.
3. P.151의 **3**~**4**와 같은 방법으로 브로치를 만든다.

【재료】

26
DMC 25번 자수실
　3831 (빨강) ── 적당량
27
DMC 25번 자수실
　3768 (블루) ── 적당량
28
DMC 25번 자수실
　729 (노랑) ── 적당량

공통 (1개 분량)
DMC 5번 자수실
　E3852 (골드) ── 적당량
특소 비즈 (블랙) ── 약120개
특소 비즈 (브론즈) ── 약60개
진주 비즈 (2mm・화이트) ── 약25개
오건디 (내츄럴) ── 15×15cm
펠트 (갈색), 접착 심지 ── 각10×5cm
브로치 핀대 (3cm・골드) ── 1개
비딩실 (블랙, 화이트) ── 적당량

SIZE 세로 4.5×가로 5cm

사용하는 도구

기본 도구 (P.67) / 접착제

1
- 오건디
- ① 수를 놓는다
- ② 진주 비즈를 연속 수놓기 (➡P.77참조) 한다
- ② 윤곽선→안쪽 순서로 비즈를 연속 수놓기 (➡P.77참조) 한다

2
- 8mm
- 접착심지
- 접착제
- 칼집을 내어 접어 넣는다

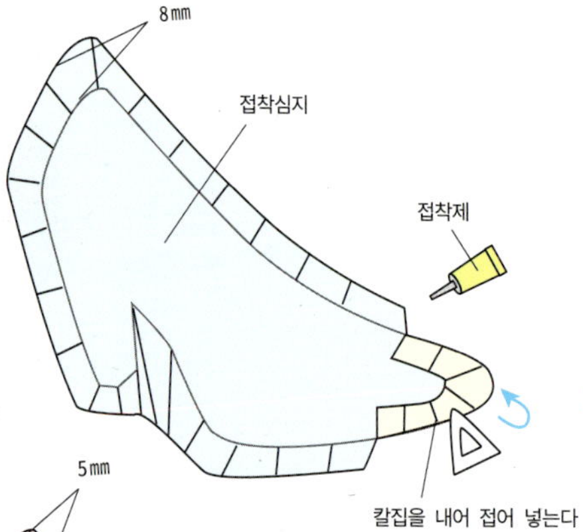

3
- 접착제
- 접착한다
- 5mm
- 비딩실(블랙)로 브로치 핀대를 꿰맨다
- [뒤]
- 2에 펠트를 붙이고 2의 외곽선에 따라 자른다
- 완성 사이즈와 같은 크기로 자른 펠트

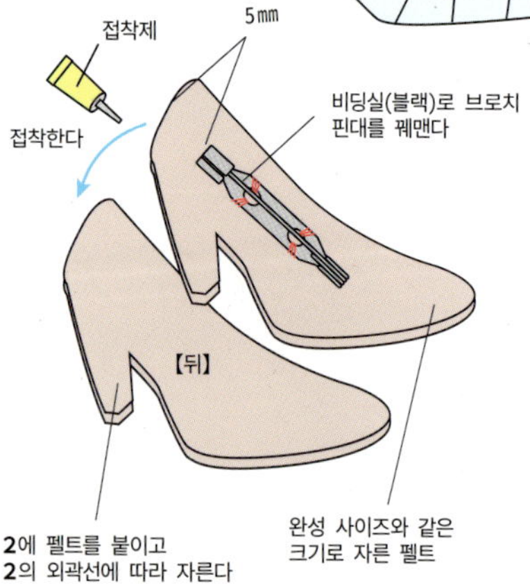

실물 크기 자수 도안

※ 자수실은 모두 6가닥으로

26
- 진주 비즈
- 특소 비즈 (블랙)
- 특소 비즈 (브론즈)
- 새틴S (E3852 골드)
- 새틴S (3831 빨강)

27
- 진주 비즈
- 특소 비즈 (브론즈)
- 새틴S (E3852 골드)
- 특소 비즈 (블랙)
- 새틴S (3768 블루)

28
- 진주 비즈
- 특소 비즈 (블랙)
- 특소 비즈 (브론즈)
- 새틴S (E3852 골드)
- 새틴S (729 노랑)

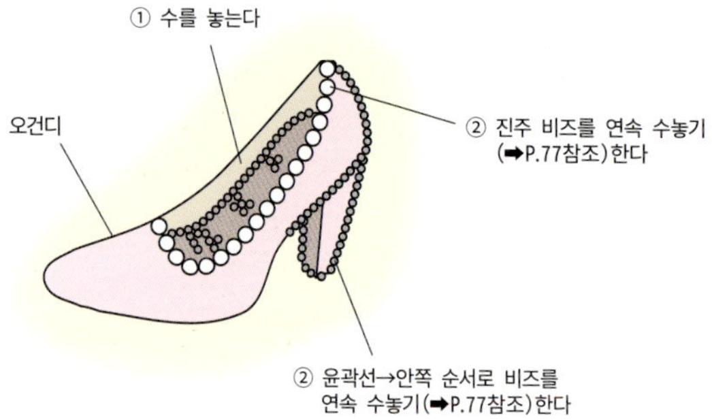

Part 04

문방구 파우치

작품 페이지 → P.54

【만드는 법】 (➡ P.84 지퍼 파우치 만드는 방법 참조)
1. 천의 앞면에 도안을 옮겨 수를 놓은 후 가장자리 1cm 시접을 남기고 천을 자른다.
2. 1과 같은 크기로 뒷면 1장, 안감 2장 자른다.
3. 수놓은 천과 안감 1장을 겹쳐 맞춘 후 지퍼를 끼워 꿰맨다.
4. 같은 방법으로 반대쪽 지퍼도 뒷면과 안감을 겹쳐 맞춘 후 꿰맨다.
5. 앞과 뒤, 안감끼리 겹쳐 맞추어 창구멍을 남기고 가장자리를 꿰맨다. 이때 지퍼는 반쯤 열어 놓는다.
6. 네 모서리를 삼각형으로 자르고, 창구멍을 통해 겉으로 뒤집은 후 공그르기(➡P.62참조) 마무리한다.

【재료】
DMC 25번 자수실
211 (보라), 347 (빨강), 444 (노랑), 597 (블루 그레이), 727 (크림), 739 (살색), 813 (블루), 891 (핑크), 3799 (진회색), BLANC (화이트)
———— 각 적당량
리넨 원단 (베이지), 안감용 면 원단
———— 40×30cm
지퍼 (20cm·하늘) ———— 1개
바느질 실 (갈색) ———— 적당량

SIZE 세로 14×가로 21cm

사용하는 도구
기본 도구 (P.67)

1
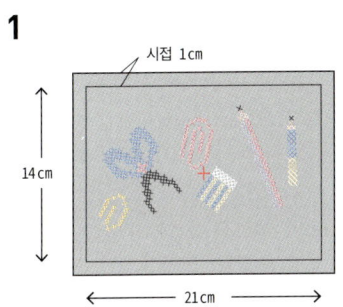
시접 1cm / 14cm / 21cm

2
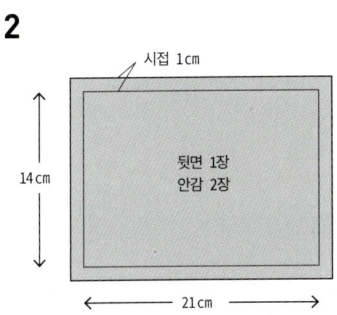
시접 1cm / 뒷면 1장, 안감 2장 / 14cm / 21cm

3
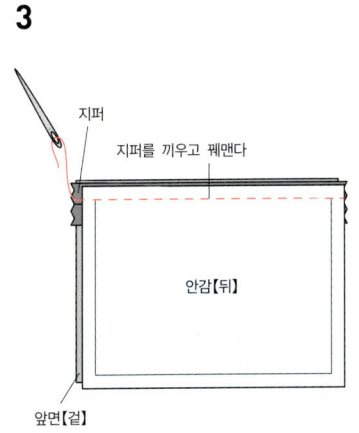
지퍼 / 지퍼를 끼우고 꿰맨다 / 안감【뒤】/ 앞면【겉】

4
뒷면【겉】/ 앞면【뒤】/ 안감【뒤】

5
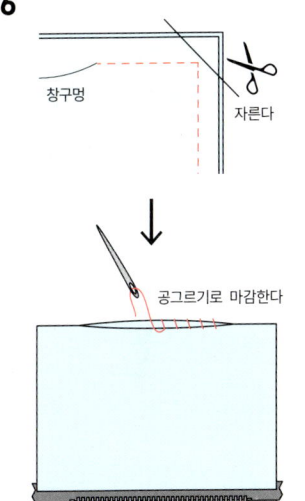
안감【앞】/ 창구멍 8cm / 안감【뒤】/ 앞면【뒤】/ 뒷면【겉】

6
창구멍 / 자른다 / 공그르기로 마감한다

1/2 축소 도안
※ 자수실은 모두 6가닥으로
※ 200% 확대 복사해서 사용

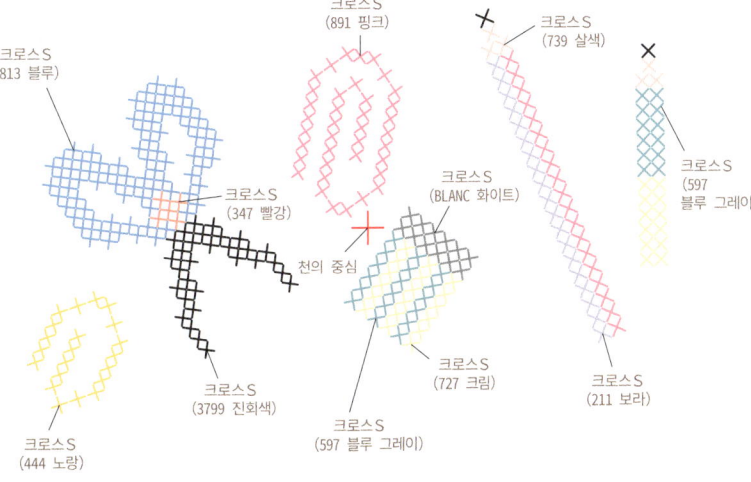

크로스S (813 블루), 크로스S (347 빨강), 크로스S (891 핑크), 크로스S (BLANC 화이트), 크로스S (739 살색), 크로스S (597 블루 그레이), 크로스S (444 노랑), 크로스S (3799 진회색), 크로스S (597 블루 그레이), 크로스S (727 크림), 크로스S (211 보라)

천의 중심

산 모티브 가방

작품 페이지 → P.54

SIZE 세로 36 × 가로 28cm

사용하는 도구
기본 도구 (P.67) / 재봉틀

【만드는 법】
1. 본체용 리넨 원단과 안감용 면 원단을 자른다. 본체용 리넨 원단에 도안을 옮겨 수를 놓는다.
2. 본체는 바닥 중심에 맞춰 겉 부분을 마주 보게 겹쳐 접는다. 양옆을 꿰맨 후, 옆면을 접어 꿰맨다. 안감도 같은 방법으로 꿰맨다.
3. 손잡이용 리넨 천을 자른다. 시접을 접어 넣은 후, 반으로 접고 재봉틀로 박는다.
4. 본체에 손잡이를 꿰매 고정한다.
5. 본체 겉면에 안감을 맞추어 넣어 합친다. 가방 입구가 되는 부분의 시접을 3번 접은 후, 재봉틀로 박는다.

【재료】
DMC 25번 자수실
727 (노랑), 995 (블루), 3340 (오렌지), 3799 (진회색), BLANC (화이트) ── 각 적당량
리넨 원단 (베이지) ── 80 × 45cm
안감용 면 원단 ── 80 × 35cm
재봉실 (60수·그레이) ── 적당량

POINT!
크로스 스티치 전용 천을 사용할 때는 도안을 옮기지 않고 올을 세면서 스티치 하지만 여기서는 보통 천에 X 표시 도안을 옮긴 후 수를 놓는다.

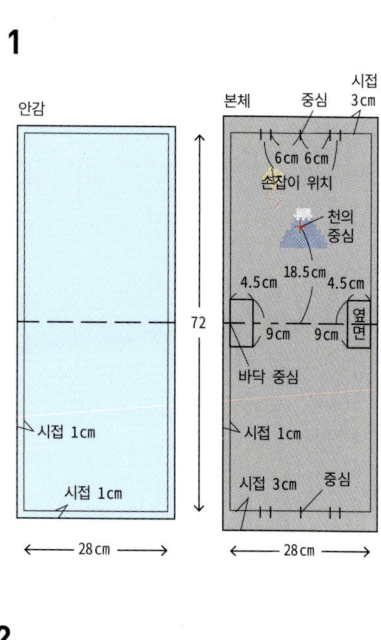

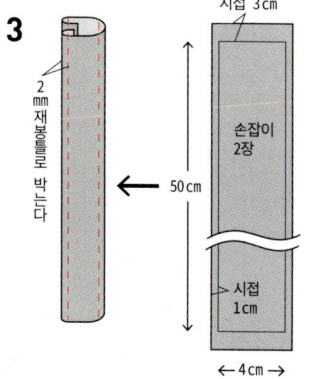

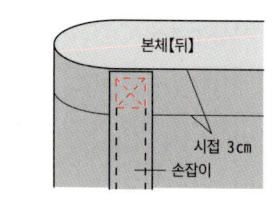

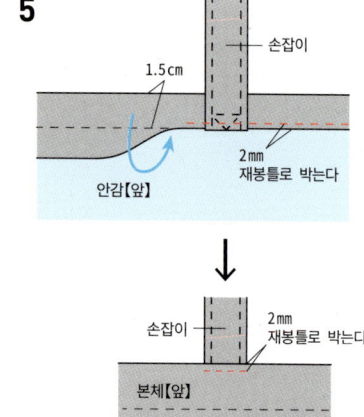

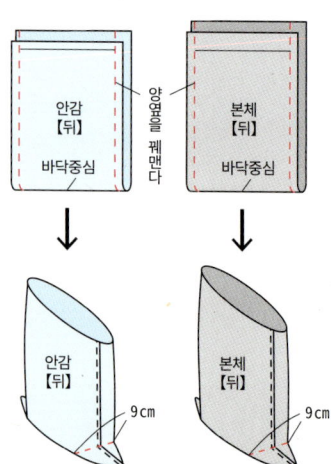

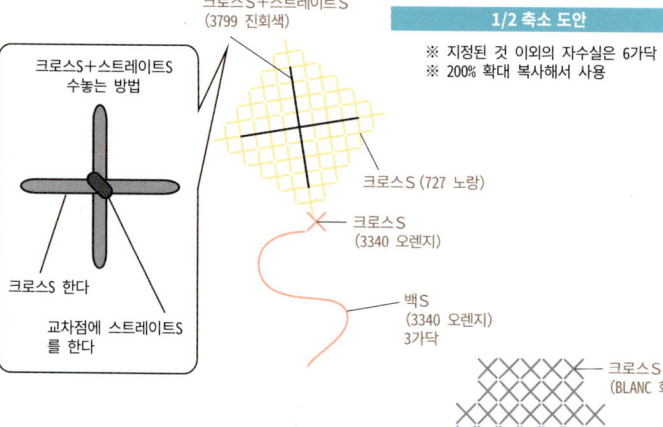

1/2 축소 도안
※ 지정된 것 이외의 자수실은 6가닥
※ 200% 확대 복사해서 사용

Part 04

작품 페이지 → P.55

북유럽 패턴 코스터

【만드는 법】 만드는 방법은 **32** 작품으로 설명

1 천에 도안을 옮겨 수를 놓고, 1cm 시접을 남기고 자른다.

2 같은 크기로 뒷면을 자른 후 겹쳐 맞추어 창구멍을 남기고 가장자리를 꿰맨다.

3 창구멍을 통해 겉으로 뒤집는다. 창구멍을 공그르기(➡P.62참조)로 마무리한다.

【재 료】
DMC 25번 자수실
　347 (빨강), 352 (살몬 핑크), 444 (노랑),
　597 (하늘), 640 (카키), 648 (연회색),
　727 (연노랑), 470 (그린), 739 (아이보리),
　760 (핑크), 783 (겨자), 995 (블루),
　3799 (진회색), BLANC (화이트) – 각 적당량
리넨 원단 (베이지) ──── 75×30cm
재봉실 (60수·그레이) ──── 적당량

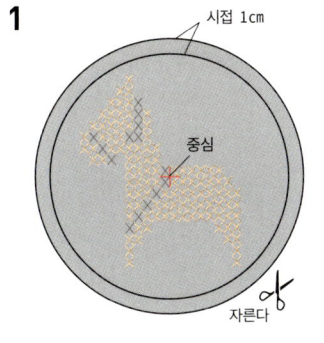

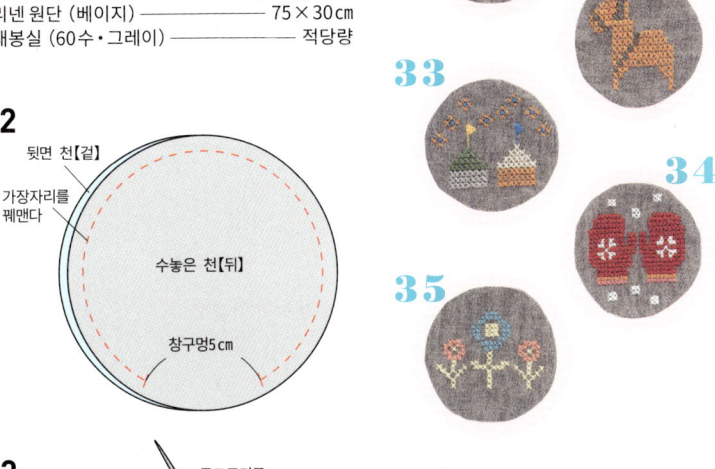

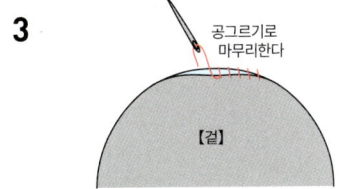

SIZE 지름 10cm

사용하는 도구

기본 도구 (P.67)

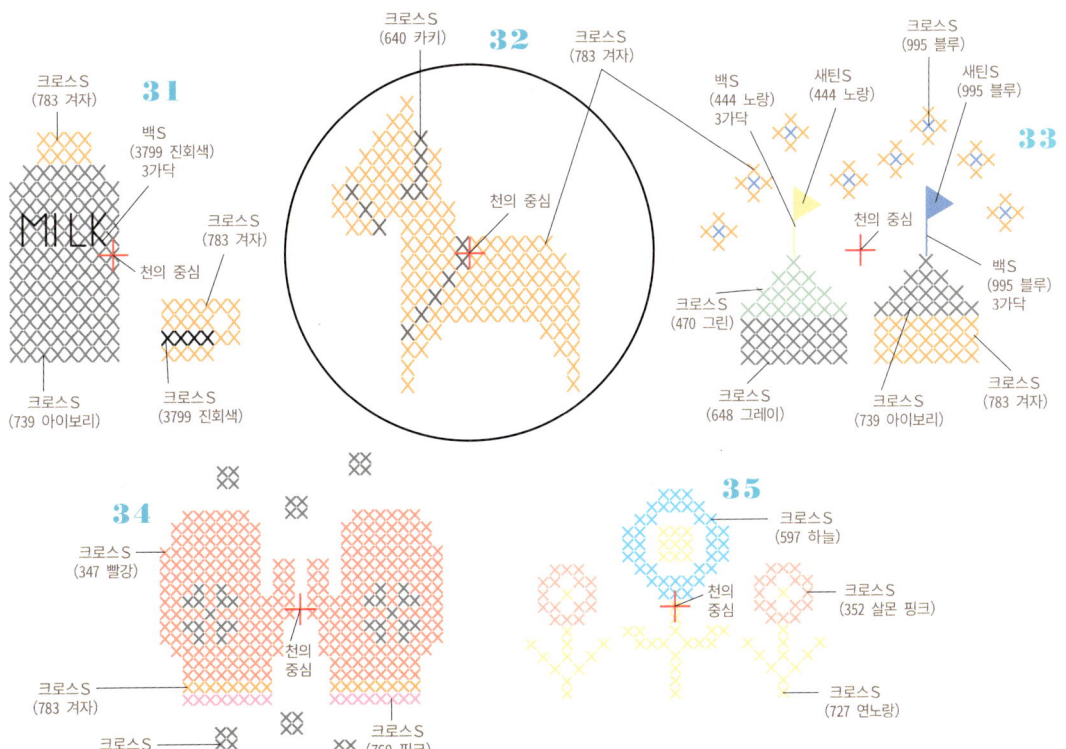

※ 지정된 것 이외의 자수실은 6가닥
※ 200% 확대 복사하여 사용

1/2 축소 도안

DAILY MOTIF

[블루·그린·레드] 엠블럼

작품 페이지 ——▶ P.56

37

SIZE 세로 5×가로 3.8cm

38

SIZE 세로 5×가로 4.3cm

39

SIZE 모티브 세로 4.3×가로 4cm

사용하는 도구
기본 도구 (P.67)

【재료】
37
DMC 25번 자수실
 317 (그레이), 798 (블루), 3820 (겨자) ─── 각 적당량
극대 비즈 (골드) ─── 8개
스팽글 (육각형·4mm·골드) ─── 6개

38
DMC 25번 자수실
 04 (그레이), 09 (갈색), 19 (노랑),
 741 (오렌지), 910 (그린) ─── 각 적당량
극대 비즈 (골드) ─── 4개
스팽글 (육각형·4mm·골드) ─── 7개

39
DMC 25번 자수실
 19(노랑), 22(자주), 321(빨강), 741(오렌지),
 798 (블루) ─── 각 적당량
스팽글 (육각형·4mm·골드) ─── 9개
스팽글 (별모양·15mm·골드) ─── 1개
스팽글 (별모양·10mm·빨강) ─── 2개
스팽글 (별모양·6mm·골드) ─── 1개
미니 태슬 (오링 달린 것·3cm·빨강) ─── 1개
비즈 코드 (6mm·골드) ─── 5cm

공통
DMC 비닐 아이다 (18카운트) ─── 10×10cm
접착 펠트 (화이트) ─── 5×5cm
브로치 핀대 (3cm·블랙) ─── 1개
바느질 실 (30수·화이트, 블랙) ─── 각 적당량

【만드는 법】
만드는 방법은 37 작품으로 설명

1 도안보다 4~5칸 크게 비닐 아이다 원단을 자르고 수를 놓은 후 비즈와 스팽글을 고정한다.
2 뒷면은 자수 도안의 빨간 선보다 한 칸 작은 크기로 자른 접착 펠트를 붙인다.
3 뒷면용 비닐 아이다 원단을 1과 같은 방법으로 크게 자르고 바느질 실(블랙)로 브로치 핀대를 매어 고정한다.
4 앞면과 뒷면의 외곽 부분을 겹쳐 맞추어 빨간 선을 따라 바느질 실(화이트)로 백S 한다. 파란 선 테두리를 따라 자른다. 32는 미니 태슬을 비즈 코드로 고정한다.

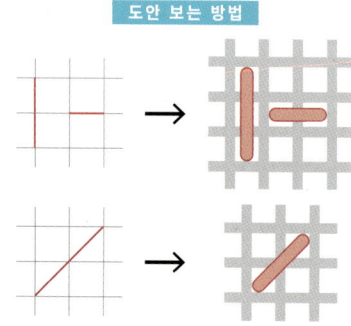

도안 보는 방법

한 칸이 한 땀 분

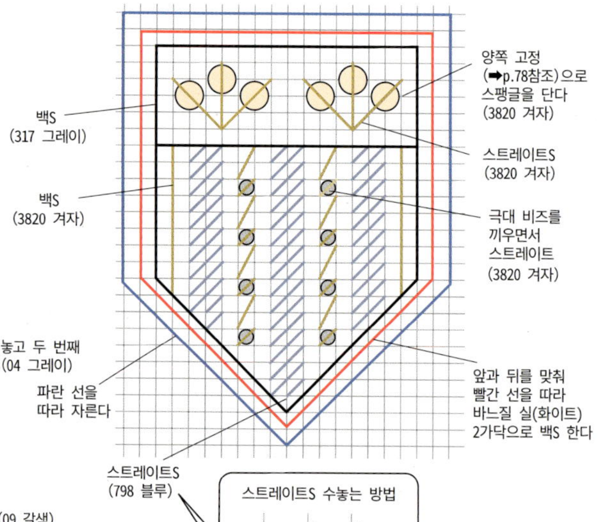

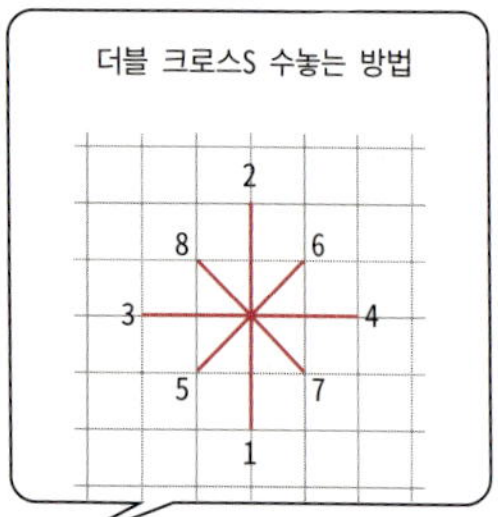

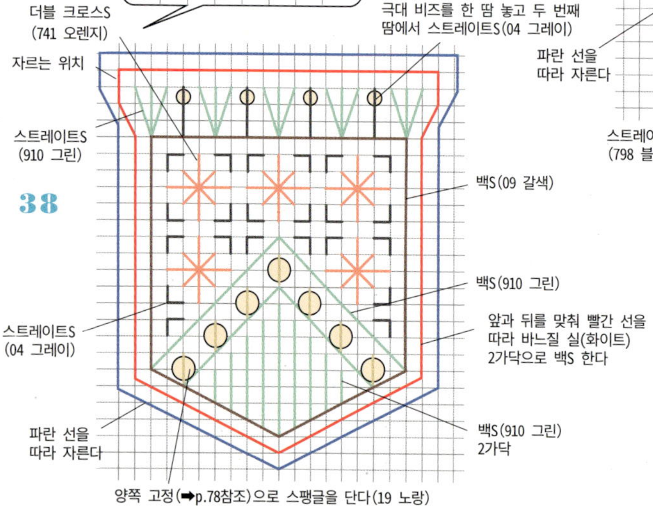

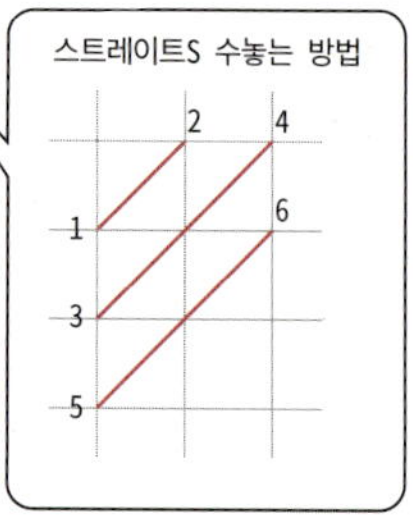

Part 04

※ ★는 4가닥과 4가닥을 합쳐 8가닥으로 한다

39

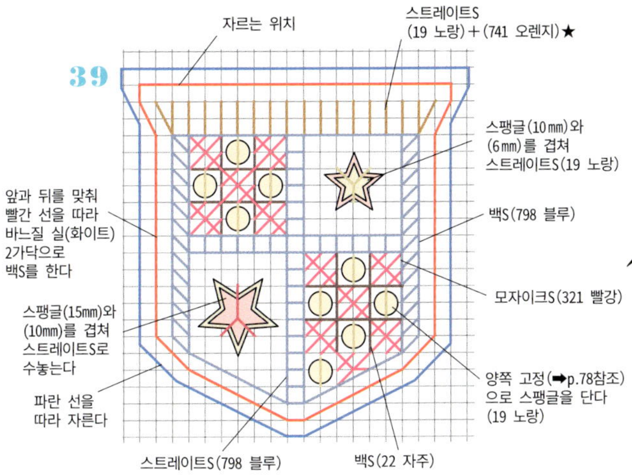

자르는 위치
스트레이트S (19 노랑)+(741 오렌지)★
스팽글(10mm)와 (6mm)를 겹쳐 스트레이트S(19 노랑)
앞과 뒤를 맞춰 빨간 선을 따라 바느질 실(화이트) 2가닥으로 백S를 한다
백S (798 블루)
스팽글(15mm)와 (10mm)를 겹쳐 스트레이트S로 수놓는다
모자이크S(321 빨강)
파란 선을 따라 자른다
양쪽 고정(➡p.78참조) 으로 스팽글을 단다 (19 노랑)
스트레이트S(798 블루)
백S(22 자주)

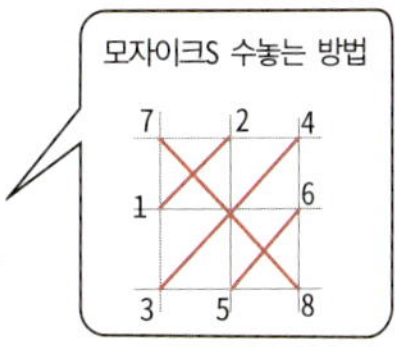

모자이크S 수놓는 방법

7	×	4
1	×	6
3	5	8

미니 태슬 고정 방법

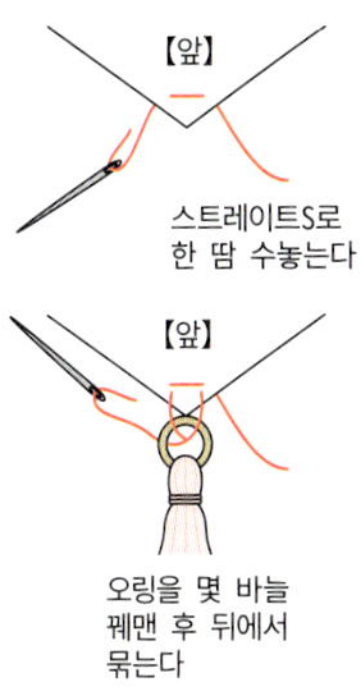

【앞】
스트레이트S로 한 땀 수놓는다

【앞】
오링을 몇 바늘 꿰맨 후 뒤에서 묶는다

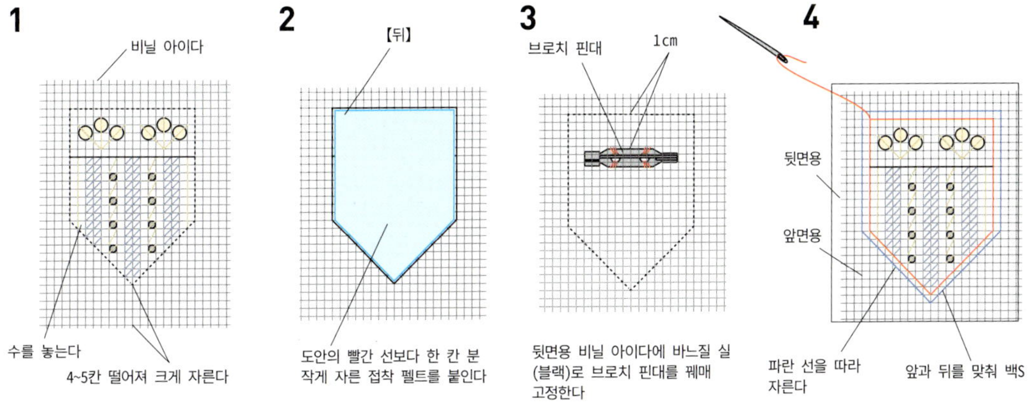

1
비닐 아이다
수를 놓는다
4~5칸 떨어져 크게 자른다

2
【뒤】
도안의 빨간 선보다 한 칸 분 작게 자른 접착 펠트를 붙인다

3
브로치 핀대 1cm
뒷면용 비닐 아이다에 바느질 실(블랙)로 브로치 핀대를 꿰매 고정한다

4
뒷면용
앞면용
파란 선을 따라 자른다
앞과 뒤를 맞춰 백S

토끼 브로치

작품 페이지 ▶ P.57

【만드는 법】
1. P.166의 「보석 귀걸이」 1~2와 같이 천에 수를 놓고 뒷면에 펠트를 붙인 후 가장자리를 자른다.
2. 1과 같은 크기로 자른 합성 피혁에 브로치 핀대를 바느질 실로 꿰맨 후 1의 뒷면에 접착한다.

【재료】
DMC 25번 자수실
  310 (블랙), 712 (내츄럴), 899 (다크 핑크),
  3689 (핑크) ─── 각 적당량
면 원단 (화이트) ─── 15×15cm
펠트 (화이트), 합성 피혁 ─── 각 4×4cm
브로치 핀대 (2cm·골드) ─── 1세트
바느질 실 (블랙) ─── 적당량

46

SIZE 세로 3.2×가로 1.7cm

사용하는 도구
기본 도구 (P.67) / 접착제

실물 크기 자수 도안
※ 자수실은 모두 1가닥으로

롱 앤 쇼트S (899 다크 핑크)
새틴S (899 다크 핑크)
롱 앤 쇼트S (3689 핑크)
롱 앤 쇼트S (712 내츄럴)
백S (310 블랙)

1

수놓은 천
펠트
자른다

2
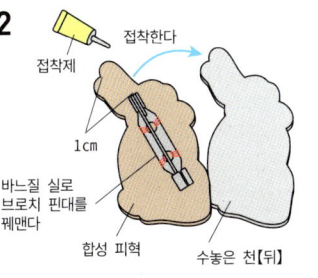
접착제
접착한다
1cm
바느질 실로 브로치 핀대를 꿰맨다
합성 피혁
수놓은 천【뒤】

DAILY MOTIF

커피타임 테이블 매트

작품 페이지 ➞ P.55

36

【만드는 법】

1. 천에 도안을 옮겨 수를 놓고 가장자리에 1cm 시접을 남기고 천을 자른다.
2. 같은 크기로 뒷면용 천을 자르고, 1과 겹쳐 맞추어 창구멍을 남기고 가장자리를 꿰맨다.
3. 네 모서리를 삼각형으로 자른다.
4. 겉으로 뒤집어 창구멍을 공그르기(➡P.62참조)로 마무리하고 다리미로 모양을 정리한다.

【재료】

DMC 25번 자수실
　739 (아이보리), 783 (겨자),
　3799 (진회색) ──── 각 적당량
리넨 원단 (베이지) ──── 90×35cm
바느질 실 (60수·그레이) ──── 적당량

SIZE 세로 32×가로 42cm

사용하는 도구

기본 도구 (P.67)

1
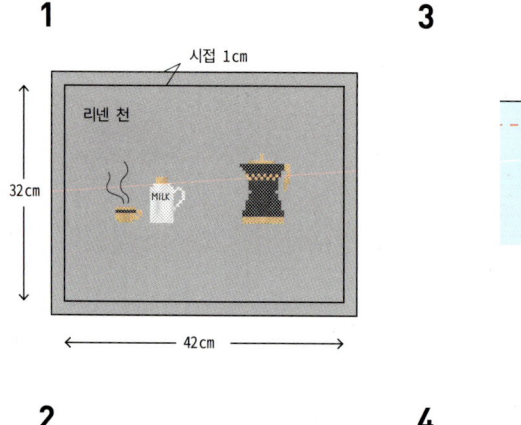

3
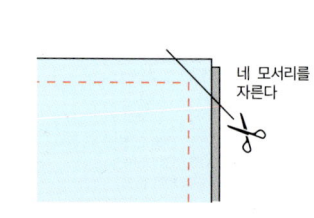

2
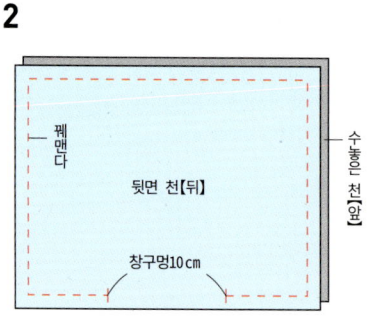

4
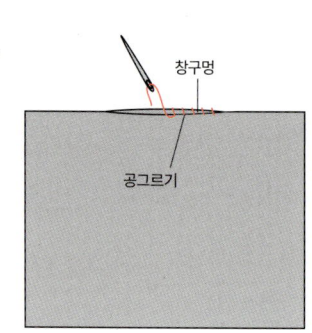

1/2 축소 도안

※ 지정된 것 이외의 자수실은 6가닥
※ 200% 확대하여 사용한다

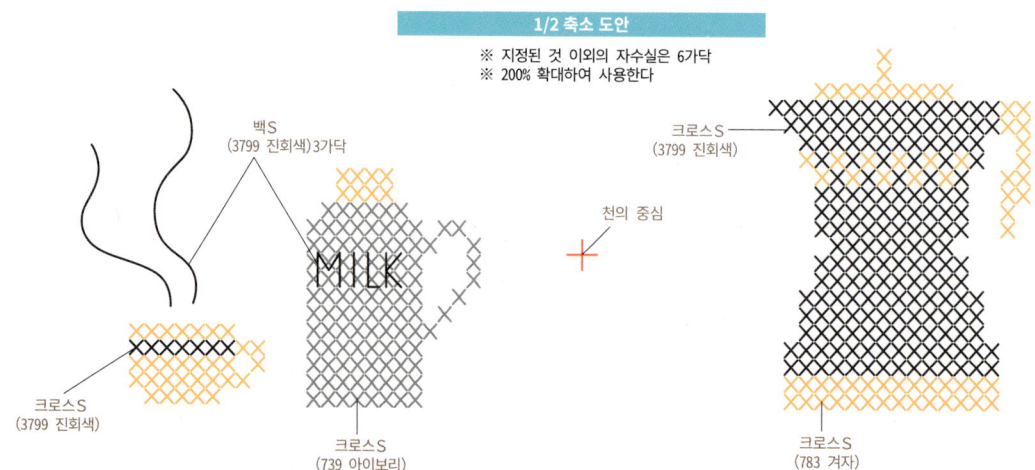

Part 04

[레드·블루·옐로우] 하트 귀걸이

작품 페이지 ➞ P.56

【만드는 법】

1. 앞면용 비닐 아이다를 도안(➡P.160 도안 보는 방법)보다 4~5칸 크게 자르고, 1~24까지 스트레이트S를 한다.
2. 비즈를 그림과 같이 꿰매어 고정한다.
3. 뒷면용 비닐 아이다도 **1**과 같은 방법으로 4~5칸 정도 크게 자르고, **41**과 **42**는 **1**과 같이 스트레이트S를 한다(**40**은 수놓지 않고 1X1cm 접착 펠트를 뒷면 안쪽 중심에 붙인다). 외곽선에 맞춰 앞면과 뒷면을 바느질 실로 더블 러닝S 하면서 앞면에만 델리카 비즈를 고정한다. 파란 선을 따라 자른다.
4. **40**은 귀걸이 포스트를 뒤에 붙이고, **41**과 **42**는 귀걸이 포스트를 비닐 아이다에 끼운다.

더블 러닝 S 수놓는 방법

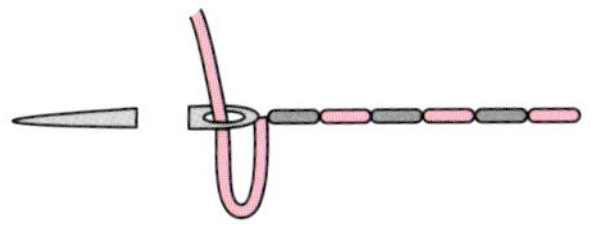

러닝S로 수놓고 땀과 땀 사이로 다시 한번 러닝S를 수놓는다.
이때 앞면에만 델리카 비즈를 단다

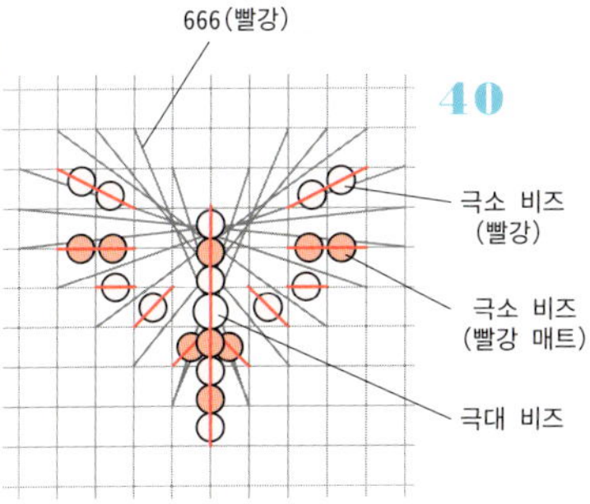

【재 료】

40
DMC 25번 자수실
　666 (빨강) ── 적당량
극소 비즈 (빨강) ── 24개
극소 비즈 (빨강 매트) ── 18개
극대 비즈 (빨강) ── 2개
델리카 비즈 (투명) ── 28개
귀걸이 포스트 (침형·실버) ── 1세트
접착 펠트 (화이트) ── 1×1cm

41
DMC 25번 자수실
　3766 (블루) ── 적당량
극소 비즈 (하늘) ── 24개
극소 비즈 (실버) ── 18개
극대 비즈 (하늘) ── 2개
델리카 비즈 (투명) ── 28개
귀걸이 포스트 (훅 타입·실버) ── 1세트

42
DMC 25번 자수실
　18 (노랑) ── 적당량
극소 비즈 (골드) ── 24개
극소 비즈 (노랑 매트) ── 18개
진주 비즈 (3mm·화이트) ── 2개
델리카 비즈 (투명) ── 28개
귀걸이 포스트 (훅 타입·골드) ── 1세트

공통
DMC 비닐 아이다 (18카운트)
　── 10×10cm
바느질 실 (30수·화이트) ── 적당량

40

41

42

SIZE 모티브 세로 2.2×가로 2.5cm

사용하는 도구

기본 도구 (P.67)

1

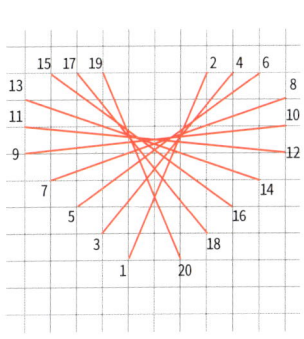

1~20까지 스트레이트S를 한다

21~24까지 스트레이트S를 한다

2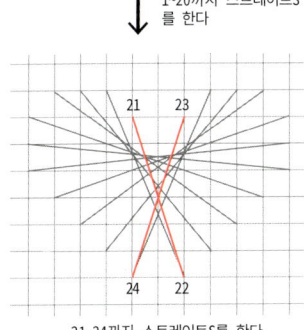

666 (빨강)
40
극소 비즈 (빨강)
극소 비즈 (빨강 매트)
극대 비즈

41 3766(블루)
극소 비즈 (하늘)
극소 비즈 (실버)
극대 비즈

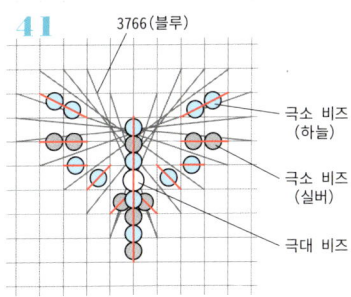

42 18(노랑)
극소 비즈 (골드)
극소 비즈 (노랑 매트)
진주 비즈

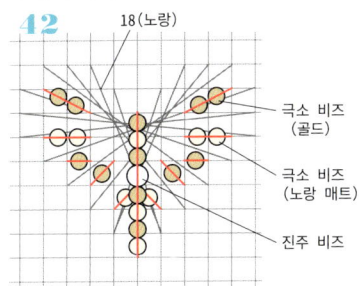

각각 비즈를 자수실 2가닥으로 꿰매어 고정한다

3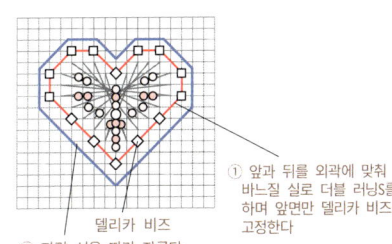

① 앞과 뒤를 외곽에 맞춰 바느질 실로 더블 러닝S를 하며 앞면에만 델리카 비즈를 고정한다
② 파란 선을 따라 자른다
델리카 비즈

4

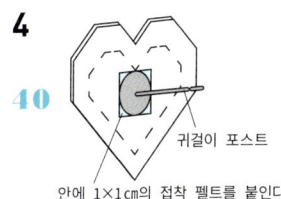

40
귀걸이 포스트
안에 1×1cm의 접착 펠트를 붙인다

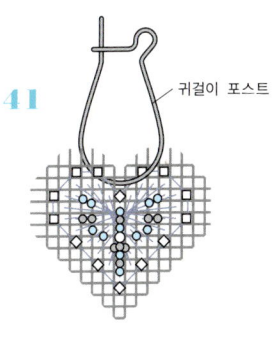

41
귀걸이 포스트

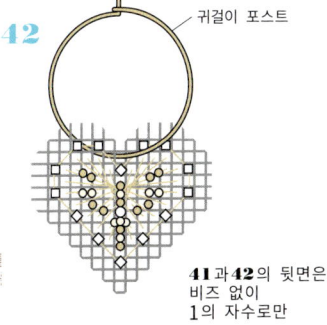

42
귀걸이 포스트

41과 **42**의 뒷면은 비즈 없이 **1**의 자수로만

트럼프 카드 & 시계 귀걸이

작품 페이지 → P.57

 43

SIZE 세로 1.5 ×가로 1.2cm

SIZE 세로 1.8 ×가로 1.5cm

사용하는 도구
기본 도구(P.67) / 접착제

실물 크기 자수 도안
※ 자수실은 모두 1가닥으로

【만드는 법】
1. 천에 도안을 옮기고 윤곽선을 백S로 수놓는다. 윤곽선 안을 수놓은 후 5mm 시접을 남기고 자른다.
2. P.166의 「보석 귀걸이」 2〜4와 같은 방법으로 귀걸이를 만든다.

【재료】
DMC 25번 자수실
　310 (블랙), 712 (화이트), 899 (핑크),
　772 (노랑) ─────── 각 적당량
면 원단 (화이트) ─────── 15×15cm
펠트 (화이트), 펠트 (갈색) ─── 각 3×3cm
귀걸이 포스트 (침형·골드) ───── 1세트

확대 그림

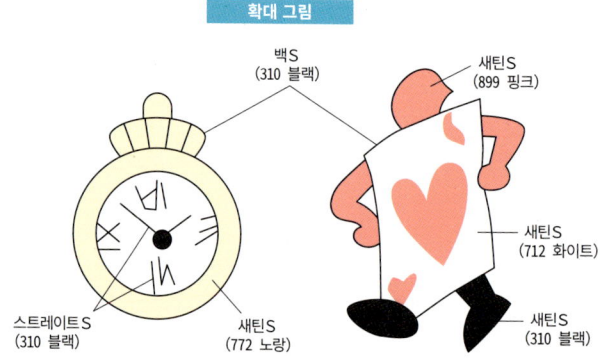

행복한 왕자님 귀걸이

작품 페이지 → P.57

 44

SIZE 모티브 세로 1×가로 1.3cm

SIZE 모티브 세로 1.4×가로 2cm

사용하는 도구
기본 도구(P.67) / 접착제 / 평집게 / 9자말이 집게 / 니퍼

【만드는 법】
1. P.166의 「보석 귀걸이」 1〜2와 같은 방법으로 수를 놓은 후, 펠트(화이트)를 붙여 1mm 테두리를 남기고 자른다.
2. 제비 모티브는 와이어 끝을 둥글게 말아 펠트에 꿰매고, 같은 크기로 자른 합성 피혁을 붙인다. 체인의 양 끝에 올챙이 캡 마감장식을 끼워 평집게로 눌러 고정한 후, 오링으로 연결한다.
3. 왕관 모티브는 P.166의 「보석 귀걸이」 3〜4와 같은 방법으로 귀걸이를 만든다.

【재료】
DMC 25번 자수실
　310 (블랙), 334 (블루), 666 (빨강),
　712 (화이트), 772 (노랑) ─── 각 적당량
면 원단 (화이트) ─────── 15×15cm
펠트 (화이트), 펠트 (갈색),
합성 피혁 (골드) ─────── 각 3×3cm
오링 (4mm·골드) ─────────── 2개
체인 (볼 체인·골드) ─────────── 3cm
올챙이 캡 (1mm·골드) ─────────── 2개
와이어 (0.3mm·골드) ─────────── 10cm
귀걸이 포스트 (고리형 볼포스트·골드) ── 1개
귀걸이 포스트 (침형·골드) ─────── 1개
바느질 실 (60수·화이트) ─────── 적당량

확대 그림

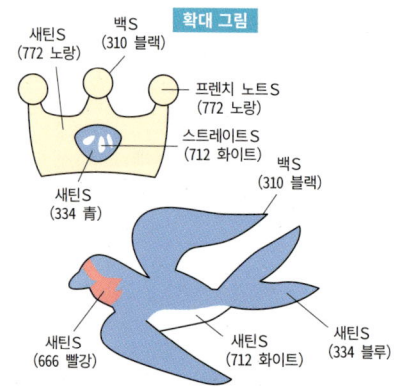

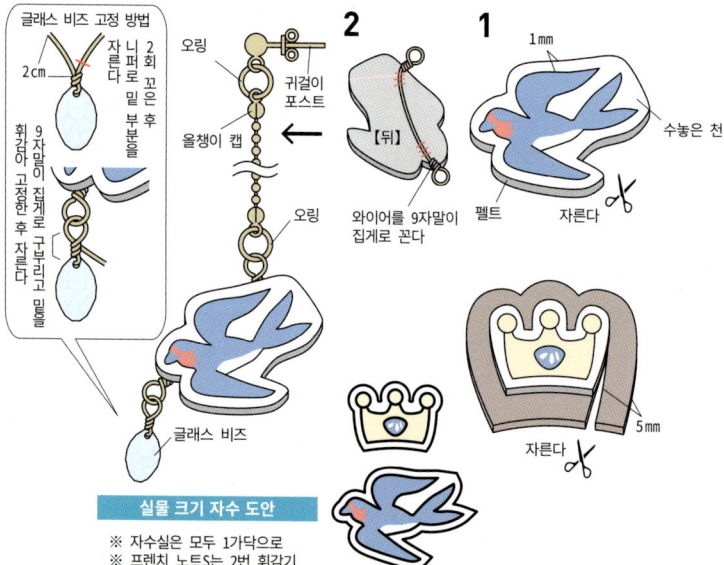

실물 크기 자수 도안
※ 자수실은 모두 1가닥으로
※ 프렌치 노트S는 2번 휘감기

Part 04

신데렐라 귀걸이

작품 페이지 ━━▶ P.57

【만드는 법】
1. P.166의「보석 귀걸이」1~2와 같은 방법으로 수를 놓은 후, 펠트(화이트)를 붙여 1mm 테두리를 남기고 자른다.
2. 펠트에 오링을 꿰매고, 합성 피혁을 1과 같은 크기로 잘라 뒤에 붙인다.
3. 삼각링 파츠와 귀걸이 포스트를 오링으로 연결한다.

【재료】
DMC 25번 자수실
  310 (블랙), 524 (연두색), 712 (화이트),
  800 (하늘) ──────── 각 적당량
면 원단 (화이트) ──────── 15×15cm
펠트 (화이트), 합성 피혁 (골드) ── 각 3×3cm
오링 (4mm・골드) ──────── 4개
삼각링 파츠 (7×9mm・골드) ──── 2개
귀걸이 포스트 (고리형 볼포스트・골드) – 1세트
바느질 실 (60수・화이트) ───── 적당량

45

SIZE 모티브 세로 1×가로 1.2cm

SIZE 모티브 세로 1.3×가로 1.4cm

사용하는 도구
기본 도구(P.67) / 접착제 / 평집게

실물 크기 자수 도안
※ 자수실은 모두 1가닥으로

확대 그림

백S (310 블랙)
롱 앤 쇼트 S (524 연두색)
롱 앤 쇼트 S (800 하늘)
롱 앤 쇼트 S (712 화이트)
롱 앤 쇼트 S (712 화이트)

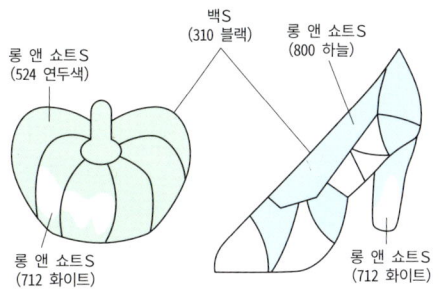

나비 귀걸이

작품 페이지 ━━▶ P.57

【만드는 법】 만드는 방법은 51 작품으로 설명
1. P.166의「보석 귀걸이」1~2와 같은 방법으로 수를 놓은 후, 펠트(화이트)를 붙여 1mm 테두리를 남기고 자른다.
2. 펠트에 오링을 꿰매고, 합성 피혁을 1과 같은 크기로 잘라 뒤에 붙인다.
3. 9핀 끝을 둥글게 구부리고 (➡P.82의 T핀・9핀 고정 방법 3 참조), 핀과 귀걸이 포스트를 오링으로 연결한다.

【재료】
50
DMC 25번 자수실
  212 (하늘), 310 (블랙), 334 (블루)
  ──────── 각 적당량
51
DMC 25번 자수실
  310 (블랙), 444 (진노랑), 746 (연노랑)
  ──────── 각 적당량
공통
면 원단 (화이트) ──────── 15×15cm
펠트 (화이트), 합성피혁 (골드) ─ 각 3×3cm
오링 (4mm・골드) ──────── 4개
9핀 (2.5cm・골드) ──────── 2개
귀걸이 포스트 (고리형 볼포스트・골드) – 1세트
바느질 실 (60수・화이트) ───── 적당량

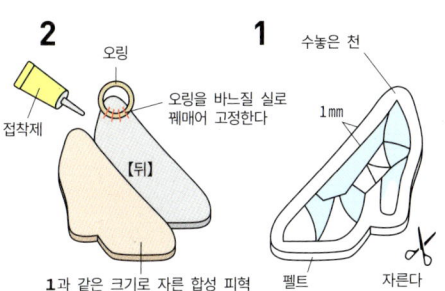

50
51

SIZE 세로 1.4×가로 1.6cm

사용하는 도구
기본 도구(P.67) / 접착제 / 평집게 / 9자말이 집게

실물 크기 자수 도안
※ 자수실은 모두 1가닥으로

확대 그림

새틴 S (310 블랙)
백 S (310 블랙)
롱 앤 쇼트 S (334 블루)
롱 앤 쇼트 S (212 하늘)

새틴 S (310 블랙)
백 S (310 블랙)
롱 앤 쇼트 S (444 진노랑)
롱 앤 쇼트 S (746 연노랑)

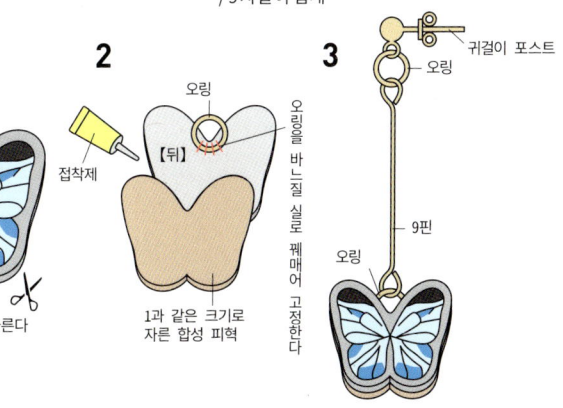

DAILY MOTIF

보석 귀걸이

작품 페이지 ➝ P.57

SIZE 세로 1.1×가로 1.2cm

【만드는 법】

1. 천에 도안을 옮기고 윤곽선을 백S로 수놓는다. 윤곽선 안을 수를 놓고 가장자리 5mm를 남기고 자른다.
2. 1과 같은 크기로 자른 펠트(화이트)를 접착제로 붙인 후, 완전히 마르면 도안 크기에서 가장자리 1mm를 남기고 자른다.
3. 2보다 5mm 크게 자른 펠트(갈색)의 중심에 송곳으로 구멍을 뚫어 귀걸이 포스트를 붙인 후, 2와 접착한다.
4. 3의 펠트를 2의 외곽선에 따라 자른다.

【재료】

47
DMC 25번 자수실
 209 (보라), 310 (블랙), 740 (옐로 그린),
 996 (블루) ─── 각 적당량

48
DMC 25번 자수실
 15 (옐로 그린), 310 (블랙), 352 (오렌지),
 819 (핑크) ─── 각 적당량

공통
면 원단 (화이트) ─── 15×15cm
펠트 (화이트), 펠트 (갈색) ─── 각 3×3cm
귀걸이 포스트 (침형·골드) ─── 1세트

사용하는 도구

기본 도구(P.67) / 접착제

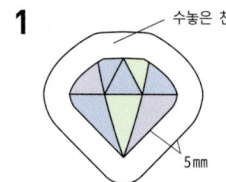

1. 5mm

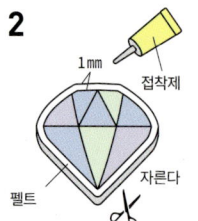

2. 1mm / 접착제 / 펠트 / 자른다
1과 같은 크기로 자른 펠트를 붙인 후 1mm 남기고 자른다

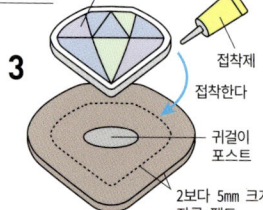

3. 수놓은 천 / 접착제 / 접착한다 / 귀걸이 포스트 / 2보다 5mm 크게 자른 펠트

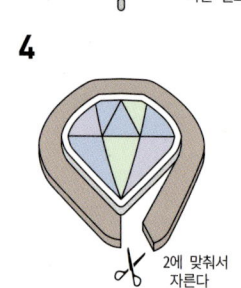

4. 2에 맞춰서 자른다

확대 그림

새틴S와 롱 앤 쇼트S는 두 가지 색을 조금씩 섞어 수놓아 그라데이션을 만든다

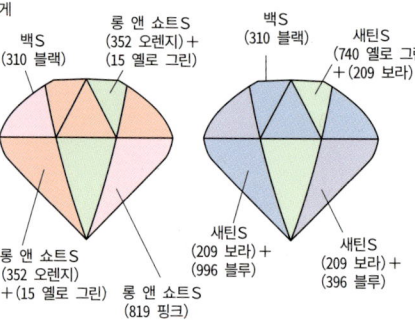

백S (310 블랙)
롱 앤 쇼트S (352 오렌지) + (15 옐로 그린)
롱 앤 쇼트S (352 오렌지) + (15 옐로 그린)
롱 앤 쇼트S (819 핑크)
백S (310 블랙)
새틴S (740 옐로 그린) + (209 보라)
새틴S (209 보라) + (996 블루)
새틴S (209 보라) + (396 블루)

실물 크기 자수 도안

※ 자수실은 모두 1가닥으로
※ 반대쪽은 좌우대칭으로 만든다

북쪽 바람과 태양 귀찌

작품 페이지 ➝ P.57

49
SIZE 모티브 세로 2.1 ×가로 2.1cm
SIZE 모티브 세로 1.6 ×가로 1.8cm

사용하는 도구

기본 도구(P.67) / 접착제 / 평집게 / 9자말이 집게 / 니퍼

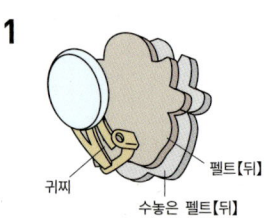

1. 귀찌 / 펠트【뒤】/ 수놓은 펠트【뒤】

【만드는 법】

1. 「보석 귀걸이」 1~2와 같은 방법으로 수를 놓은 후, 펠트(화이트)를 붙여 1mm 테두리를 남기고 자른다.
2. 1과 같은 크기로 펠트(갈색)를 잘라 귀찌를 끼워 붙인다.
3. T핀 끝을 둥글게 구부리고 (➝ P.82의 T핀·9핀 고정 방법 3참조), 진주비즈와 체인을 오링으로 연결한다.

2~3
T핀 끝을 둥글게 구부린다
귀찌 / 오링 / 체인 (3cm) / 체인 (4cm) / 진주 비즈 / 진주 비즈 (7mm) / 진주 비즈 (5mm·핑크)

※ 북쪽 바람 모티브의 체인(4cm)에 진주 비즈(5mm·화이트)를, 체인(3cm)에는 진주 비즈(5mm·노랑)를 연결한다

【재료】

DMC 25번 자수실
 310 (블랙) ─── 적당량
COSMO 25번 자수실
 8052 (블루 계열), 9008 (오렌지 계열)
 ─── 각 적당량
진주 비즈 (5mm·화이트, 핑크, 노랑) ─── 각 1개
진주 비즈 (7mm·골드) ─── 1개
면 원단 (화이트) ─── 15×15cm
펠트 (화이트), 펠트 (갈색) ─── 각 3×3cm
오링 (4mm·골드) ─── 2개
T핀 (2.5cm·골드) ─── 4개
체인 (골드) ─── 7cm
귀찌 (클립형·골드) ─── 1세트

실물 크기 자수 도안

※ 자수실은 모두 1가닥으로

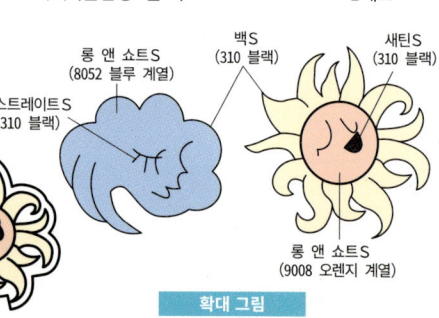

롱 앤 쇼트S (8052 블루 계열)
백S (310 블랙)
새틴S (310 블랙)
스트레이트S (310 블랙)
롱 앤 쇼트S (9008 오렌지 계열)

확대 그림

일상 소품 샘플러

작품 페이지 → P.58

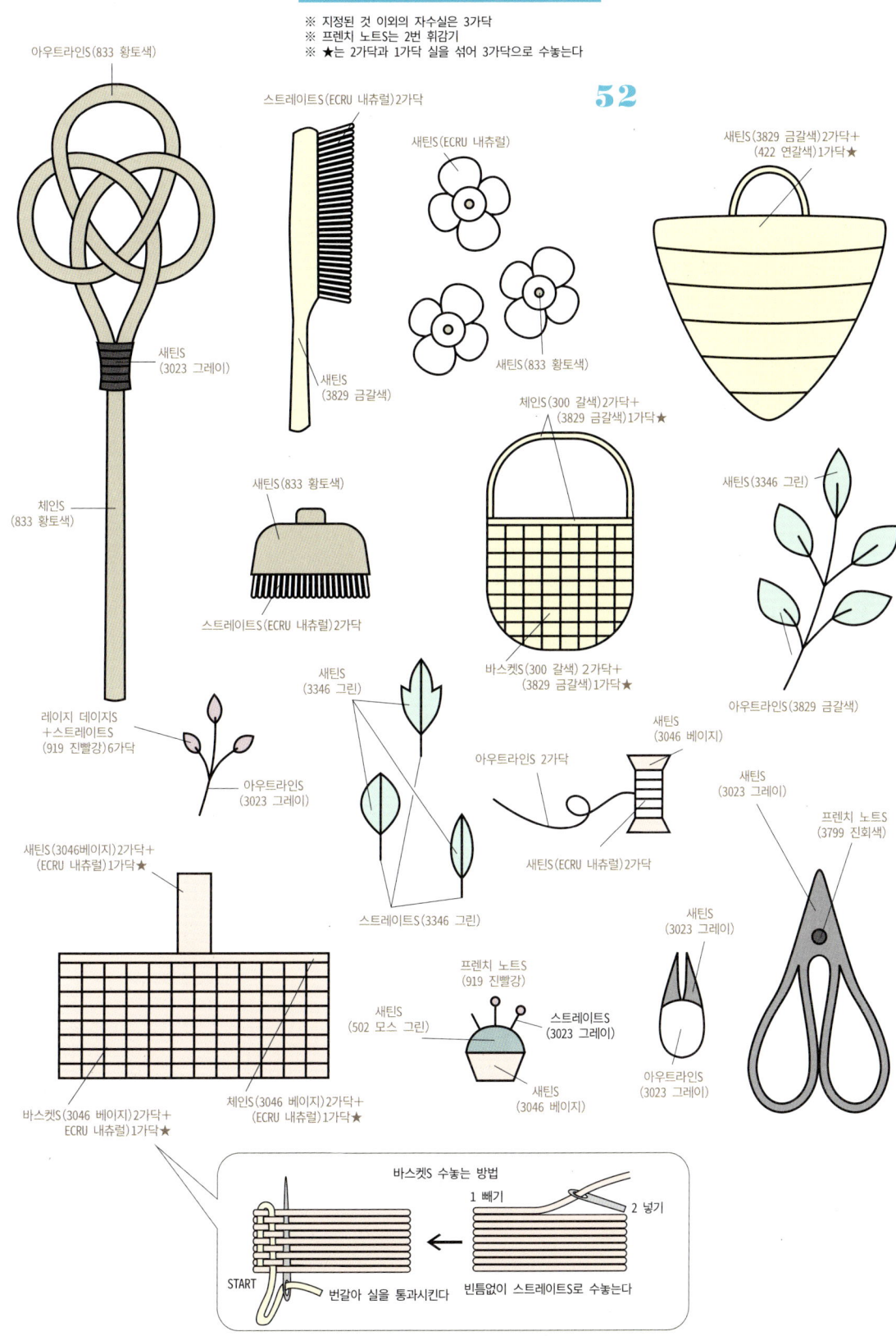

꽃 알파벳 샘플러

작품 페이지 → P.59

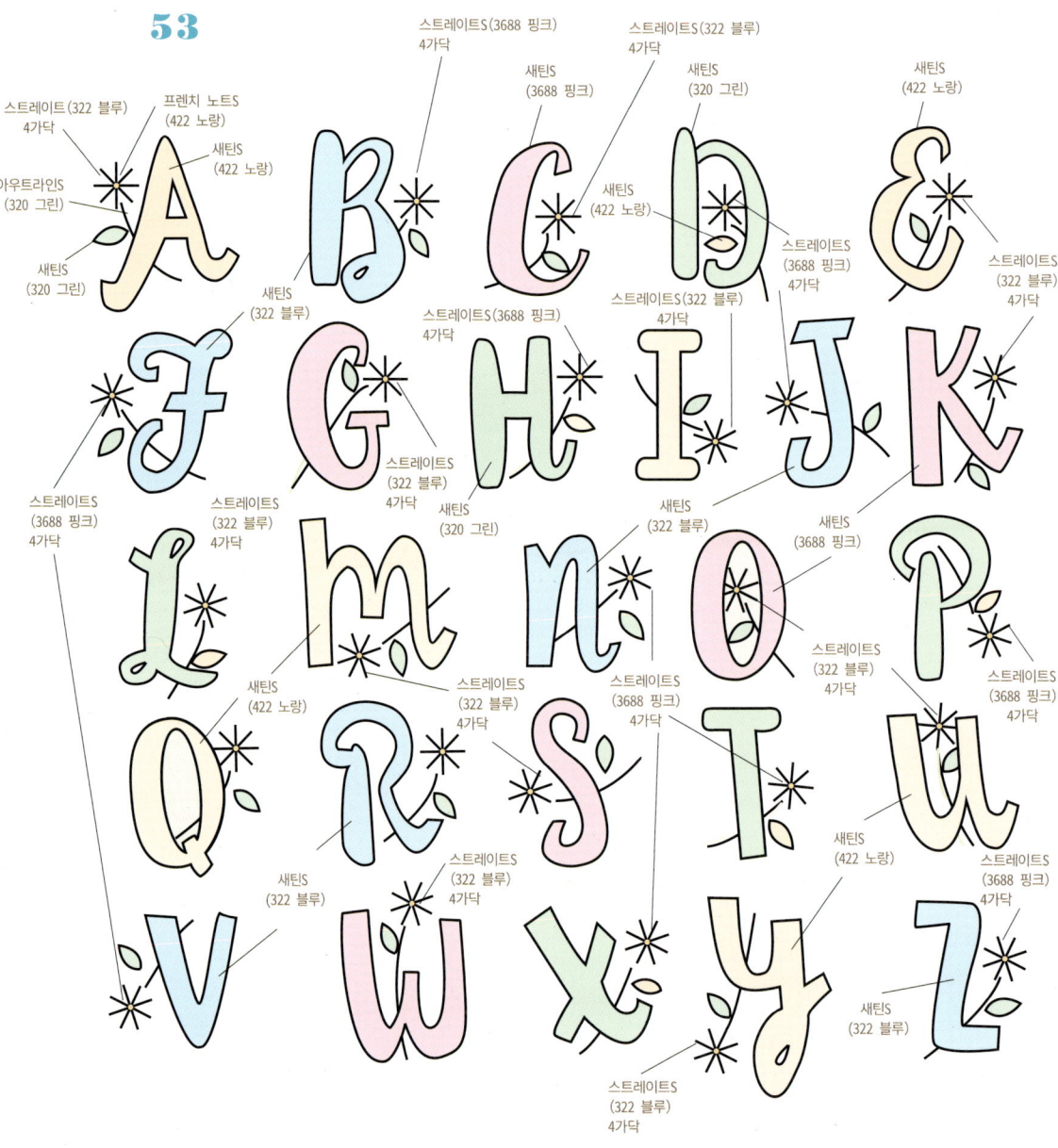

알록달록 알파벳 샘플러

Part 04

작품 페이지 → P.60

실물 크기 자수 도안
※ 자수실은 모두 2가닥으로

54

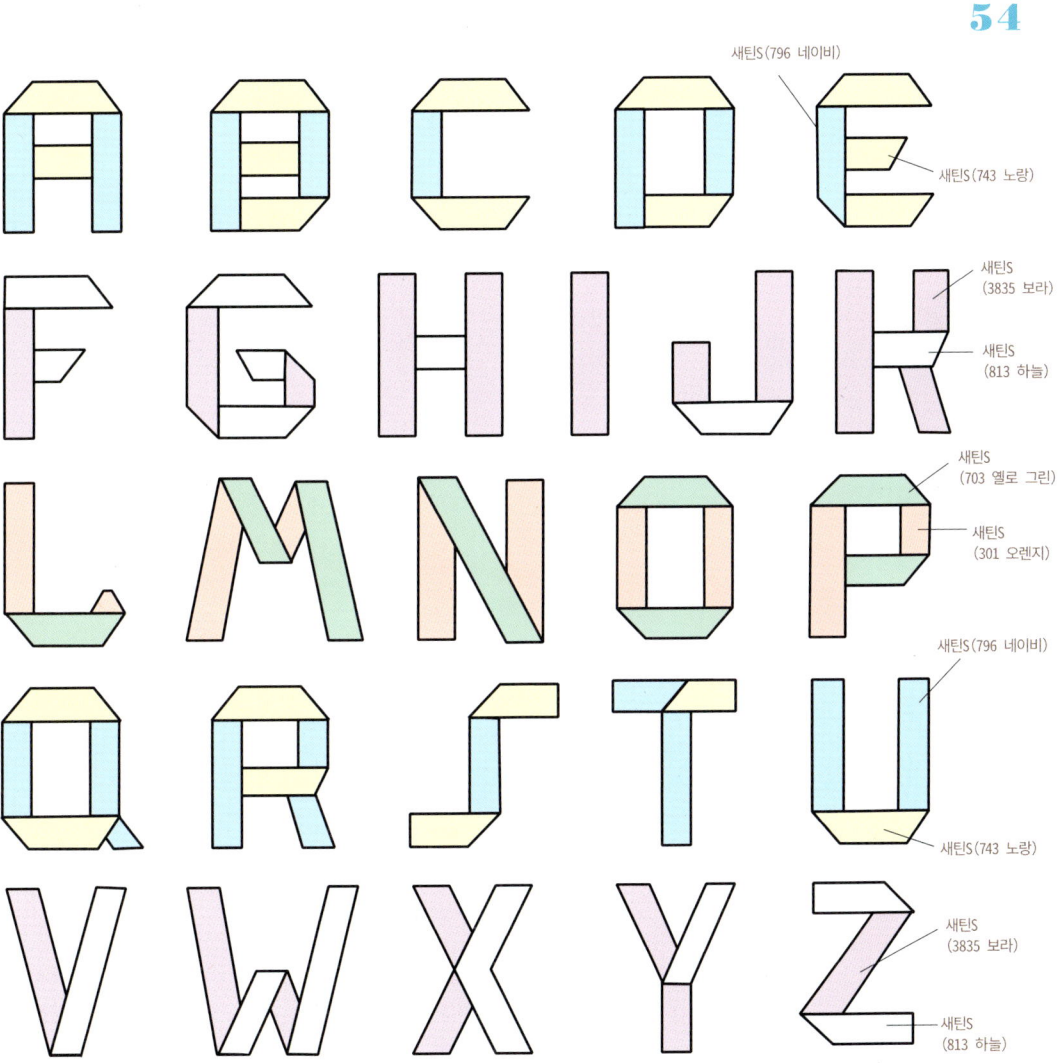

새틴S (796 네이비)
새틴S (743 노랑)
새틴S (3835 보라)
새틴S (813 하늘)
새틴S (703 옐로 그린)
새틴S (301 오렌지)
새틴S (796 네이비)
새틴S (743 노랑)
새틴S (3835 보라)
새틴S (813 하늘)

DESIGNER'S PROFILE

이 책에 소개된 20인의 액세서리 디자이너 프로필

Cotoha
코토하

2014년부터 자수 아티스트 오가와 치에가가 운영하는 자수 아틀리에 "Cotoha" 시작.
따뜻한 분위기의 자수실에 화려한 오트쿠튀르 자수를 결합한 성숙하고 귀여운 동물 브로치를 만든다.

https://cotoha.official.ec/
〔Instagram〕 @cotoha_broderie

Part3 : 12〜19

uzum
우즘

주로 꽃이나 새와 같은 자연의 모티브를 바탕으로 작품을 만든다.
수예 잡지에 작품을 게시하고 있으며 때때로 자수 수업도 개최한다.

〔instagram〕 @uzumumumu

Part4 : 53〜54

ai ann
아이언

할머니께 자수 도구를 물려받은 것이 계기가 되어 자수를 시작. 계절감을 의식하여 다양한 모티브와 컬러, 소재 등으로 자수 액세서리를 만든다.

https://minne.com/@aiann722
〔Instagram〕 @ai_ann722

Part1 : 01〜12

このこ
코노코

파리의 오트쿠튀르 자수학교인 에꼴 르사주(Ecole Lesage)에서 프로페셔널 코스 디플로마 취득.
동물・식물을 모티브로 액세서리를 제작하고 있다.

https://www.konoco.website/
[instagram]@konoco.nuitnui

Part4 : 16〜28

A.I.bijoux
에이 아이 비쥬

금속공예와 자수를 사용한 "A.I.bijoux" 쥬얼리 디자이너. 금속공예 전공 후 프랑스로 건너가 오트쿠튀르 자수를 배워 프랑스 국가자격증(CAP : 오트쿠튀르 자수)을 취득.
섬세하고 화려한 느낌의 어른스러운 주얼리를 제안하고 있다.

http://aibijouxbroderie.com
〔Instagram〕 @a.i.bijoux

Part1 : 34〜39

あべまり
아베마리

유럽의 전통적 자수 기법으로「즐겁게 만들 수 있고 애용할 수 있는」작품을 디자인.
NHK 컬처 요코하마・치바에서 자수 강사로 활동 중.
저서로《비즈와 자수의 브로치》가 있다.

http://atelierm.blog.so-net.ne.jp/

Part4 : 37〜42

kiraku 田島えり菜
키라쿠 타시마에리나

"kiraku(키라쿠)"라는 이름에 담긴「핸드메이드 액세서리를 "편하게" 코디했으면 좋겠다」라는 콘셉트로, 자수 액세서리를 중심으로 전개.「핸드메이드 소품을 몸에 지니면서 마음에 부드러운 불이 켜지길」이라는 마음을 가지고 작품을 제작하고 있다.

https://minne.com/@nanie0618

Part2 : 15〜19

itonohaco
이토노하코

「성인 여성을 위한 핸드메이드」를 콘셉트로 2015년부터 자수 작가로서 활동을 시작했다.
헤어 액세서리 등의 일상 아이템부터 인테리어 아이템까지 다루고 있다.

https://minne.com/@mimi2

Part2 : 20〜32

riri
리리

패브릭 또는 실을 사용하여 액세서리 제작.
「아트를 배워 익히고 싶다」라는 일념 하에 자신이 좋아하는 요정, 나비, 꽃, 구름에 영감을 얻어 작품 활동에 힘쓰고 있다.

〔Instagram〕 @riri_handmadeshop

Part4 : 43〜51

mine
마인

자수 아티스트로서, 다양한 원 모양 액세서리의 디자인을 제작.
손에 든 작품을 "That's mine!"라고 생각하게 만드는 작품을 만드는 것을 목표로 한다.

https://minne.com/@mine9
〔Instagram〕@mine_embroidery
Part1 : 40～56

ツチノコノネコ
쯔치노코 네코

「그림 그리듯이 자수를 한다」를 모토로 액세서리를 제작.
동물의 귀여움과 특징을 섬세하게 표현한 작품들이 인기를 끌고 있다.

https://ueharagan3.wixsite.com/tsuchinokononeko
〔Instagram〕@uegan713
Part3 : 01～11

#2
샾 투

주로 비즈 자수 액세서리 제작.
코디에 맞추기 쉬운 색을 사용하여 한 땀 한 땀 정성스럽게 편하게 지닐 수 있는 다양한 작품을 만들고 있다.

https://minne.com/@jihi-ma
〔Instagram〕@2_gallery
Part1 : 21～29

マカベアリス
마카베 앨리스

자수 작가. 수예지에 작품을 발표하고 개인전·워크숍 개최, 기획전 참가, 상점 위탁 판매 등 다방면으로 활동 중. 「계절의 흐름 속에서 느끼는 작은 감동과 기쁨을 형태로 만들고 싶다」라는 생각으로 날마다 바늘을 움직이고 있다. 저서로《들판의 꽃과 작은 새》가 있다.

https://makabealice.jimdo.com
〔Instagram〕@alice_makabe
Part2 : 01～14、42～43
Part4 : 52

vanillaco
바닐라코

「소녀의 마음을 영원히 잊지 않는, 로맨틱 모티브」를 주제로 자수 액세서리 잡화를 제작·판매. 독창성과 사용감을 고집하여 정성껏 작품을 제작하고 있다.

https://vanillaco.jimdo.com
〔Instagram〕@vanillaco_meico
Part4 : 04～15

Sketch_Stitch
스케치 스티치

「바늘과 실로, 무늬를 그린다」는 생각으로 한 땀 한 땀 정성스럽게 만드는 자수 액세서리 제작.
부드러운 컬러감과 온기를 느낄 수 있는 상냥한 디자인이 특징.

https://minne.com/@unakko
〔Instagram〕@sketch_stitch_
Part1 : 13～15

MoE
모에

후쿠 쇼쿠 대학 졸업 후 2013년부터 활동.
온기 있으며 따뜻한 느낌의 잡화 소품을 크로스스티치로 수놓아 제작하고 있다.
온라인 숍에서 일부 판매 중.

https://moe-nella-fantasia.jimdo.com
〔Instagram〕@moe.nella.fantasia
Part4 : 29～36

handmade M2
핸드메이드 엠투

비즈 자수 중심으로 제작.
캐주얼한 패션 악센트가 될 만한 액세서리를 천연석이나 유리 비즈 등을 사용하여 만든다.

https://minne.com/@minemura0529
〔Instagram〕@m2_handmade
Part1 : 30～33

tam-ram
탐람

소녀감성 모티브와 부드러운 색감으로 자수 작품 제작.
수예지에 작품을 발표하고 있으며 아틀리에 숍에서 작품 전시 및 판매, 자수 수업도 진행한다.

https://tamram.exblog.jp/
〔Instagram〕@tamram_ribbon
Part2 : 33～36

Piikan
피칸

세계 각국을 여행하며 만난 수공예, 특히 자수에 마음을 빼앗겨 현지에 머물며 독학으로 자수 기법을 배워 자수 브랜드 론칭.

https://www.piikan.com
https://ameblo.jp/kyouhapiikan/
Part1 : 16～20
Part4 : 01～03

小さな手芸屋さん
작은 수예가게

오트쿠튀르 자수의 스팽글과 비즈자수 재료 전문점.
컬러풀하고 촘촘한 작품에 사용되는 재료가 많다. 자수하는 법을 소개하는 인기 블로그 운영.

http://petitemercerie.com/
〔Instagram〕@petitemercerie
Part2 : 37～41

SHISHU NO KOMONO & ACCESSORY
Copyright © 2018 Asahi Shimbun Publications Inc., All rights reserved.
Original Japanese edition published in Japan by Asahi Shimbun Publications Inc., Japan.
Korean translation rights arranged with Asahi Shimbun Publications Inc., Japan through Imprima Korea Agency.

이 책의 한국어판 저작권은 Imprima Korea Agency를 통해 Asahi Shimbun Publications Inc., Japan와의 독점계약으로 마피아 싱글하우스에 있습니다.
저작권법에 의해 한국 내에서 보호를 받는 저작물이므로 무단전제와 무단복제를 금합니다.

자수로 만드는 귀걸이, 브로치, 머리핀, 파우치!
자수소품 액세서리 클래스북

2020년 5월 1일 초판 1쇄 발행

지은이 | 아사히신문출판
발행인 | 신재은
옮긴이 | 김현진
발행처 | 마피아 싱글하우스
출판등록 | 2014년 4월 23일(제2014-000077호)

주소 | 서울특별시 동작구 동작대로35길 67 1F
전화 | (02) 579-2877
팩스 | (02) 6008-9915
홈페이지 | www.mafiasinglehouse.com
인스타그램 | @mafia_single_house
ISBN 979-11-958488-3-6 14630

본서의 내용을 무단 복제 하는 것은 저작권법에 의해 금지되어 있습니다.
파본이나 잘못된 책은 구입한 곳에서 교환해 드립니다.
본서에 게재된 사진, 작품, 도면 등을 상품화하여 핸드메이드 마켓이나 SNS 등의 개인 판매 및 실제 점포, 프리마켓, 바자회 등 영리 목적으로의 사용은 저작권법으로 금지되어 있습니다.

이 도서의 국립중앙도서관 출판예정도서목록(CIP)은 서지정보유통지원시스템 홈페이지(http://seoji.nl.go.kr)와 국가자료종합목록 구축시스템(http://kolis-net.nl.go.kr)에서 이용하실 수 있습니다. (CIP제어번호 : CIP2020008559)

Mafia single house 「마피아 싱글하우스」는 꿈이 있는 사람들을 위한 수공예 전문 출판사입니다.